에너지기후정책연구소는

2009년 창립한 에너지·기후 분야의 진보적 싱크탱[   ] 우리 사회의 에너지 전환 방향을 선도하고 있으[   ] 회적 약자의 처지 에서 기후변화와 에너[   ]다. 펴낸 책으로 는『착한 에너지 기행』[   ]『밥상의 전환』, 『에너지 전환과 에너[   ], 시민 참여 에너지 시나리오』등이 있고, 옮[   ]후정의』, 『에너지 안보』, 『탄소 민주주의』 가 있다.

에너지정의행동은

2000년에 청년환경센터로 활동을 시작했고 2010년에 지금의 이름을 갖게 되었다. 에너지정의행동은 창립초기부터 반핵운동에 관심을 갖고 핵발전소 건설 문제와 핵폐기장 건설문제에 대하여 지속적인 활동을 전개하고 있다. 특히 핵이 가지고 있는 위험성을 알리는 것에 그치지 않고 핵에너지 정책에 대한 전반적인 문제제기와 함께 재생에너지 중심으로 에너지 정책이 전환될 수 있도록 다양한 활동을 펼치고 있다.

레지스탕스 총서

포장된 현실은 젊고 아름답지만, 실상은 늙고 추악하다. 권력이 중심에선 현실은 더욱 그러하다. 다양성을 본질로 하는 현대사회에서 권력은 다양한 모습으로 출현한다. 자본으로, 계층으로, 계급장으로, 부당한 명목으로 자리잡아온 관습 등으로. 유형과 무형의 경계가 없는 권력은 형태의 무제약성으로 인해 생활 곳곳에 침투해 있다. 수많은 권력의 양태는 하나의 특질로 수렴될 수 있는데, 바로 폭력이다.

인간이 권력의 시녀로 추락한 시대, 법체계마저 권력의 좌우에서 추락한 인간의 지위를 돕는 시대. 거꾸로 가는 민주주의를 바로 잡기 위해 우리가 할 수 있는 일은 무엇일까. 저항이다. 저항만이 퇴행하는 역사의 물꼬를 바로 잡을 수 있다. 인간은 정치적 동물이라는 본성적 정의에 근거할 때, 부당한 현실에 저항하지 않는 인간은 사회적 무생물과 다름없다. 살아도 산 것 같지가 않다. 그것이 자율이건 타율이건 마찬가지다. 레지스탕스 총서는 저항을 통해 정지당한 희망에 엔진을 단 혁명적인 이야기들로 채워질 것이다.

레지스탕스 총서-01

호모 레지스탕스
저항하는 인간, 법체계를 전복하다

박주민 공저 | 해피스토리 | 2011년 01월 21일
정가 15,000원

비정규직, 도시빈민, 농민, 여성, 미성년 학생 등 사회적 소수이자 약자인 사람들
이 저항을 통해 현실을 개혁한 이야기를 담은 책이다. 그들이 개혁한 현실은 구체
적이고도 제도적이다. 그들은 부당한 현사실적 상황과 그 상황을 제도적으로 지
지하고 있는 법, 양자 모두에 저항하고 마침내 법을 창조함으로써 역사의 진보를
추동했다. 그들의 분투는 결과적으로 정의가 들어설 수 있는, 상식적이고 체계적
인 정의의 토대, 즉 대강의 정의(rough justice)를 만들어 낸 것과 다름없다.

제1부 빵을 위한 투쟁기는 경제의 영역에서 다루어 질 수 있는 이야기다. 시민
으로서의 기본권을 정당하게 행사할 수 없는 도시빈민들의 고단함이 짙게 묻
은 장이다. 제2부 사회 속에서 행진하라는 사회적 영역의 이야기이다. 「떡값검
사를 떡값검사라 부를 수 있는 이유」는 삼성 비자금과 연루된 떡값검사를 공개
한 노회찬 의원의 명예훼손죄를 다룬다. 제3부 환경, 진짜 눈물의 공포는 환경
의 영역인데, 새만금 사업의 해악성을 알린 꾸준한 움직임이 거의 완공된 공사
조차 잠시나마 중단시킬 수 있었음을 「90% 진행된 공사도 중단시킬 수 있다」
를 통해 그리고 있다. 제4부 틀어진 역사 바로잡기는 역사의 영역이다. 관습적
으로 유지되어온 기조가 명문화되었을 때 인간을 기본권을 얼마나 침해할 수
있는지 「출가한 딸은 제사를 지내면 안되나?」, 「종잇조각만으로 사람을 죽이고
살릴 수 없다」를 통해 비판하고 있다. 제5부 미디어 민주주의는 문화의 영역이
다. 마지막 6부 종교, 진리, 그리고 인권은 종교적 영역의 이야기를 다룬다. 「학
내 종교의 자유, 그 까칠함의 벽을 넘다」에서는 대광고등학교 재학 중 강제적인
종교교육에 염증을 느끼고 목숨 걸고 항거한 강의석의 이야기가 실려 있다.

에너지 민주주의, 냉정과 열정 사이

에너지 민주주의, 냉정과 열정 사이

신고리5·6호기 공론화를 돌아보며

공동기획 에너지기후정책연구소·에너지정의행동
저자 김세영 김현우 서영표 용석록 이강준 이유진 이영희
이정필 이헌석 정수희 한재각 홍덕화

해피스토리
Happistory

한국의 핵발전소 현황

기수	구분	발전소명	설비 용량 (MW)	건설 허가일	운영 허가일	상업운전 개시일	운영허가 만료일
1	영구 정지	고리 1호기	587	'72. 5.31	'72. 5.31	'78. 4.29	'17. 6.18
2	운영 중	월성 1호기	679	'78. 2.15	'78. 2.15	'83. 4.22	'22.11.20
3		고리 2호기	650	'78.11.18	'83. 8.10	'83. 7.25	'23. 8. 9
4		고리 3호기	950	'79.12.24	'84. 9.29	'85. 9.30	'24. 9.28
5		고리 4호기	950	'79.12.24	'85. 8. 7	'86. 4.29	'25. 8. 6
6		영광(한빛) 1호기	950	'81.12.17	'85.12.23	'86. 8.25	'25.12.22
7		영광(한빛) 2호기	950	'81.12.17	'86. 9.12	'87. 6.10	'26. 9.11
8		월성 2호기	700	'92. 8.28	'96.11. 2	'97. 7. 1	'26.11. 1
9		울진(한울) 1호기	950	83. 1.25	'87.12.23	'88. 9.10	'27.12.22
10		월성 3호기	700	'94. 2.26	'97.12.30	'98. 7. 1	'27.12.29
11		울진(한울) 2호기	950	'83. 1.25	'88.12.29	'89. 9.30	'28.12.28
12		월성 4호기	700	'94. 2.26	'99. 2. 8	'99.10. 1	'29. 2. 7
13		영광(한빛) 3호기	1,000	'89.12.21	'94. 9. 9	'95. 3.31	'34. 9. 8
14		영광(한빛) 4호기	1,000	'89.12.21	'95. 6. 2	'96. 1. 1	'35. 6. 1
15		울진(한울) 3호기	1,000	'93. 7.16	'97.11. 8	'98. 8.11	'37.11. 7

1   2018년 3분기 현재, 전력거래소, 『발전소 건설사업 추진현황(2018년도 3분기)』, 2018.10

2   준공 예정일에 설계수명 60년을 더한 날짜. 설계수명은 운영허가일로부터 계산하기 때문에 실제 수명만료일과는 약간 차이가 있을 수 있음.

기수	구분	발전소명	설비 용량 (MW)	건설 허가일	운영 허가일	상업운전 개시일	운영허가 만료일
16		울진(한울) 4호기	1,000	'93. 7.16	'98.10.29	'99.12.31	'38.10.28
17		영광(한빛) 5호기	1,000	'97. 6.14	'01.10.24	'02. 5.21	'41.10.23
18		영광(한빛) 6호기	1,000	'97. 6.14	'02. 7.31	'02.12.24	'42. 7.30
19		울진(한울) 5호기	1,000	'99. 5.17	'03.10.20	'04. 7.29	'43.10.19
20	운영중	울진(한울) 6호기	1,000	'99. 5.17	'04.11.12	'05. 4.22	'44.11.11
21		신고리 1호기	1,000	'05. 7. 1	'10. 5.19	'11. 2.28	'50. 5.18
22		신고리 2호기	1,000	'05. 7. 1	'11.12. 2	'12. 7.20	'51.12. 1
23		신월성 1호기	1,000	'07. 6. 4	'11.12. 2	'12. 7.31	'51.12. 1
24		신월성 2호기	1,000	'07. 6. 4	'14.11.14	'15. 7.24	'54.11.13
25		신고리 3호기 (새울 1호기)	1,400	'08. 4.15	'15.10.30	'16.12.20	'75.10.29
26		신고리 4호기 (새울 2호기)	1,400	'08. 4.15	'19. 2.1	('19. 8)[1]	('79. 8)[2]
27		신울진(신한울) 1호기	1,400	'11.12. 2		('19.11)	('79.11)
28	건설중	신울진(신한울) 2호기	1,400	'11.12. 2		('20.9)	('80.9)
29		신고리 5호기 (새울 3호기)	1,400	'16. 6.27		('22. 3)	('82. 3)
3		신고리 6호기 (새울 4호기)	1,400	'16. 6.27		('23. 3)	('83. 3)

차례

한국의 핵발전소 현황 • 04

[머리글]
왜, 어떻게 탈핵이 민주주의인가?-김현우 • 10

[추천사]
다시 민주주의 문제다-조승수 • 19

1부. 신고리 5·6호기 공론화, 어떻게 볼 것인가

신고리 5·6호기 공론화 평가를 위한 시론-이영희 • 22

　처음 해 본 시민참여 공론화 • 22
　공론화의 의미와 성과 • 23
　이해관계자 입장을 반영 못한 결정적 한계 • 26
　아쉬운 탈핵 진영의 전략적 선택 • 29

신고리 5·6호기 공론화가 남긴 것들-이헌석 • 34

　신고리 5·6호기 백지화 공약 후퇴 논란 • 34
　과속으로 만들어진 공론화위 • 42
　기울어진 운동장과 공론화 보이콧 기자회견 • 50
　마지막까지 혼란이 계속되었던 시민참여단 합숙 • 59
　'뼈아픈 실패'로 끝난 신고리 5·6호기 공론화 • 65

민주주의, 탈핵과 '공론화위원회'-서영표 • 67

　문재인 정부는 민주주의를 심화시켰나 • 67
　위기와 전환의 시대 • 71
　숙의민주주의 • 76
　긍정적 기여 만큼 큰 부정적 효과를 남긴 공론화위원회 • 80
　탈핵이 삶의 일부가 되는 길 • 88

공론화의 정치와 에너지 민주주의의 과제−홍덕화 · 91

　초대된 공론화의 역설 · 93

　통계적 대표성과 사회적 대표성의 간극 · 97

　구조적으로 기울어진 운동장 · 100

　실패한 경연과 탈핵 프레임의 정교화 · 103

　탈핵운동 내부의 민주주의 · 105

　탈핵 · 에너지 전환으로 가는 길 · 106

[현장의 목소리]

울산 : 신고리 5 · 6호기 공론화 제대로 대응했나−용석록 · 111

　팩트를 확인할 수 없었던 단 한 번의 종합토론 · 111

　사실상 한 달도 안 되는 숙의기간 · 112

　불공정한 공론과정 · 113

　제대로 된 대응을 못한 탈핵 진영 · 114

부산 : 드러난 민낯 − 신고리 5 · 6호기 공론화를 돌아보며−정수희 · 117

　막연한 기대의 배신 · 118

　이해할 수 없는 부산지역 배제 · 122

　당신들은 왜 그랬습니까 · 130

서울 : 신고리 5 · 6호기 공론화 소회−김세영 · 132

　신고리 5 · 6호기 공사 중단과 재개는 여성과 남성의 차이? · 133

　원전 문제를 제기하면 대한민국 국민이 아니다? · 134

[기획 좌담회]

신고리 5 · 6호기 공론화, 그간의 평가와 향후 과제 · 139

2부. 탈핵 한국을 향해 한걸음 더 나아가기

반핵에서 탈핵까지, 한국탈핵운동 약사 – 이헌석 · 154

미국 원조로 만든 연구용원자로 · 154

고리 주민들의 반대 운동 · 155

영광지역 '무뇌아 출산 사건'으로 촉발된 반핵운동 · 156

핵폐기장 건설 반대한 영덕군민들의 첫 승리 · 157

양날의 칼 주민투표, 부안의 승리와 경주의 패배 · 160

후쿠시마 사고 이후 대중화되고 급성장한 국내 탈핵운동 · 163

한국탈핵운동의 분수령이 된 신고리 5·6호기 공론화 대응 · 165

핵 마피아와 적폐청산의 과제 – 이강준 · 168

국내 경기불황에도 불구하고 핵발전 산업은 호황 · 169

핵발전의 역사는 비리의 역사 · 171

핵 마피아가 적폐인 이유 · 177

새 정부의 탈핵 의지는 핵발전 적폐청산으로 확인 · 179

시민참여 관점에서 본 한국의 에너지정책 과제 – 김현우, 한재각 · 182

공론화의 기대와 좌절을 보며 · 182

에너지 정치의 리캐스팅 · 184

에너지 전환에서 시민참여의 의미와 방식 · 192

에너지 전환의 리얼리티를 위하여 · 203

탈핵을 맞는 네 나라 노동조합의 풍경들 – 김현우 · 207

독일 : 압도적 탈핵지지 그러나 석탄발전 가교론 등장 · 208

프랑스 : 페센하임의 폐쇄갈등, 에너지 공공성 요구의 문제 · 210

미국 : 디아블로캐년 핵발전소의 정의로운 전환 합의 · 214

한국 : 노사정의 신뢰결핍과 전환 전략의 부재 · 216

에너지 전환과 에너지 자치분권 – 이정필 · 220

　　일란성 쌍둥이, 에너지 전환과 자치분권 · 221

　　에너지 자치분권의 서막 · 224

　　지역, 공동체 에너지 시스템 · 228

에너지 민주주의를 구성하는 뿌리, 지역에너지 전환 – 이유진 · 233

　　서울시 "원전하나 줄이기에서 태양의 도시로" · 234

　　에너지 전환, 마을 에너지로부터 · 236

　　노원구, "우리 콩 된장 담그기와 제로 에너지 단지" · 238

　　완주군 적정기술과 사회적 경제의 결합 · 240

　　4개 광역지자체 지역에너지 선언 '지역 상생, 에너지 자립' · 241

　　지역 에너지 전환을 위한 3대 정책 · 243

　　에너지 전환이 지속되려면 · 246

[마무리글]

한 번의 실패, 그러나 국가들의 에너지정책 개입은 계속되어야 한다 – 이헌석 · 248

　　민주주의와 탈핵 논쟁은 계속되어야 한다. · 250

　　공론화, 국민이 정책을 결정하는 과정 · 252

부록

신고리 5·6호기 건설 및 공론화 관련 일지 · 257

단체/필자 소개 · 267

왜, 어떻게
탈핵이 민주주의인가?

한국은 민주주의 사회다. 민주주의라는 이름에 걸맞는 내실이 부족하거나 이따금씩 본 궤도를 이탈한다 하더라도, 적어도 민주주의가 지향해야 할 가치라는 점 그리고 돌아가야 할 원칙이라는 점은 부인되지 않는다. 또 하나, 한국의 경제와 사회가 작동하는 데 있어서 에너지의 역할과 의미는 엄청나게 크다. 그러나 이 두 명제의 결합은 사실 자명하지 않다. 즉 '에너지+민주주의'라는 개념은 아직 낯설고 현실의 정책과 행정에서도 원리나 상식의 자리에 있지 못하다. 한국 사람들의 삶을 좌우하는 에너지의 생산과 흐름이 민주주의와 제대로 만나지 못하고 있다는 말이다. 그렇다면 한국의 민주주의는 내용적으로 큰 결함을 안고 있는 것은 아닐까?

물론 민주주의는 진화한다. 몇 해 전부터 사람들의 입에 회자되는 개념 중엔 '사회경제적 민주화'가 있다. 그리고 그 배경으로 "민주주의는 공장 문 앞에서 멈춘다"라는 말이 있다. 87년 시민항쟁을 계기로 대통령 직선제를 비롯하여 여러 측면에서 정치적 제도의 민주화가 이루어졌지만, 노동자의 권리는 경제성장이라는 목표 아래서 부차적인 지위에 머물러 있었음을 가리키는 말이다. 그래서 정치적 민주화를 넘어 사회경제적 민주화가 필요하다는 요구를 하며, 이를 '민주주의의 급진화' 또는 '민주주의의 민주화'라고 표현하기도 한다.

그런데 다른 한편, 그동안 한국의 민주주의는 발전소와 송전탑 앞에서도 멈추어 있었다. 싸고 안정적인 에너지 공급을 위해 누군가는 희생되어야 했고, 거기에 반대하면 다수의 이익을 해치거나 현실을 모르는 이들로 취급되었으며, 에너지 수급과 갈등에 관한 판단과 해결은 대체로 제도 정치의 장 바깥에 있었고 신문에서도 관련기사는 주로 사회면에 등장하곤 했다. 그렇다면 이제는 '에너지의 민주화' 또는 민주주의의 에너지 측면의 심화 같은 생각도 해볼 수 있을 것이다.

핵에너지로 전기를 만들고 나르는 발전소와 송전탑은 한국의 경제성장을 떠받들어 온 중추 중 하나였지만 동시에 한국의 민주주의가 멈춰 선 곳들이기도 했다. 한국 민주주의의 진화와 발전을 말하기 위해서 에너지 전환 또는 탈핵을 이야기해야 하는 이유다. 그런데 핵에너지가 민주주의마저 가로막을 정도로 특별한 에너지인 이유는 무엇일까?

핵에너지는 '거대기술'이다. 고도의 기술력과 막대한 자본이 투여되며, 태생적으로 군사무기 개발과 함께 한 전문적인 영역의 기술이다. 그래서 핵발전을 하고 있는 거의 모든 나라에서 초기 핵발전 시장이 형성될 때까지 민간발전사들은 수익성과 안전성 확보에 대한 부담으로 진입을 꺼려했고, 정부가 나서서 투자와 정책적 지원을 시행하며 산업화를 이루었다. 그리고 지금까지도 핵발전소를 어디에 어떻게 건설하고 운영할지 결정하는 것은 소수의 과학자, 관료, 기업가의 손에 맡겨져 있다. 일반 시민 뿐 아니라 대부분의 정치인에게조차 핵발전 관련 내용은 너무 어려워서 이해하지도 못할 것이고 알 필요도 없다는 것이 이들의 논리다.

실제로 이명박 정부가 2030년까지 핵발전 비중을 59%로 확대하고 이를 위해 십 수기의 핵발전소를 증설하겠다는 내용을 담은 전력수급기본계획을 발표할 때도 정치인들이 개입하고 발언할 수 있는 여지는 거의 없었다. 핵발전소나 핵폐기물 처분장 부지 선정은 지역주민들의 주민투표라는, 절차적 민주주의를 가장한 관권선거에 내맡겨져 있는 형편이다. 노후 핵발전소의 수명연장 문제는 가부 결정이 법률이 아닌 시행령에 규정되어 있고 원자력안전위원회에서만 다루게 되어 있어서, 발전소가 소재한 지자체의 권한이 발휘될 여지조차 없다.

2014년에는 강원도 삼척에서 그리고 2015년에는 경상북도 영덕에서 주민들이 자체 주민투표를 진행하여 핵발전소 유치에 대한 압도적인 반대의사를 확인했지만 정부는 이 사업들이 국가사무이기 때문에 주민투표 사안이 될 수 없다고 고집했다. 여기에도 국회는 끼어들 곳도 없었고 끼어들지도 않았다. 물론 기존 법률에 적시된 권한이 없더라도 특별한 에너지 사안에 대해 국회는 언제든 공청회를 하든 특별결의를 하든 할 수 있는 일이지만 이제껏 국회의원들은 그런 활동을 거의 하지 않았다. 에너지는 정치의 문제가 아니라는 듯 말이다.

에너지와 정치, 에너지와 민주주의

하지만 현대 사회에서 에너지는 자본이자 권력이다. 에너지 정책이 한번 수립되면 그것은 국책사업과 국익이라는 이름으로 지역과 국민에게 강요된다. 제도 정치가 에너지 민주주의에 손을 놓고 있는 동안 에너지 갈등의 피해는 고스란히 지역 주민과 시민들의 몫이었다. 90년대 이후만 보더라도 안면도, 굴업도, 부안, 경주에 이르는 방폐장 갈등이 그러했고, 밀양과 청도 송전탑 갈등이 그러했다. 그저 '전기 만드는 공장'이 들어오는 줄만 알고 있다가 동네를 핵발전소들에 빼앗기고 항변도 제대로 할 수 없었던 많은 이들이 그 이전에 있었다.

핵 발전이 갖는 비민주성은 공간적 부정의도 낳는다. 한국의 핵발전 단지는 부산 고리, 경북 월성과 울진, 전남 영광, 이렇게 네 곳이다. 이 단지들이 입지한 곳은 하나 같이 냉각수를 얻기 쉽고 주민의 반발이 적은 외진 바닷가들이다. 그러나 고출력의 핵발전소가 생산하는 전기를 사용하는 곳은 수십 수백 킬로미터 바깥의 인구와 산업 밀집 지역들이다. 국민은 정부가 설정한 에너지 수요 예측치와 그에 따라 제공되는 발전량을 가지고 에너지를 사용하도록 유도되며, 에너지의 생산과 운송에 따르는 희생을 일상 생활 속에서 인식하기란 쉽지 않다. 이렇듯 전력을 생산하는 곳과 소비하는 곳, 생산을 결정하는 이들과 생산과 소비를 담당하는 이들 사이가 완전히 나뉘어 있는 구조는 다시 한번 핵발전을 민주주의의 시야에서 멀어져 있게 해 주었다.

게다가 에너지가 우리의 삶과 경제, 문화에 미치는 영향은 몇십 년 또는 몇 년 전과는 비교가 되지 않는다. 양적인 영향력 뿐 아니라 에너지가 갖는 본성 때문에라도 에너지야말로 민주주의와 거버넌스의 원리가 진작에 적용되어야 할 영역이었다. 에너지 문제는 다른 환경 문제와 마찬가지로 통제되지 않는 외재적 요인들을 포함하는 불확실성과 복잡성을 가지며, 비교적 긴 시간 과정을 통해 직간접적인 수많은 이해당사자들이 결부되어 있으며, 인프라 구축과 운영에 막대한 자금이 투입된다는 특징을 갖는다. 특히 발전원 중에서도 핵발전은 사고가 날 경우 오염 범위가 광범위하고 피해가 불가역적이며 출력이 크고 조절이 어렵다는 기술적 특성으로 인해 다른 발전원과의 관계에서 복잡한 조정이 필요하다. 그런 점에서 핵발전에는 더욱 민주주의와 거버넌스의 원칙이 적용되어야 함에도, 핵발전 독재나 '핵마피아' 같은 표현들이 반증하듯 한국에는 가장 비민주적인 에너지원으로 자리를 잡았다.

그래서 에너지 문제는 민주주의의 문제, 정치의 문제다. 우리가 에너지를 얼마나 그리고 어떻게 생산해서 얼마나 그리고 어떻게 쓸 것인가, 그리고 거기에 수반되는 비용과 부담을 누가 그리고 어디에서 담당할 것인가를 투명하고 공정하게 논의할 수 있다면 핵발전을 지속하고 심지어 늘리자는 결정을 쉽게 하지는 못할 것이다. 이는 결국 정치의 역할과 국민의 참여 문제로 돌아온다.

이런 점에서 촛불혁명을 계기로 집권한 문재인 정부, 그리고 문재인 정부가 내세운 탈핵-에너지 전환 정책은 많은 사람들을 새로운 민주주의, 즉 에너지 민주주의의 희망으로 들뜨게 했다. 그리고 그 첫 단추는 모두 다 아는 것처럼 '신고리 5·6호기 공론화'라는 방식으로 채워졌다. 에너지 정책이 숙의 민주주의와 만날 때 핵마피아의 거짓들이 백일 하에 드러나고 '에너지 시민성'이 개화할 것이라는 희망은 그러나 현실의 공론화와 거칠게 마주쳤다. 공론화가 진행된 3개월의 숨가쁜 과정 속에 갑론을박이 오고 갔고, 시민참여단의 결정이 발표되었으며, 그 결과로 신고리 5·6호기의 건설은 재개되었고 동시에 정부는 점진적 핵발전 비중 축소를 기조로 하는 에너지 정책을 구체화하고 있다. 이를 두고 에너지 정책 전반에 대하여, 숙의 민주주의의 효과에 대하여, 공론조사라는 방법의 적절성에 대하여, 이른바 지식과 자원의 '기울어진 운동장'에 대하여 다양한 평가와 전망이 제출되었다.

와신상담의 기록과 더 깊은 논의의 제안

이 책의 필자들은 탈핵과 에너지 전환 운동을 함께 해 온 부문과 지역의 연구자와 활동가들이다. 이들의 시각은 '신고리 5·6호기는 건설되지만 탈핵 정책에 큰 진전이 있었고 민주주의의 성숙을 경험할 수 있었다'라는 일반적인 여론과는 달리 신고리 5·6호기 공론화의 결과를 상당히 아프게 바라본다. 더 제대로 된 에너지 민주주의를 만들 수 있었던, 그리고 에너지 민주주의를 통하여 더 많고 더 깊은 민주주의로 나아갈 수 있었던 기회를 살리지 못한 자기 질책과 반성이 앞서기 때문이다. 그러한 시각과 감정이 다소 편중된 것일지라도, 와신상담을 위한 아픈 기록으로서 글들을 모았다.

이 책은 신고리 5·6호기 공론화에 대한 비판적 평가와 증언들을 담고 있는 1부와, 탈핵 한국을 위한 분석과 제안들을 담고 있는 2부로 구성되었다. 대부분의 글이 공론화 과정과 그 직후의 토론회에서 발표되거나 기고된 글들을 정리하고 보완한 것이다. 문재인 대통령이 고리 1호기 영구정지 행사에서 탈핵과 에너지 전환의 기본 방향을 천명한 지 거의 1년 반이 지났고 신고리 5 · 6호기 공론화 결과가 나온 지 한 해 가까이 되었지만, 당시의 맥락과 입장들을 이해할 수 있는 자료로서, 그리고 탈핵 한국을 모색하기 위한 문제의식과 제안들로서 가치는 여전히 유효하다고 여겨진다.

1부의 맨 앞에 실린 이영희, 이헌석, 서영표, 홍덕화의 글들은 신고리 5 · 6호기 공론화의 설계와 진행 그리고 결과를 보는 관점과, 외부의 시선에서 간과되곤 하는 평가 지점들을 담고 있다. 글의 강조점과 비판의 초점들은 차이가 있지만 공론화의 절차적 과정 뿐 아니라 더 큰 에너지 정치와 민주주의의 심화에 시선을 두어야 한다는 주문은 한결같다.

그 다음에 실린 현장의 목소리와 좌담은 신고리 5 · 6호기 공론화가 지역의 당사자들과 탈핵운동에 몸담아 온 활동가들에게 어떤 의미로 다가왔고 어떤 결과를 남겼는지를 더 생생히 보여준다. 신고리 5 · 6호기가 소재하거나 인근에 있는 지역의 주체들은 실제로 공론화 절차에 초대받지 못했고, 그들이 갖는 매우 분명한 이해관계와 찬반의 동기들이 협소하고 짧은 공론화 과정 속에서 제대로 숙고되기도 어려웠다. 한국에서 숙의 민주주의의 본격적 실험과 성과라고만 평가하기에는 아쉬움과 적잖은 상처가 남을 수밖에 없는 이유다.

2부는 탈핵 한국을 위한, 비단 정부가 주관하는 절차에 국한되지 않는 더 많은 공론화와 더 깊은 숙의를 위한 주제들을 하나씩 짚어본다. 이헌석은 지역에서 자발적으로 분출했던 초창기 반핵운동부터 지난 공론화까지 한국의 탈핵운동 역사를 일별하며 논의와 모색의 지형을 확인한다. 이강준은 핵 마피아라는 실체를 인식하고 극복할 필요성을 또 하나의 '적폐 청산'이라는 관점에서 접근한다. 김현우와 한재각은 한국의 에너지 정책을 시민참여와 정책적 포괄성 증진이라는 측면에서 개선할 방법을 논의하며, 에너지산업에 종사하는 노동자들과 이해당사자들이 '정의로운 전환'을 할 필요성과 아이디어를 개진한다. 이정필과 이유진의 글은 지역수준의 에너지 전환이 갖는 의미와 에너지분권을 본격화하기 위한 대안을 제시한다. 부록으로 신고리 5·6호기 공론화의 주요 결과와 일지, 한국의 핵발전 현황을 실어서 이해를 도왔다.

공론화를 넘어 더 많고 깊은 탈핵으로

많은 이유에서 탈핵은 선택이 아닌 필수이며, 세계적 추세도 그렇다. 그러나 한국은 이러한 선례를 따라 가면서도 어떤 탈핵인지, 그리고 어떻게 도달하는 탈핵인지를 함께 물어야 할 때다. 요컨대 대통령의 의지만으로는 에너지 전환은 가능하지도 않고, 일시적이고 부분적인 탈핵과 재생가능에너지 보급이 이루어진다 하더라도 그것은 언제든 퇴행할 수 있다. 탈핵과 에너지 전환은 에너지원뿐 아니라 대량 생산과 대량 소비를 마땅히 여겨온 거대 에너지 시대를 마감하고 그것이 억압했던 민주주의마저 해방하고 갱신하는 계기가 되어야 한다. 즉 탈핵이라는 입구로 들어가는 전환은 사회경제 체제의 민주화라는 더 넓은 출구로 나오도록 해야 한다는 말이다. 그러한 에너지 전환이라면 지도자의 선포 행위나 전문가들만의 설계를 통해서가 아니라 마치 도둑처럼 다가올 것이고, 우리는 그 도둑을 맞아들일 준비를 해야 한다. 이 책이 에너지 전환과 민주주의의 확대를 위한 더 많은 궁리를 끌어낼 수 있기를 바란다.

2019년 1월, 필자들을 대신하여

김현우

다시 민주주의 문제다

다시 민주주의 문제로 되돌아 왔다. 20세기 자본주의 발전과 근대화 과정에서 민주주의도 비약적으로 발전해 왔다. 보통선거권, 인권, 영토, 양심의 문제까지 민주주의는 승리해 왔다.

그러나 거대 초국적 자본의 힘과 최근의 난민 문제, 그리고 대의제의 위기가 드러나는 지금, 과연 민주주의는 발전하고 있는가? 민주주의가 도전받고 있다.

에너지의 문제도 근본적으로 민주주의의 문제이다. 시민들이 자신 삶의 방식을 선택하는 문제이기 때문이다. 경제성으로 불리는 이면에 편리함과 풍요에 대한 보통 시민들의 욕구는 간단하지도 외면할 수도 없는 문제임도 확인 되었다. 이윤이 목적인 자본은 집요하게 이 틈을 비집고 들어와 자본의 운동을 관철시키며 민주주의를 위협하고 있다. 에너지 전환은 정책의 영역뿐 아니라 우리 삶의 방식 문제라는 깊고 넓은 것임을 확인 하였다.

오래전 국회에서 홀로 탈핵을 주장하며 고군분투할 때 현재 진보진영으로 불리는 어떤 정당의 의원이 회의석상에서 나에게 말했다. "의원님 주장은 철학의 문제이고, 공식 회의에서 논하기에는 부적절합니다" 지금 그 당의 후신 정당이 집권하였다. 15년이 흘러 촛불민주주의에 의해 정권이 바뀌고서야 탈핵은 철학에서 현실로 복귀했다. 최근 탈핵을 관장하는 청와대의 업무분장이 사회수석실에서 경제 수석실로 바뀌었다. 탈핵을 다시 철학의 문제로 돌리고 경제적인 현실의 문제로 접근하려는지 우려스럽다.

신고리 5·6호기 공론화는 결과와 관계없이 많은 과제를 남겼다. 선한 의지만으로 선한 결과를 가져올 수 없다는 진리를 확인했고, 숙의민주주의라는 방법론적 진화에도 불구하고 민주주의자를 당혹케 했다. 선한 의지가 우리 실력이라는 민낯을 만나는 불편한 과정도 어쩌면 치루어야 할 수업료일 수도 있다.

이 책이 의미 있는 가장 큰 이유는 성찰적으로 공론화 과정을 평가했다는 것을 넘어서 지역에서 이 문제를 어떻게 대응하였는지를 다루고 있다는 점이다. 고리와 신고리, 그리고 월성을 양쪽에 끼고 사는 나로서는 이 책이 갖는 무게가 남다를 수밖에 없다. 선한 의지와 공간적 부정의 문제를 넘어 민주주의를 다시 시작해야 한다. 오직 영원한 것은 햇빛과 바람이다.

2019년 1월

조승수

1부.
신고리 5·6호기 공론화, 어떻게 볼 것인가

신고리 5·6호기
공론화 평가를 위한 시론

이영희

처음 해 본 시민참여 공론화

2017년 7월말부터 3개월 동안 신고리 5·6호기 건설 중단 여부를 결정하는 공론화가 공론조사 방식으로 진행되었다. 특히 10월 13일부터 2박 3일간 종합토론회라는 이름으로 열린 집중적인 숙의의 과정을 거쳐 마침내 471명의 시민참여단은 신고리 5·6호기 건설 재개와 원전 축소라는 결론을 내렸다.

문재인 정부가 신고리 5·6호기 원전 건설 중단 여부를 둘러싸고 실시한 이번 공론화는 여러 가지 측면에서 따져봐야 할 매우 의미있는 시도였다고 할 만하다. 하지만 신고리 5·6호기 공론화가 갖는 이러한 중요성에도 불구하고 그 의의와 한계를 꼼꼼히 분석하기 보다는 아직까지는 단편적이고 극단적인 평가들만이 눈에 띈다. 이번 공론화를 "숙의민주주의의 모범"이라고 치켜세우고 있는 문재인 대통령과 정부의 자화자찬이나, 이번 공론화는 정부가 자신의 책임을 시민들에게 떠넘긴 반민주적인 이벤트에 불과했으며, 여기에 참여한 환경단체들도 결국엔 들러리에 지나지 않았다고 비판하고 있는 시민사회 일각에서의 평가가 그 대표적인 예이다.

이 글은 이제 좀 더 균형감을 가지고 신고리 5·6호기 공론화가 갖고 있는 긍정적인 측면과 더불어 문제점, 그리고 공론화에 대응하는 과정에서 드러난 탈핵진영 내부의 문제점에 대해서도 차분하게 성찰해 봐야 한다는 문제의식에서 출발하고 있다.

공론화의 의미와 성과

먼저 이번 신고리 5·6호기 공론화는 우리 사회의 민주주의 진전과 관련하여 적지 않은 의미를 지니고 있다는 점을 강조하고자 한다. 무엇보다도 시민이 공공정책 결정의 주체가 되었다는 점, 엘리트주의 및 전문가주의에 맞섰다는 점, 그리고 탈핵운동의 대중적 기반을 다지는 계기가 되었다는 점에서 그러하다.

첫째, 신고리 5·6호기 건설 중단/재개 여부에 대한 실질적인 결정권이 시민들에게 주어졌다는 점은 공론화의 결과를 떠나서 우리 사회의 민주주의의 진전과 관련하여 상당한 의미가 있다고 할 수 있다. 정부는 1990년대 초반 이후 정치적 민주화의 진전에 따라 시민참여를 강조하기도 하고 일부 정책결정과정에서 시민참여를 실제 활용하기도 하였다. 하지만 그간 정부가 진정한 의미에서 시민참여를 장려하고, 참여하는 시민에게 실질적인 권한을 부여한 적은 거의 없었다. 정책결정과 관련하여 거버넌스, 혹은 공론화라는 이름으로 추진되어 온 시민참여들 역시 권위주의 시대와는 달라진 민주화 시대에 요구되는 절차적 정당성 확보를 위한 들러리 정도로 시민참여를 바라보는 관료문화의 인식론에서 크게 벗어나는 것은 아니었다는 점에서 요식행위에 그치거나 '시민동원'에 가까운 것이 많았다. 이에 비해 이번 신고리 공론화는 정부가 시민참여단이 신고리 5 · 6호기 건설 중단/재개와 관련하여 그 어떤 결정을 내리더라도 '무조건 수용'하겠다고 선언함으로써 시민들에게 정책 결정권을 실질적으로 부여하였으며, 바로 이 점이 이번 공론화과정에서 시민참여단의 높은 몰입도와 참여열기를 이끌어낸 가장 중요한 요인이 되었다. 그리고 이러한 권한부여는 현 정부를 탄생시킨 촛불시민혁명이 이루어낸 빛나는 성과로 볼 수 있다. 이러한 점에서, 신고리 공론화는 무엇보다 2016년 겨울에 광장에서 시작된 촛불시민혁명이 원탁에서의 시민주권 획득이라는 방식으로 마무리되는 의미를 지닌다고 할 수 있을 것이다.

둘째, 이번 공론화는 시민들이 우리 사회에 팽배한 엘리트주의와 전문가주의에 당당히 맞섰다는 점에서 의미가 있다. 공론화 시작 전부터, 그리고 공론화 진행과정에서 보수 매체와 정치인들은 계속해서 전문가가 아닌 일반 시민들이 과연 에너지문제와 같이 중요한 정책결정과정에 참여할 능력이 있겠느냐 하며 시민들의 정책 참여를 비판하고 비웃었다. 하지만 이러한 비판과 비난에 맞서 공론화 과정에서 시민참여단은 일반 시민들도 학습과 숙의를 통해 원전과 같이 기술, 경제, 사회적으로 복잡한 이슈에 대해서도 충분히 참여할 수 있음을 보여주었다. 이러한 점에서, 이번 공론화는 전문가주의라는 이름하에 소수의 전문가와 관료에 의해 일방적으로 결정되던 에너지 정책결정의 민주화를 증진시키는 데 기여했다고 할 수 있다. 근래 시민사회운동이 종종 직면하는 가장 큰 장벽이 전문가주의라는 이름으로 포장된 전문가독재체제라는 점에 비추어 볼 때 이러한 경험은 시민사회운동의 발전, 더 나아가 우리 사회의 민주주의 진전과 관련하여 매우 중요한 의미를 지닌다고 할 수 있다.

셋째, 이번 공론화는 탈핵운동의 대중적 기반을 다지는 계기가 되었다는 점에서도 커다란 의미가 있다. 주지하듯이 고리 1호기 원전 가동 이후 지난 40년 동안 원자력계와 정부는 시민들을 대상으로 엄청난 물량을 동원하여 친원전 여론 형성에 힘을 쏟아 왔다. 탈핵운동은 40년 만에 처음으로 주어진 이번 공론화의 장을 그간 친원전 선전과 담론에 과다 노출되어 있던 시민들을 대상으로 탈핵의 필요성과 가능성을 전국적으로 널리 확산시키는 기회로 활용하고자 노력하였다. 비록 아쉽게도 공론화의 단기적인 결과는 탈핵운동의 염원과는 다르게 나왔을지라도 공론화 과정에서 탈핵운동이 전국 곳곳에서 기울인 이러한 노력의 결실은 향후 탈핵운동의 소중한 기반과 자산으로 남게 될 것이다. 탈핵은 '기동전'을 통해 짧은 기간에 성취할 수 있는 것이 아니라 장기에 걸친 '진지전'을 통해 완수될 수 있다는 점에 비추어 볼 때 이번 공론화 과정에서 탈핵운동이 시민들을 설득하고 시민들의 마음을 얻고자 했던 노력들은 탈핵을 위한 장도 위에 뿌려진 귀중한 씨앗이라고 할 수 있을 것이다. 아울러 공론화 대응과정에서 노정된 탈핵진영의 다양한 문제점들이 향후 탈핵진영의 자기 성찰과 전열 재정비, 역량 강화의 계기가 될 수 있다는 점 역시 신고리 5·6호기 건설 재개라는 뼈아픈 결과에도 불구하고 장기적인 관점에서는 긍정적으로 볼 수 있는 측면이라고 할 수 있다.

이해관계자 입장을 반영 못한 결정적 한계

하지만 공론화의 이러한 긍정적 의미에도 불구하고 공론화 진행 과정에서 수많은 문제점들이 드러났다. 대표적으로 숙의의 충분성 결여 문제, 공론화위원회의 역량 부족 문제, 이해관계자 대변 부족 문제, 공론화의 공정성 결핍 문제, 공론화 의제의 적절성 미흡 문제 등을 들 수 있다.

첫째, 시간적으로 공론화가 충분히 이루어지지 못했다. 정부는 공론화 일정을 공론화위원회가 구성된 7월 말부터 3개월로 못 박았다. 하지만 3개월로 정해진 공론화 일정 중 시민들이 실제로 공론화에 참여한 기간은 1개월 정도에 불과했는데, 이는 원전과 같이 사회적으로 뜨거운 갈등 사안에 대해 충분한 학습과 숙의를 보장해야 할 공론화 기간으로는 상당히 짧은 것이었음이 드러났다. 건설 중단(탈원전)과 재개 측(친원전)이 자료집과 동영상 자료 제작 관련하여 시간에 쫓기게 되었고 결과적으로 시민참여단에게도 사전 학습을 할 충분한 시간적 여유 없이 자료가 뒤늦게 제공되었기 때문이다. 아울러 2박 3일 간의 종합토론회에서는 시민참여단이 보여준 뜨거운 학습 및 참여 열기에 비해 질의응답과 토론에 배정된 시간이 부족하여 숙의가 충분히 이루어지지 못했고, 이에 대한 시민참여단의 불만도 상당히 높았던 점 역시 숙의의 불충분성을 드러내주는 지표라고 할 수 있다.

둘째, 공론화위원회의 공론화 수행 역량이 충분하지 못했다. 공론화위원회의 위원들은 기계적 중립성 원칙에 따라 원전과 직간접적으로 관련된 이해관계자들과 시민사회단체 활동 경력자들을 배제한 상태에서 선발되었기 때문에 원전 이슈에 대한 전문성도 없고 공론화에 대한 전문성도 거의 없는 상태로 출발하게 되었다. 그 결과

특히 출범 초기에 공론화위원회의 위상과 역할에 대한 이해가 부족하여 사회적으로 많은 혼란을 불러일으켰다. 이 부분은 시간이 가면서 어느 정도 안정화되었지만 공론화 진행과정에서 여전히 미숙함을 많이 드러냈다. 특히 공론화위원회가 주관하는 지역순회토론회 운영과정에서 상당한 갈등을 만들어 냈으며, 친원전 진영과 탈원전 진영이 함께 만나 공론화의 기본 룰을 협상하는 이해관계자 소통협의회에서는 공론화위원회가 갈등 발생시 중재자로서 일관된 원칙에 기반하여 적극적인 중재와 조정 역할을 수행하기보다는 공론화 판이 깨질 것을 두려워 한 나머지 쌍방 합의만을 종용함으로써 때론 갈등을 더 키우게 되는 경우도 있었다. 또한 친원전과 탈원전 양측에서 제출한 자료집과 동영상의 내용을 중립적인 전문가 입장에서 검토하도록 만든 전문가그룹 구성과정에서 친원전 인사를 중립적인 전문가인양 위촉하는 등 해당 전문가들에 대한 중립성 검증에 실패함으로써 심각한 갈등을 야기하기도 했다.

셋째, 공론화과정에서 원전 관련 이해관계자의 대변(representation)에 문제가 있었다. 공론화위원회는 시민참여단 선발시 인구통계적 대표성 확보를 위해 층화 무작위 선발 방법을 이용하였다. 아울러, 원래는 지역적 당사자성이 좀 더 높은 원전 인근 주민과 미래세대는 따로 가중치 부여하지 않고 공론조사 과정에서 이해관계자 "증인"으로서 자신을 대변할 기회를 제공하도록 설계가 되었다. 하지만 공론화위원회가 '기계적 중립성' 원칙을 고수하다 보니 재개 측 주민(울주군 서생면 주민)의 증인 참석 거부로 인해 중단 측 주민의 목소리까지 대변되지 못하게 되는 결과가 발생하였다. 미래세대의 경우는 공론화위원회가 별도로 공론화를 진행했지만 최종적인 의견분포(건설

중단:건설재개:유보=5:1:1)를 나온 그대로 시민참여단에 제공하지 않고 각각의 입장을 똑같은 비중으로(건설중단:건설재개:유보=1:1:1) 전달함으로써 이들의 목소리가 적절하게 대변될 수 없었다. 요컨대 공론조사 참여 시민참여단 선발 관련하여 공론화위원회가 무작위 추출 방법을 통해 '인구통계적' 대표성을 확보하기 위해 노력한 점은 평가할 만하지만, 상대적으로 소수여서 통계적으로는 잘 대변되지 못하거나(지역주민) 합법적으로 원천 배제되는(미래세대) 자들의 '사회적' 대표성 확보는 소홀하게 여김으로써 결국 이해당사자의 상당 부분을 배제하는 비민주적인 결과를 초래한 것이다.

넷째, 공론화의 공정성에도 문제가 있었다. 공론화 과정에서 공사 재개와 중단 양쪽 모두가 현재의 공론화는 '기울어진 운동장'이라는 불만과 비판을 제기한 바 있다. 재개 쪽에서는 현 정부의 탈원전 정책 천명을, 중단 쪽은 지난 40여 년간 조성된 원전 편향적인 지형을 각자 기울어진 운동장의 근거로 제시하였다. 그러나 제기되는 공정성 문제는 모두 똑같은 비중을 차지하는 게 아니라 비교적 쉽게 교정 가능한 것이 있는 반면에 단기적으로는 교정이 어려운 구조적인 문제가 함께 섞여 있었다. 예컨대 공론화 진행과정에서 한수원 광고, 산자부 에너지 전환 TF 활동, 출연연 연구원의 위상 등 공정성 관련하여 제기된 문제는 쌍방 협상과 타협을 통해 교정이 어느 정도 가능한 것이었다. 하지만 40여 년에 걸쳐 단단하게 구축된 원자력계의 기득권 구조와 원전을 둘러싼 이익동맹체 형성, 그리고 상당수 시민들의 원전편향적인 인식 등 '구조적으로 기울어진 운동장' 문제는 단기간에 해결될 수 없는 문제로서 공론화과정에서 지속적으로 탈원전 진영에게 불리한 환경으로 작용할 수밖에 없었다. 다시 말해 공론화위원회가 기계적 중립성 원칙에 따라 공론화를 진행하였으므로 공론화라는 운동장이 겉으로는 중립적이고 공정하게 보였을지라도 탈핵진영은 구조적으로 기울어진, 공정하지 않은 운동장에서 고군분투할 수밖에 없었던 것이 현실이었다.

다섯째, 공론화의 의제가 과연 적절했는가의 문제가 있다. 주지하듯이 정부는 공론화 의제를 신고리 5·6호기 건설 중단 여부로 한정하였지만 실제 공론화 과정에서는 신고리 5·6호기만이 아니라 국가에너지정책, 원전의 장단점, 대안에너지의 전망 등에 대한 논의가 불가피했다. 갈등관리적 측면에서 볼 때 갈등을 둘러싼 이해관계자가 특정될 때는 공론화가 아니라 '협상'을 통한 문제해결이 바람직하다. 그러나 신고리 5·6호기 문제는 부울경, 좁게는 울주군 서생면이라는 지역적인 차원의 문제라는 성격도 있지만 동시에 신고리 5·6호기 백지화가 원래 탈핵정책의 일환으로 거론되었다는 점에서 국가에너지정책의 차원도 섞여 있는 복합적 이슈였다고 할 수 있다. 이러한 점을 고려하면 신고리 5·6호기 건설 중단/재개 의제가 전국적인 공론화 의제로서는 그 적절성이 아주 높은 것은 아니었다고 할 수 있을 것이다.

아쉬운 탈핵 진영의 전략적 선택

탈핵진영은 우리 사회에 탈핵운동이 탄생한 이래 처음으로 공론화 참여라고 하는, 그 누구도 걸은 적 없던 길을 걸어야 했다. 모범 답안을 미리 알 수 없던 그 길 위에서 탈핵진영은 나름대로 다양한 노력을 기울였다. 이러한 대응과정에서 탈핵진영은 많은 성과를 거두기도 했지만, 처음 걷는 길이다 보니 수많은 문제점들을 노정하기도 했다. 여기에서는 탈핵진영의 공론화 대응 관련하여 나타난 문제점에 대해서 성찰해보기로 한다.

첫째, 공론화 대응 관련하여 탈핵운동의 구심체였던 신고리 5·6호기 백지화를 위한 시민행동 내부의 의사결정체계와 소통방식에 상당한 문제가 있었음이 드러났다. 먼저 시민행동 내의 의사결정방식이 체계적이지 못했다는 점을 지적할 수 있겠다. 시민행동 내에서 공론화위원회와의 협상 대응 및 종합토론회 대비가 조직적으로, 일사불란하게 진행되지 못하였기 때문이다. 구체적으로 보면, 시민참여단에게 제공할 자료집을 구성하는 과정에서 필요한 세세한 정보 취합 등은 텔레그램 전문가방 등을 통해 상당한 정도의 집단지성 활용이 이루어졌다고 할 수 있으나 자료집에 들어갈 핵심적인 대항 담론 구성 및 종합토론회 대비 등 중요한 전략적 결정 관련해서는 조직적 체계성이 부족했고 의사결정 과정의 투명성도 높지 않았다고 할 수 있다. 아울러 공론화 대응과정에서 시민행동 내부에서 간혹 권위적이고 갈등적인 소통방식이 나타나기도 했는데, 이러한 소통방식은 조직 구성원간의 소통을 활성화시키기 보다는 왜곡시키고 결국 조직 내부의 결속력에 다소나마 부정적인 영향을 초래할 수 있다는 점을 직시해야 할 것이다.

둘째, 3개월의 공론화 일정 중에서 가장 중요한 의미를 차지한 2박 3일 종합토론회에 대한 준비를 소홀히 한 문제를 들 수 있다. 시민행동 내의 공론화 대응 활동가들은 자료집과 동영상 제작과정에서 공론화위원회 및 친원전 쪽 인사들과의 지난한 협상과정에서 진을 다 뺀 나머지 정작 시민들과 대면적으로 소통하면서 설득할 수 있는 결정적 장이었던 종합토론회에 대한 준비를 소홀히 하는 우를 범했다. 종합토론회가 진행되면서 탈핵진영을 대표해서 나갈 발표자와 토론자 구성이 과연 적절했는가의 문제가 내부적으로 제기될 정도로 일부 발표자의 태도는 시민들의 관점에서는 문제가 있었고, 토론참가자들 사이의 팀워크도 상대방인 친원전 쪽에 비해 현격하게 부족하였다. 그 결과 종합토론회 과정에서 시민들에게 탈핵진영은 아마추어적이고, 준비가 덜 되어 있으며, 자신감 없는 것으로 비춰졌다.

결국 이러한 문제점은 시민참여단의 신고리 5 · 6호기 건설 중단/재개에 대한 의견 변화에 그대로 반영되었다. 2017년 10월 13일 종합토론회가 시작될 때 시민참여단을 대상으로 한 조사에서 건설 재개가 44.7%, 건설 중단이 30.7%, 판단 유보가 24.6%였던 것이 10월 15일 종합토론회가 끝날 시점에서 판단 유보를 없애고 건설 재개와 중단 두 개의 선택지만이 제시된 동일 질문에 대해 건설 재개가 59.5%, 건설 중단이 40.5%로 나왔다. 종합토론회를 시작할 때 나온 판단 유보 24.6% 중에서 14.8% 포인트가 건설 재개 쪽으로 이동한 것에 비해 건설 중단 쪽으로 이동한 것은 불과 9.8% 포인트에 불과함을 알 수 있다.

셋째, 시민참여단을 설득하기 위해 탈핵진영이 동원한 핵심 담론의 전략적 적절성 문제에 대한 성찰도 필요해 보인다. 탈핵진영이 신고리 5 · 6호기를 중단해야 할 필요성에 대해 시민들을 설득하기 위해 동원한 핵심 담론은 그 내용상 경제성, 시장성, 안전성 순으로 비중을 둔 것으로 보인다. 특히 경제성과 시장성을 안전성 담론 보다 더 강조했는데, 과연 이것이 올바른 전략적 선택이었나 하는 문제에 대해 숙고해볼 필요가 있다. 시민참여단을 대상으로 한 4차 조사에서 최종 의견을 결정할 때 중요하게 생각한 기준은, 안전성 측면(98.3%, 평균 6.7), 환경성 측면(96.3%, 평균 6.3), 안정적 에너지 공급 측면(93.7%, 평균 6.3) 순으로 나왔다. 건설 재개를 지지하는 시민참여단은 안정적 에너지 공급 측면과 안전성 측면을, 그리고 건설 중단을 지지하는 시민참여단은 안전성 측면과 환경성 측면을 가장 중요하게 생각했다는 점도 밝혀졌다. 이러한 결과는, 종합토론회에 참가한 시민들이 본인의 최종적인 판단의 근거로 원전의 안전 문제와 환경 문제들을 중시했음에 비해 탈핵진영은 경제성, 시장성 문제에 더 치중함으로써 시민들이 가려워하는 곳을 시원스럽게 긁어주는 데 실패한 것은 아닌지 꼼꼼히 따져 볼 필요성을 제기해 주는 것이라고 할 수 있다.

마지막으로, 이번 공론화는 탈핵운동이 시민들을 설득하고자 할 때 방법론적으로 숫자와 그래프에 지나치게 의존할 게 아니라 그것이 말하지 못하는 것이 무엇인가에 대한 성찰도 동시에 필요하다는 점을 일깨워 주었다. 이번 공론화 과정에서 결정적인 격전장이 되었던 종합토론회에서 벌어진 발표와 질의응답에서 친원전 진영이 숫자와 그래프로 무장하여 시민들을 설득하려고 했던 것과 똑같은 방식으로 탈원전 진영도 숫자와 그래프 싸움에 치중하였다. 말하자면 친원전과 탈원전 진영은 원전과 관련하여 완전히 상반된 논리와 근거를 가지고 종합토론회에 임했지만 보다 근본적으로 보면 현실을 파악하고 표상하는 인식론과 방법론은 사실상 동일한 것이었다고 할 수 있다. 요컨대 가정이나 투입 변수 등 양쪽의 계산법이 서로 달라 상반되는 숫자와 그래프가 제시되기는 하였지만 탈핵운동도 친원전 쪽과 마찬가지로 계량적 방법론에 주로 의존했다는 점에서 양쪽의 인식론적 패러다임은 사실상 다르지 않았던 것이다. 그 결과 탈핵운동에서 지속적으로 강조하던 '에너지 민주주의'나 시민들의 일상적 삶에 대한 문제의식이 별로 드러나지 못하게 되었다.

물론 탈핵운동도 시민들과 소통할 때 계량적 방법론에 어느 정도 의존해야 하는 경우도 많이 있다. 하지만, 문제는 이번 공론화에서 그랬던 것처럼 계량적 방법론에 지나치게 의존할 경우에는 시민들과 지역주민의 고통, 불안, 소외, 분열, 갈등, 무기력화 등 일상적 삶과 연관된 '계산될 수 없는 문제들'을 잘 드러내기 어렵다는 점에 있다. 이처럼 숫자와 그래프로 표상되는 계량적 방법론과 인식론의 한계를 인정한다면 이제 탈핵운동은 과연 어떠한 대안적 방법론과 인식론에 입각하여 세상을 이해하고 세상과 더불어 소통해 나가야 할까 진지하게 성찰할 때이다.

신고리 5 · 6호기
공론화가 남긴 것들[1]

이헌석

신고리 5 · 6호기 백지화 공약 후퇴 논란

2016년 여름, 탈핵진영은 「잘가라 핵발전소 100만 서명운동」(이후 100만 서명운동)을 기획했다. 탈핵운동진영의 연대체 「핵없는 사회를 위한 공동행동(이하 탈핵공동행동)」을 중심으로 시민사회단체와 노동계, 종교계 등을 총 망라한 100만 서명운동은 당시 2017년 12월 예정되어 있던 대선을 겨냥한 것이었다. 2016년 10월 서명을 시작한 100만 서명운동본부는 다음 해 6월까지 모두 33만 8천 명의 서명을 받았다. 100만 명의 서명을 받는 목표에는 달성하지 못했지만, 이 성과는 그간 탈핵운동진영이 단 한 번도 이뤄내지 못한 성과였다.

당시 100만 서명운동은 신규 핵시설(핵발전소와 핵폐기물 임시저장고, 핵연구시설 등) 철회, 노후핵발전소 수명연장 금지, 고준위핵폐기물 재공론화 등 모두 6가지 요구사항을 걸었다. 그 중에서도 우선순

---

1   이 글은 2017년 11월 2일 시민환경연구소 주최 토론회에서 발표한 글 — "신고리 5 · 6호기 공론화 과정에서 못 다한 이야기 : 절차와 제도"를 일부 수정한 것임을 밝힙니다.

위가 가장 높았던 것은 신고리 5·6호기 핵발전소 건설 백지화였다. 이는 부산과 울산 등 영남권 탈핵진영의 요구가 컸던 것도 있었지만, 2016년 9월 경주지진 이후 양산단층 인근 핵발전소 안전에 대한 우려와 관심이 높아진 것이 크게 작용했다.

이는 정치권도 마찬가지여서 2017년 5월 대선에서 각 정당 후보는 부산, 울산권 선거 공약으로 신고리 5·6호기 건설 중단 혹은 백지화를 선거공약으로 내걸었다. 심지어 핵발전에 적극 찬성하는 자유한국당 홍준표 후보조차 울산 기자회견에서 "원전으로 발전소를 짓는 일은 지양하고 가능하면 신재생에너지 쪽으로 가야한다"고 발언[2]을 할 정도로 2017년 4-5월의 탈핵 분위기는 뜨거웠다.

당시 문재인 후보는 선거 유세기간동안 수차례 '신고리 5·6호기 백지화'를 약속했다. 이즈음 정치권에선 신고리 5·6호기 건설 중단과 백지화를 구분하는 경향이 생기기 시작했다. 문재인 대통령은 '백지화'라는 표현을 통해 완전히 계획을 철회해야 한다는 강한 의지를 나타냈다. 반면 더불어민주당은 공약자료집을 통해 일시적인 건설 중단을 포함한 '건설 중단'이란 표현을 쓰면서 한 발 물러난 태도를 취했다.

하지만 선거 유세 현장에서 문재인 대통령의 신고리 5·6호기 백지화 약속은 계속되었다. 탈핵현안 지역대책위와의 정책협약, 잘가라 핵발전소 100만 서명운동 협약, 각종 언론 인터뷰 등을 통해 이는 수차례 확인되었다. 이에 따라 문재인 대통령이 당선되자 신고리 5·6호기 백지화에 대한 국민들의 기대감은 어느 때보다 높았다.

그러나 6월 19일 고리1호기 영구정지행사에서 문재인 대통령이

---

2   UBC, "대선 후보들 안전 공약은?.. 신고리 5·6호기 입장차", 2017.4.17

밝힌 것은 신고리 5·6호기 백지화가 아니라, "안전성과 함께 공정률과 투입 비용, 보상비용, 전력 설비 예비율 등을 종합 고려하여 빠른 시일 내 사회적 합의를 도출"한다는 것이었다. 당시엔 공사 중지 여부도 명확하지 않았고, 사회적 합의를 만들겠다는 포괄적인 표현만 있었다. 이후 6월 27일 국무회의에서 신고리 문제에 대한 토론이 있었다. 당시 국무회의 회의록에 따르면, 신고리 5·6호기 논의는 예고된 안건에 포함되어 있지 않았고, 구두안건으로 처리되었고, 이에 대해 국무위원들 간 토론을 통해 신고리 5·6호기 건설 중단과 공론화의 주요 내용이 논의되었다. 신고리 5·6호기 공론화작업이 본격적으로 시작된 것이다.

신고리 5·6호기 공론화는 어떻게 만들어졌나?

가장 먼저 제기된 쟁점은 누가, 어떤 절차와 과정을 통해 신고리 5·6호기 공론화가 결정되었는가하는 점이다. 이는 6월 27일 국무회의 이후 보수 언론과 보수 야당이 수없이 문제제기 했던 내용이기도 하다. 보수진영은 매우 짧은 시간 대통령의 몇 마디 말[3]에 신고리 5·6호기 건설 공사가 중단되었다는 점을 강조했다.

탈핵운동의 입장에서도 이 부분은 매우 중요했다. 신고리 5·6호기 공론화는 '공약후퇴'를 의미했다. 누가, 어떤 과정을 걸쳐 불과 몇 주 사이에 말을 바꾼 것인지 누군가 책임을 져야 하기 때문이다. 하지만 현재로서는 이 과정을 정확히 알 수는 없다. 다양한 추측과 소문만 있을 뿐 5월 9일 대통령선거에서 6월 19일 고리 1호기 영구정

---

3 조선일보, "신고리 원전 중단 결정, 국무회의서 구두보고에 단 세 마디 회의로 결정됐다", 2017.7.12.

지행사까지 40일 동안 문재인 정부 내부에서 어떤 생각과 판단이 오고 갔는지 알 수 없다.

이는 정부나 정치권이 밝혀야 할 대목이다. 왜 공론화를 시작해야 하는지 누구도 설명하지 않은 채 시작된 공론화는 처음부터 많은 혼란을 일으켰기 때문이다. 후쿠시마 핵발전소 사고 이후 일본에서 진행된 공론조사의 경우에도 같은 문제제기가 있었다. 공론조사 이후 오사카대학과 교토대학이 공동으로 운영하고 있는 StiPS의 공론조사 평가보고서[4]에 따르면, 공론조사 평가 논점 중 첫 번째로 '정부는 왜 참여형 방법을 채택했는가?'라는 질문을 던지고 있다. 보고서는 이에 대해 실시 배경이 명확하지는 않지만, 원자력위원회에서 "(후쿠시마 사고 이후 핵발전 정책은) 국민적 논의 등을 감안하여 적절히 대응"하겠다고 밝힌 것들에서 그 근거를 찾고 있다. 일본의 공론조사는 실제 정책에 반영되지도 않았고, 정책 추진에 참고자료로 활용하기 위해 실시되었다는 점에서 신고리 5·6호기 공론화와 일본의 공론화는 본질적으로 다르다. 하지만 단순한 정책 참고자료로 공론조사가 사용된다 할지라도 세금이 투입되고 이 내용이 정책결정에 주요한 영향을 미친다면, 그 배경이 투명해야 하는 것은 매우 자명한 일이다.

반면 우리나라의 신고리 공론화는 그 부분에서 명확한 해명이 없다. 명확한 공약 후퇴임에도 어느 누구도 이에 대해 사과하지 않았고, 최종적인 결과를 바탕으로 오히려 '민주주의의 승리'라고 치켜세우는 모습은 오랫동안 신고리 5·6호기 반대운동을 해온 탈핵운

---

4 公共圏における科学技術・教育研究拠点(StiPS), "Lesson Learning : 2012 年夏のエネルギー・環境の選択肢に関する国民的議論とは何だったのか これからの「政策形成のあり方」を考える － 実施報告書", 2014.9.30

동가 입장에선 납득하기 어려운 대목이다. 조기 대선과 정부 출범, 갑작스러운 변동이 이어졌던 2017년 6월 상황에서 '왜 갑자기 우리가 신고리 5·6호기 문제로 공론화를 해야 하는가?'라는 문제는 제대로 제기되기 어려웠다. 하지만 건설 중단을 주장했던 탈핵진영이나 건설 재개를 주장했던 원자력계 모두에게 갑작스레 주어진 '공론화 국면'은 납득하기 어려운 상황이었고, 불투명한 정책 추진으로 적지 않은 혼란이었던 것 만큼은 분명하다.

적극 대응과 보이콧, '유연한 전술' 미진

필자는 6월 19일 이전 1주일 동안 고리 영구정지 행사 이전에 부산, 울산, 경남을 비롯해서 전국의 탈핵운동 진영 주요 인사들에게 '신고리 5·6호기에 대한 문재인 대통령 발언에 대한 입장'을 물었다. 당시 답으로 나왔던 문재인 대통령의 예상 발언은 크게 4가지 정도였다. 1) 신고리 5·6호기 백지화, 2) 신고리 5·6호기 공사 중지 후 안전성 재검토, 3) 신고리 5·6호기 공사 계속 진행하며 안전성 재검토, 4) 신고리 5·6호기에 대한 언급 없음(공사 진행) 정도였다. 당시엔 '공론화'는 선택지에 없었다. 선거 과정에서 어느 누구도 '공론화'를 언급해 본적이 없었기 때문이다.

이와 같은 예상 발언에 대한 활동가들의 입장은 매우 다양했다. 완전한 백지화와 공사 강행을 의미하는 1, 4번의 경우 입장이 매우 분명했다. 완전한 백지화는 '적극 환영'이었고, 공사 강행을 의미하는 '언급 없음'의 경우 '강력 규탄'이었다. 문제는 2번과 3번 내용이었다. 완전한 백지화는 아니더라도 일시적인 공사 중단이나 재검토 과정을 '그나마 운동의 성과'라고 생각하는 이들과 '공약 후퇴이기 때문에 수용할 수 없다'는 이들이 뒤섞여 있었다. 전수 조사를 한 것이 아니었기에 정확한 비율을 따지기 어렵지만, 당시 내가 물어본 10여 명의 지역 활동가들은 수용할 수 없다는 의견이 더 많았다.

하지만 정작 문재인 대통령의 6월 19일 영구정지 행사 연설문이 발표되자, 분위기는 바뀌었다. 당장 6월 19일 공약 발표에 대한 단체별 입장은 환영, 환영하지만 유감, 유감, 강력 규탄 정도로 확연하게 나뉘었다. 당시 탈핵공동행동은 발언 당일에는 각 단체별로 성명서를 발표하고, 이후 의견을 종합하여 공동성명서를 발표하기로 했다. 하지만 서로의 입장이 너무나 상반되어 초안을 수차례 검토하고 논의했으나 의견을 모으지 못하고 성명서는 폐기되었다.

신고리 5·6호기 공론화에 적극 참여하여 국민들을 설득해야 한다는 단체들과 공약후퇴를 강력 규탄해야 한다는 단체들로 입장이 확연히 나뉘었다. 탈핵공동행동 집행위원들이 모인 텔레그램 방에서는 연일 뜨거운 논쟁이 오고 갔다. 온라인 논의가 불가능하자 긴급히 회의를 소집해 6월 30일과 7월 12일 두 차례 대표자-집행위 연석회의가 열렸다. 회의에 앞서 수차례 사전 의견 교환, 전화 통화 등이 진행되었고, 결국 7월 12일 탈핵공동행동 대표자-집행위 연석회의는 만장일치로 '공론화위원회에 적극 대응한다'는 입장을 정했다. 여기서 '대응'이란 공론화위원회의 공론화 프로그램에 참여하는 것 이외에 대국민 홍보 등 포괄적인 대응을 의미하는 것이었다. 또한 탈핵공동행동은 공론화위원회 대응을 위해 탈핵공동행동이 타 단체와 연대하여 새로운 연대체를 만들기로 결의하였다.

후쿠시마 핵발전소 사고 직후 만들어진 탈핵공동행동이 단일 사안을 갖고 이렇게 오랫동안 토론을 한 것은 이 때가 처음이었다. 이 논의가 한참 진행되었던 6월 19일에서 7월 12일 약 1달간은 한국사회에서 탈핵논쟁이 가장 뜨거웠던 한 달이기도 했다. 그 기간 탈핵진영은 내부 논의에 많은 시간을 보냈던 것이다.

보다 큰 움직임을 벌이기 위해 내부 소통과 논의를 진행하는 것은 반드시 필요하다. 특히 80여개 단체와 지역연대체들이 포함되어 있는 탈핵공동행동 같은 연대체에서 내부 소통은 매우 중요하다. 하지만 '공론화'라는 선택지를 전혀 고려하지 않았던 상황에서 문재인 정부에 대한 높은 기대감과 공약후퇴에 대한 실망감은 탈핵운동 진영 내부의 큰 혼란을 낳았고, 결국 이것이 이후 신고리 5·6호기 공론화 결과에 큰 영향을 끼쳤다.

공론화에 적극 대응해야 한다고 주장했던 다수의 활동가와 단체들이 공론화 과정에 '비판적인 대응'으로 임했다는 점도 잊어서는 안 된다. 이들이 문재인 정부의 신고리 5·6호기 공론화 정책에 100% 동의해서 공론화에 임한 것이 아니다. 각자 단체의 성명서에서 밝혔듯이 공론화는 정책 후퇴였고, 정부의 판단을 시민참여단에게 넘긴 정치적 행위였다. 그럼에도 불구하고 '국민들이 에너지정책을 결정한다'는 에너지민주주의 원칙에 동의했기에 많은 단체들이 공론화에 '적극 대응하자'로 입장을 냈던 것이다. 또한 이 과정에서 탈핵공동행동은 수차례 토론과 의견 조율을 통해 7월 12일 만장일치로 '적극 대응'이라는 입장을 모았다.

이런 상황에서 당시 '보이콧을 결정했어야 했다'는 주장도 있다. 한 발 더 나아가 '탈핵진영이 공론화 참여를 통해 문재인 정부 공약후퇴를 용인해 주었다'는 식으로 당시 결정을 확대해석하는 이들도 있다. 이에 대해서는 많은 재평가가 있을 수 있다고 본다. 하지만 당시와 같은 동일한 상황으로 돌아갔을 때, 탈핵운동진영 전체가 공론화 보이콧을 결정할 수 있었을까라는 질문엔 회의적이다. 정권초기 지지율이 80%를 넘나드는 상황에서 이런 결정은 엄청난 정치적 후과를 예상해야 한다. 보수진영과 진보진영 모두를 적으로 돌리는 고립전략을 다양한 정치적 색깔과 입장이 공존하는 연대체가 결정할 수 있을지 지금도 잘 모르겠다.

오히려 적극 대응과 보이콧이라는 두 개의 '유연한 전술'을 탈핵운동진영이 사용하지 못한 것이 안타깝다. 공론화기간 동안 건설재개 측은 한수원 노조와 서생면 지역주민들을 중심으로 명확히 '보이콧 진영'을 형성했다. 이들 보이콧 진영은 공론화위원회 출범 초기 법적 대응과 장외투쟁을 통해 자신의 존재를 부각시키고, 공론화 과정의 허점을 알렸다. 그리고 공론화 마지막까지 신고리 5·6호기 건설을 촉구하는 지역주민을 국민들에게 각인시켜 여론을 이끌었다. 반면 한국원자력산업회의나 한국원자력학회 등은 공론화위원회 프로그램에 적극 참여하여 장내에서 자신들의 이야기를 펼쳐갔다. 일종의 이원화 전략을 구사한 것이다.

반면 탈핵운동진영은 '보이콧'이 전술로 채택되지 못한 채 이를 둘러싼 논쟁이 내부 비판과 반목 수준에 머물렀다. 신고리 5·6호기 건설 재개 측이나 정부에 대한 비판이 아니라, 탈핵운동 진영 내부의 혼란, 갈등 정도로 머물렀던 한계가 명확했다. 그간 서로의 약한 힘을 모아 큰 연대체를 만들고 이를 중심으로 단일한 목소리를 내는데 익숙했던 탈핵운동진영에게 이원화된 전술은 매우 낯설었다. 탈핵운동진영은 대응을 둘러싼 입장 차이가 생길 때 서로의 합력을 어떻게 만들 것인가라는 고민을 하지 못했던 것이다. 이런 면에서 6월 19

일에서 7월 12일까지 30여 일간의 일은 매우 아쉽고 후회스럽다.

과속으로 만들어진 공론화위

6월 27일 국무회의의 신고리 5·6호기 공론화 방침이 정해지고 나서 7월 24일 공론화위원회 출범까지 한 달간 신고리 5·6호기 문제는 정치권 최대 이슈로 부각되었다. 7월 13일 한수원 이사회가 1차 무산된 이후 다음 날 바로 열린 이사회에서 신고리 5·6호기 건설 공사는 3개월간 일시 중지되었다. 이사회를 막기 위한 한수원 노조와 서생면 주민들의 투쟁은 이어졌고, 보수언론에선 연일 1면 헤드라인에 문재인 정부의 탈핵정책과 재생에너지의 문제점을 다룬 기사를 올렸다.

대통령 선거 전까지 높았던 신고리 5·6호기 건설 중단에 대한 지지율이 점차 낮아지기 시작한 것도 이 때 즈음이다. 같은 기간 동안 탈핵운동진영은 앞서 언급한 내부 정리 문제로 제대로 움직일 수 없는 상황이었다. 7월 12일 탈핵공동행동 대표자-집행위 연석회의, 곧이어 신고리백지화 시민행동 출범을 위한 사전작업이 이어졌지만, 신고리 백지화 시민행동이 제대로 된 대열을 갖춘 것은 7월 말이었다.

7월 17일 국무총리 훈령이 만들어져 공론화위원회의 기본 틀이 잡히자 정부는 곧바로 공론화위원 선정과정에 돌입한다. 정부의 공론화위원 선임 기준은 '무색무취'였다. 핵발전에 전혀 관련되지 않은 사람을 3배수 선정하여 건설 중단/재개 양측에서 1차적으로 제척하고 이를 바탕으로 정부가 공론화위원을 선정하는 방식이 채택되었다.

공론화위원 선정과 각종 실무를 진행하기 위해 건설 중단/재개 양측이 모이는 '소통협의회'가 구성된 것도 이즈음이다. 국무총리 훈령이 만들어지기 전인 7월 13일 처음으로 진행된 소통협의회에서는 양측의 요구사항이 전달되었다. 당시 시민행동은 공론화 진행과정에 대한 전면적인 공개와 논의를 요구했고, 건설중단 측은 당시 회의에 참석한 한수원과 원자력연구원 인사들에 대한 문제제기를 함께 진행했다. 공론화위원 제척 문제 역시 이 틀을 통해 진행되었다.

7월 24일 공론화위원회 출범을 전후로 보수 언론의 비난 화살은 공론화위원회로 옮겨갔다. 에너지 분야 전문가의 참여 없음, 시민들이 결정하는 방식에 대한 문제제기, 배심원제도와 공론조사의 차이에 대한 혼란 등 급하게 만들어진 공론화위원회에 대한 비판과 논점은 수도 없이 많았다. 이와 같은 논란은 신고리 공론화가 끝날 때까지 이어지기는 했지만, 공론화의 기본 설계가 끝나는 2차 소통협의회를 기점으로 논점은 서서히 신고리 5 · 6호기 건설재개 여부를 둘러싼 논쟁으로 옮겨가기 시작한다.

8월 23일에 진행된 2차 소통협의회는 양측이 향후 공론화의 상세 설계와 토론 자료집의 목차에 대해 1차적으로 합의한 매우 중요한 회의였다. 당시 공론화위원회는 2만 명의 1차 모집단 선정방식, 최종 설문조사를 위한 인원구성 및 질문 내용 등 신고리 공론화의 큰 틀을 건설 중단/재개 양측에 제공하였고, 숙의 토론을 위한 토론 자료집의 목차를 양측 합의하에 7개 목차, 20페이지로 확정지었다.

공론조사 만능주의는 반민주주의

'왜 여러 가지 방법 중 공론조사를 선택했는가?'라는 질문은 '왜 신고리 5 · 6호기 문제를 공론화 방식으로 풀려고 했는가?'란 질문과 함께 핵심적인 질문이다. 하지만 이 역시 명확히 답을 갖고 있지 않다.

공론화 방식에는 애초 언급에 있었던 배심원제도 이외에도 합의회의, 시나리오 워크샵 등 다양한 방식이 있고, 이들은 각 장단점을 분명히 갖고 있다. 하지만 정부는 '공론조사' 방식을 채택했다. 추정해 보건데 공론조사는 몇 개의 선택지 중 하나를 고르기에 적합하고 그나마 전 세계적으로 수차례 진행되어 표준화 정도가 높은 방식이다. 이런 점들이 공론조사 방식을 채택하는데 큰 영향을 미치지 않았을까 생각해 본다. 하지만 이는 추측일 뿐 공식적으로 공론조사방식을 선택한 이유는 알 수 없다.

이 문제가 중요한 이유는 '과도한 공론조사에 대한 의미부여'와 '공론조사 만능주의'를 경계하기 위한 것이다. 공론조사(deliberative polling)는 상표 등록까지 되어 있는 명시적인 방법론[5]이다. 하지만 신고리 공론조사는 이 방식을 차용하기는 하되, 완전히 이 방법론을 채택하지 않은 조금 어중간한 형태를 띠고 있다. 단기간 내에 정책을 결정하기 위해서는 생략하거나 추가해야할 사안들이 많았고, 이에 따라 상표등록까지 되어 있는 공론조사 방법론을 사용하기에는 부족한 점들이 많았다는 것이 공론화위원회의 설명이다.

하지만 이보다 더 주목해봐야 할 문제는 이미 우리나라에서 공론조사가 하나의 정책결정 모델로 인정받고 있다는 점이다. 신고리 5·6호기 공론화 이후 국가차원에서는 대통령 직속 국가교육회의가 만들어져 대학입시제도 공론화를 진행했고, 부산에서는 BRT(간선급행버스체계), 광주에서는 지하철 건설문제, 대전에서는 월평공원

---

5 공론조사는 1988년 미국 스탠포드 대학의 제임스 피시킨 교수가 고안한 방법론이다. 별도의 상표등록이 되어 있어 공식 사용을 위해서는 피시킨 교수가 참여하는 숙의민주주의 연구소의 검증을 거쳐야 하며, 등록상표를 뜻하는 ⓡ자를 반드시 붙여야 한다.

문제 등으로 공론화가 진행되었다. 많은 나라에서 공론조사 결과는 존중되기는 하지만, 그 결과가 정책 결정의 정당성을 부여받지는 못한다. 즉 공론조사는 정책 결정의 참고자료, 권고안으로서 의미를 갖는 것이 일반적이다. 이렇다보니 정부가 공론조사 결과에 반대된 결정을 하는 경우도 종종 보인다. 2012년 일본에서 진행된 에너지정책 공론조사가 대표적인 사례이다. 당시 일본 시민들은 핵발전 0% 시나리오를 지지했으나, 결국 일본 정부는 그 방식을 채택하지 않았다.

실제 신고리 5·6호기 공론화 기간 동안 공론조사 내용은 권고안을 만들기 위한 작업이라기 보다는 승패를 가르는 '게임'이나 재판관의 '판정' 같은 식으로 이해되었다. 일부 언론은 '공론조사 결과에 승복하겠느냐'라는 질문도 서슴지 않고 할 정도로 공론조사에 대한 이해도는 낮았다. 이는 정부도 마찬가지였다. 공론화위원회 출범 이전 정부는 '배심원단의 결정을 정부가 따르겠다'는 내용을 발표해 혼란을 부추겼다. 뒤늦게 '배심원단 결정은 예시이며 공론화위원회 결정은 권고안으로서 의미가 있다'며 수습하긴 했지만, 문재인 대통령조차 '시민참여단 결정에 따르겠다'는 발언을 이어가면서 '공론조사 결과 = 정책 결정'이란 논란을 자초했다. 이와 같은 논란은 대의 민주주의에 대한 도전으로까지 확대되기도 했다. 무작위 선발된 시민들에게 누가 정책 결정권을 부여했는가라는 매우 진지한 질문이 이어진 것이다. 선거에 의해 선출된 국회의원이나 대통령과 달리 무작위 선발된 시민들에게 권한이 위임되었는지는 잘 따져봐야 할 문제이기도 하다. 이는 국회에서 공론화를 진행해야 한다는 추가적인 논란으로 이어지면서 신고리 5·6호기 공론화를 둘러싼 논란은 꼬리에 꼬리를 물었다.

나는 이에 대해 애초 정부가 공론화나 공론조사를 잘못 이해한 것이 아닌가하는 추측을 해본다. 일본의 경우 우리가 공론조사라고 번역하는 "딜리버레이티브 폴(deliberative poll)"을 토론형 여론조사(討論型 世論調査)로 번역한다. 나는 이것이 오히려 공론조사의 성격을 더 분명히 나타내주는 표현이라고 본다. 위임받은 권력이 없는 시민 참여단이 숙의 과정을 통해 논의된 결과는 존중받아야 하지만, 이것이 국가정책 결정과정이 될 수는 없다. 우리가 일반적인 여론조사를 수없이 많이 진행하지만, 이는 정책결정의 참고자료일 뿐 이것이 직접적인 정책을 결정할 수는 없다. 대의제 등을 통해 위임받은 의회나 행정부가 의사결정을 하는 것과는 근원적으로 다른 구조이다. 직접 민주주의의 의미를 더 살리기 위해서라면 국민투표 혹은 주민투표 등을 통해 전체 국민의 의사를 확인해야 하지만 공론조사는 그 역시 아니다. 하지만 우리의 경우, 공론조사에 대한 의미는 지나치게 확대되었고, 그 결과 불필요한 논쟁만 남겼다. 이는 공론화를 주도한 청와대와 실무를 추진했던 국무총리실 등 정부의 과오이다.

이와 함께 지적해야 할 것은 '공론화(공론조사) 만능주의'이다. 벌써부터 일각에서는 향후 다른 갈등사례에서 공론조사 방식이 채택될 가능성을 점치고 있다. 사용후핵연료(고준위핵폐기물) 공론화가 추진되고 있기는 하지만, 이는 신고리 5 · 6호기 건설 여부에 비하면 매우 복잡하여 어려운 문제이다. 단순히 건설 중단/재개를 묻는 O, X 문제가 아니라, 주관식 서술형 답을 만들어야 하는 문제에 이번과 같은 공론조사만[6]을 채택하는 것은 문제가 있다.

---

6 2013년 사용후핵연료 공론화위원회 역시 1박 2일 합숙을 통해 공론조사를 진행해 본 경험이 있으나, 당시 질문은 공론화위원회에 의해 단순화된 상태였으며, 공론조사 내용은 다양한 결과물 중 1개로써만 의미를 갖고 있어 이번 신고리 공론화와는 다르다.

또한 다른 사안에 대해서도 이와 같은 공론조사를 진행하기 위한 최소한의 절차와 합의가 전제되어야 할 것이다. 이번 신고리 공론화 역시 국무총리 훈령이 충분한 법적 근거였는가에 대한 논쟁이 있었다. 나 역시 동의하는 부분이다. 제대로 된 공론화를 위해서는 공론화 사안에 대한 선정, 운영방식, 결정이후 행정적 처리 등을 담는 별도의 법률이 제정되어야 이후 논란을 종식시킬 수 있을 것이다.

이해당사자와 소통하지 못한 공론화위원회

공론화 과정에서 공론화위원과 실무진의 구성은 매우 중요하다. 매우 세부적인 실수 혹은 의도적인 개입으로 공론화 과정을 훼손할 수 있기 때문이다. 2013년 사용후핵연료 공론화 과정에서도 공론화위원 선정과정이 쟁점이 되어 탈핵진영이 공론화 보이콧을 선언하게 되었다.

정부는 이번 신고리 공론화 과정에서 이를 반면교사로 삼아 핵발전에 무관한 인사들을 중심으로 공론화위원회를 구성했다. 이는 얼핏 보면 중립성을 지킬 수 있는 것처럼 보이지만, 반대로 이야기하면 수십 년간 지속되어 온 찬핵/탈핵 논쟁을 제대로 이해하고 있지 못한 문제점도 함께 갖고 있는 것이다. 이는 공론화 진행과정에서 자료집 논쟁, 한수원과 정부출연연구기관 문제로 그대로 이어진다. 그간 찬핵/탈핵 논쟁에서 양측이 펼쳐온 논리가 전혀 다른 언어와 구성체계를 갖고 있다는 점을 감안했다면 애초 자료집 제출을 둘러싼 논쟁은 생기지 않았을 것이다. 또한 다양한 국책사업 추진과정에서 한수원과 정부출연연구기관의 역할을 이해하고 있다면 이 역시 애초 쟁점에서 제외되었을 것이다.

하지만 공론화위원들은 이에 대한 이해가 충분하지 않았고, 결국 이들은 '법률적 근거'로 판단하거나 '즉자적인 대응'을 하는 정도가 전부였다. 이는 다른 한편에서 바라본다면 충분한 준비기간이 마련되지 않아서 생긴 일이기도 했다. 3개월 안에 업무파악과 공론화설계와 실행을 모두 하는 것은 애초 불가능했고, '설계와 시공이 동시에 이뤄지는 한국식 공론화'[7]가 도입되게 된 것도 이러한 이유 때문이었다.

실무진 운영 역시 산업부 인사를 최대한 배제하고 타 부처 인원을 중심으로 구성할 것으로 국무총리실은 애초 설명했었다. 국무총리실은 보통 각 부처의 인원이 파견 나와 근무하는 구조이기 때문에 대부분의 공무원들은 원래 소속을 갖고 있다. 이 중 산업부 공무원들은 핵발전에 대한 본인의 입장과 태도가 분명한 경우가 많기 때문에 이를 배제하기 위한 최소한의 조치였던 것이다. 하지만 실제로는 이런 조치는 이뤄지지 않았다. 짧은 기간 안에 신규 인력을 채용하기는 아예 불가능했고, 기존 인력 중 일부를 차출하는 방식으로 일을 진행하다보니 공론화지원단의 팀워크나 업무 처리 역시 매끄럽지 못한 곳이 계속 발생했다.

제시되지 못한 지역주민과 미래세대 의견

7월 24일 출범한 공론화위원회는 공론화 세부 설계에 돌입하여 8월 23일 2차 소통협의회에서 큰 틀의 공론화 방안을 내놓게 된다. 이

7　신고리 5·6호기 공론화 직후인 11월초 나는 이 표현이 담긴 평가서를 발표했다. 재미있는 것은 공론화위원회 갈등관리분과에서 소통협의회를 담당했던 이희진 위원도 같은 평가를 했다는 점이다. 공론화 설계는 그 정도로 엉성했다. "집을 짓는데 어디에 지을 지부터 시작해서 설계하고 착공하고 공사하고 인테리어하고 순차적으로 해야 하는데 한꺼번에 했어요." – 더팩트, 「TF 인터뷰 : 이희진 전 신고리 공론화위원 "무산 위기 있었다"」, 2017.11.20

사이 한달 동안 공론화위원회와 건설 중단/재개 양측은 서로의 의견을 통해 공론화 방안에 대한 입장을 제출한다.

건설 재개 측은 신고리 5 · 6호기 반경 5km 이내 주민 150여 명을 시민참여단으로 참석시키자며, 시민참여단에 시민단체 간부/회원 배제, 직장인 참여 배려, 재산세 납부자로 시민참여단 구성, 시민참여단의 신고리 현장방문 등을 제시했다. 반면 건설중단 측은 상호 토론이 충분히 진행될 수 있도록 합숙기간 연장, 오프라인 토론 증대, 1차 설문에서 건설 중단/재개 측을 묻지 말 것 등을 요구했다. 건설재개 측의 150명 지역주민 참여와 신고리 현장 방문에 대해서는 분명히 반대의 뜻을 표했다.

이런 과정에서 최종적으로 시민참여단 구성 방안이 확정되었다. 최종적으로 성별, 연령, 지역에 대한 인구 비례에 따라 19세 이상 성인을 대상으로 시민참여단이 구성되었다. 건설중단 측인 부산, 울산, 경남 지역의 시민참여에 대해 시민참여단 구성을 늘리기 보다는 지역주민의 의견을 전달하는 증인으로서 참여의 기회를 늘려 그들의 이야기를 시민참여단이 제대로 판단할 수 있는 기회를 제공해야 한다는 주장을 계속했다. 미래세대의 경우에도 투표권 확대 논란이 마무리되지 않은 상황이라 미래세대 의견을 시민참여단에게 전달할 수 있는 방안을 요구했다.

하지만 결과적으로 지역주민과 미래세대에 대한 의견 전달은 제대로 이뤄지지 못했다. 지역주민들의 의견은 서생면 주민들의 보이콧 선언으로 동영상 상영으로 대체되었고, 그나마 인터뷰조차 거부하여 단편적인 사진들을 몇 개 나열한 5분짜리 동영상이 상영된 것이 전부였다.

미래세대 의견 전달 역시 비슷한 분량의 동영상으로 제작되었고, 그나마 건설중단 측 의견이 우세했음에도 그 사실조차 전달되지 않고 건설 중단과 재개, 중립의견이 1:1:1로 소개되는 밋밋한 동영상이 상영되었다.

한편 9월 16일 시민참여단 오리엔테이션이 끝난 이후 시민참여단 구성이 발표되자 시민참여단 구성을 둘러싼 논란이 새로 생겼다. 이는 크게 두 가지 부분으로 나눠지는데, 애초 인구비례에 따라 시민참여단이 구성된 것에 대한 문제제기와 그나마 실제 시민참여단 인원 구성에서 제대로 반영되지 않았다는 것이다. 인구 비례에 따르고 실제 참여 의사를 가진 이들을 선정하다보니 울산의 시민참여단은 1.4%(7명)로 구성되어 비슷한 규모의 대전(3.6%, 18명)이나 광주(3.4%, 17명)에 비해 큰 차이가 난다는 것이다.

신고리 5·6호기가 위치한 지역이 울산임을 고려할 때, 지역에 대한 배려는 공론화 곳곳에서 제대로 진행되지 않았다. 부산의 경우 건설재개 측 단체가 부산에는 없다는 이유로 부산의 건설중단 측 활동을 했던 탈핵부산시민연대나 신고리백지화운동본부는 면담에서 소외되었다. 수차례 공문발송과 항의 통해 공론화위원회와의 면담은 성사되었으나 신고리 5·6호기가 위치한 행정구역이 울산이라는 이유로 인접 인구가 훨씬 많은 부산은 소외되는 문제가 공론화 기간 내내 반복되었다.

기울어진 운동장과 공론화 보이콧 기자회견

1,2차 소통협의회가 건설 중단/재개 측 양측이 함께 모여 진행되

었던 것에 비해 3차 소통협의회는 건설재개 측 요구에 따라 양측이 각자 공론화위원회와 면담하는 방식으로 진행되었다. 건설재개 측은 양측이 첨예하게 대립하는 양측 공동 소통협의회를 하지 말고 서로의 이야기만 전달하고 끝나는 방식의 소통협의회를 요구했고, 공론화위원회가 그것을 받아들인 결과였다. 그 결과 건설 중단과 재개 측이 소통협의회 내용을 잘못 이해하는 일이 발생하였고, 그것이 이후 토론 자료집 제출을 둘러싼 갈등의 원인이 된다.

공론화위원회는 애초 토론 자료집을 동일한 제목으로 구성할 것을 기획했으나, 2차 소통협의회를 통해 각자의 제목으로 총 페이지 수만 맞추는 방식으로 구성안이 합의되었다. 하지만 건설 재개 측은 그 안을 수용할 수 없다며 사후에 문제제기를 해와 결국 자료집 목차를 둘러싼 갈등이 시작되었다. 이후 공론화위원회 건설 중단 측 자료집에 대한 수정요구 등이 이어지면서 건설중단 측은 9월 10일 토론 자료집 제출시한에 자료집을 제출하지 않고 동영상 작업 등 관련 업무를 중단한다.

이후 신고리백지화 시민행동은 9월 15일과 22일 두 차례 대표자 회의를 열고 '공론화 참여 중단'을 포함한 논의를 이어갔다. 이 과정에서 시민행동 내부적으로 '다양한 전술적 고려'와 '보이콧 절대 불가' 두 가지 의견이 갈리면서 시민행동 내부의 혼란이 생겼다. '기울어진 운동장'을 타개할 방안을 공론화위원회가 마련하라는 요구사항을 중심으로 공론화 참여가 결정되고, 공론화위원회는 한수원과 정부출연연구기관에 공문을 발송하면서 이 문제는 일단락되는 것처럼 보였다.

하지만 공론화위원회의 이런 조치에 이번에는 건설재개 측이 반발하여 9월 24일 기자회견을 통해 현 상황이 타개되지 않으면 보이콧도 불사하겠다는 의사를 밝히게 된다. 이후 건설재개 측은 수원에서 개최될 예정인 토론회에 불참하는 등 행보를 취하였으나 한수원과 정부출연연구기관의 참여를 허용하는 공론화위원회 결정이 나오면서 문제는 일단락된다.

미숙한 공론화위원회

건설 중단과 재개 양측이 만나는 유일한 창구였던 소통협의회는 공론화위원회 출범 이전 2차례, 출범 이후 7차례 진행되었다. 하지만 이 과정에서 회의록이나 속기록이 작성된 것은 자료집 목차를 둘러싼 논쟁이 있었던 4차 소통협의회(9월 8일)부터였다. 이전엔 속기사 배석은 물론 기본적인 회의 결과 공유도 없이 서로의 이야기를 나누고 흩어지는 매우 비체계적인 구조였다.

그러다 보니 회의 때 오고간 이야기들에 대한 양측 이해가 상이하고 서로의 입장이 다를 때, 이를 조율하는 기능이 매우 취약했다. 또한 어떤 대목에선 양측이 합의하지 않으면 한 발짝도 나갈 수 없는 구조였지만, 어떤 것들은 공론화위원회의 고유권한으로 정해져 있는 등 매우 이중적인 구조를 갖고 있었다. 특히 건설중단 측에서 함께 회의하기를 거부한다는 이유로 공론화위원회가 건설 중단과 재개 양측과 각각 회의를 진행하는 방식이 채택되었고, 이에 따라 혼란은 더욱 가중되었다.

이런 혼란은 공론화위원회 자체가 핵발전을 둘러싼 갈등 정도를 너무 가볍게 본 것에 기인한 것 아닌가 한다. 핵발전소와 핵폐기장을 둘러싼 사회적 갈등과 토론은 전 세계적으로 수십 년째 지속되는 사안이다. 국내에서도 1980년대 이후 지금까지 40여 년째 이어지고 있다. 핵산업계 입장에서 보면 신고리 5 · 6호기는 건설비용 8조 원이 넘는 거대 공사이고 건설공사와 납품, 관련 학계와 산업계와 환경단체, 지역주민, 지자체, 국회 등 이해당사자의 숫자도 우리나라 어떤 갈등보다 크다.

　반면 이런 갈등을 다루는 공론화위원회의 준비 정도는 너무 미약했다. 건설 중단과 재개 측이 각자 공론화위원회와 회의를 진행하면서 서로의 이해 정도는 매번 달랐고, 회의록까지 없으면서 무엇이 합의된 것인지 여부도 애매했다. 이런 상황에서 소통협의회를 왜 해야 하는가 하는 회의론까지 제기되었고, 이는 결국 자료집 파동으로 이어졌다.

정부와 한수원은 중립을 지켰나

　2017년 8월 소통협의회가 다룬 주요 안건은 9월 16일 시민참여단 오리엔테이션에 제출할 자료집 제작을 둘러싼 일정 조율이었다. 공론화위원회는 시민참여단 편의를 위해 동일한 목차의 자료집을 제작하여 배포할 것을 원했고, 건설 재개/중단 양측은 서로의 논리 구조에 맞춰 자료집이 제작될 것을 원했다. 한동안 서로의 의견이 상충하다가 8월 23일 진행된 제2차 소통협의회에서 양측은 총 7개 목차, 각각 20페이지씩의 분량으로 자료집을 내기로 합의하고 제작에 들어갔다. 하지만 건설재개 측이 이런 논의에 합의하지 못하겠다며, 문제제기를 하며 단일한 목차 제안이 다시 되었고 이를 둘러싼 논란이 붙으며 결국 신고리 백지화 시민행동이 모든 대응을 일시 중단하는 일이 생겼다.

토론 자료집 구성을 둘러싼 논쟁과 보이콧 논란의 일차적인 책임은 공론화위원회의 미숙한 실무처리, 무리한 자료집 목차 일치 노력에 있었다. 돌아보면 양측의 합의사항이었던 서로 다른 7개 목차, 20페이지 분량의 자료집이 나왔다고 해서 시민참여단이 혼란스러워하지는 않았을 것이다. 수십 년 동안 서로의 근거로 핵발전소에 찬성/반대해온 양 진영의 논리가 그대로 있기 때문이다. 하지만 공론화위원회는 신고리 5·6호기 문제가 매우 복잡하고 어려운 문제이기 때문에 각 쟁점에 대해 건설 중단/재개 측 입장이 하나씩 있는 일종의 '비교표'를 만드는데 집중했다. 그래서 각 주제별로 건설 중단/재개 측이 서로의 논리를 전개하는 방식의 토론 자료집, 동영상, 합숙토론을 기획했던 것이다.

하지만 양측의 논리는 매우 상이했다. 신고리 5·6호기의 경제성이나 매몰 비용 문제는 건설중단 측에 불리한 이슈였고, 미래세대에 대한 책임, 환경성 문제 등은 건설재개 측에서 불리한 이슈였다. 따라서 이들 주제를 최대한 회피하고 자신의 논리로 이야기를 전개하고 싶었던 것이 애초 취지였다.[8] 여기에 일부 내용을 수정하고 검증하는 과정이 추가되면서 물리적으로 시간이 부족한 문제가 계속 반복되었다. 건설 중단/재개 양측 매번 며칠 앞으로 다가온 자료 제출시한을 지키기에도 버거운 상황이 반복되었다.

그러나 자료집을 둘러싼 양측의 갈등은 이러한 표면적인 이유보다는 공론화 진행과정에서 누적되어온 불만이 폭발한 것으로 보는것이 더 사실에 가깝다. 건설 중단과 재개 측은 공론화 진행과정에서

---

8 안타깝게도 이런 한계에도 불구하고 최종 자료집과 종합토론에서 경제성과 비용문제가 가장 큰 이슈로 부각되었고, 이는 공론화 결과와 매우 밀접한 연관이 있다고 본다.

시간에 쫓기는 무리한 진행, 서로 간에 '기울어진 운동장'임을 강하게 느꼈고, 그 중 문제 정도가 더 심각했던 건설중단 측이 먼저 '보이콧' 주장을 들고 나온 것이다.

이는 단순히 공론화위원회의 행정적인 처리에만 국한된 것이 아니다. 다음 부분에서 언급하겠지만, 정부 여당과 정치권, 보수 언론에 대한 총체적인 문제제기가 한꺼번에 담겨 있었다. 성명서에 이 문제를 자료집 목차 문제로 국한시키지 않고 총체적인 '기울어진 운동장'으로 문제를 서술한 것은 모두 이러한 이유 때문이다. 자세한 내부 사정은 알 수 없으나, 건설재개 측의 보이콧 선언도 이와 비슷한 상황이었을 것이다.

바꿔 말하면 매우 과열되어 있는 공론화추진과정에서 상호 긴장관계를 풀고 기울어진 운동장을 평탄화하는 과정이 사전에 진행되지 않는다면 공론화로 인한 문제 해결은 쉽지 않다는 것을 이번 신고리 공론화는 그대로 보여준다. 그런 면에서 한정된 시간(3개월)과 공론화위원회의 한계 – 법적 권한 미비, 적극적인 활동 미숙 등은 매우 아쉬운 대목이다.

시민단체를 앞장세우고 뒤로 빠져버린 여당과 정부

공론화가 진행되는 과정에서 정부, 여당, 한수원과 정부출연연구기관은 어떤 역할을 해야 할 것인가? 이에 대한 충분한 합의는 공론화 이전에 마련되지 않았다. 심지어 한수원과 정부출연연구기관의 역할에 대해서는 공론화 막바지에 가서 공론화위원회의 일방적인 발표로 결정되었다.

신고리 문제에 대해 엄밀하게 따지면 신고리 5·6호기 백지화 공약을 내건 것은 문재인 대통령이며, 신고리 5·6호기의 건설 공사를 중단시킨 것도 국무회의 의결과 한수원 이사회가 한 일이다. 반면 한수원 사장은 기자회견 등을 통해 한수원 이사회를 통해 신고리 5·6호기 공사 중단이 결정되었지만, 본인은 건설재개 결정을 위해 모든 것을 다하겠다고 선언하기도 했다.

서로 다른 목소리와 이해관계가 충돌하는 장면이다. 이런 가운데 정부와 한수원의 역할은 매우 중요할 수밖에 없다. 그간 국민들은 40여 년 동안 핵산업의 일방적인 정보를 접해 왔고, 특히 신고리 5·6호기에 대한 정보는 대부분 한수원을 통하지 않고는 알 수 없는 정보들이다. 이런 가운데 정부와 한수원의 역할은 건설 중단/재개 양측의 요구에 따라 객관적인 자료를 제공하는 '정보센터'여야 했다.

그러나 신고리 공론화 과정에서 정부는 '중립', 한수원은 '건설재개 측' 활동을 하였다. 그간 시민행동이 '기울어진 운동장' 등의 비유를 들면서 문제제기한 것은 모두 이러한 이유에서이다.

정부출연 연구기관 역시 마찬가지이다. 개별 연구원의 학문의 자유나 의사표현의 자유는 보장되어야 한다. 하지만 이들 연구기관은 그간 정부의 주요 정책을 이끌어 온 기관이며, 그들의 입장 역시 주로 정부의 방침을 대변하는 것이었다. 문제가 되었던 원자력연구원이나 에너지경제연구원은 역시 건설재개 측 활동을 하고 있는 한수원의 지원을 받아 다양한 연구를 진행하는 곳이기도 하다. 이런 상황에서 이들의 활동이 단지 개인의 의견 정도로 받아들여질 수 있을 것인지에 대한 문제는 여전히 쟁점으로 남는다.

마지막으로 여당의 역할 역시 주요한 쟁점이다. 이번 공론화 과정에서 보수야당은 신고리 공론화는 국회에서 진행되어야 한다며, 매우 적극적인 활동을 펼쳐왔다. 이들은 각종 토론회와 자료배포, 기자회견 등을 주도했고, 이는 매번 언론에 대서특필되면서 공론화 국면 주요한 스피커로 역할 했다. 반면 여당은 그 존재감을 찾을 수 없었다. 보수 야당의 정치공세에 대해 여당은 무대응으로 일관하였고, 이는 결국 건설중단 측 활동을 뒷받침하지 못한 것은 물론이고 공론화 자체에 대한 회의론마저 그대로 묵인하는 결과를 낳았다. 십분 양보해서 정부가 (정보센터가 아니라) '중립'을 선언하는 것이 필요하다 할지라도 여당의 이와 같은 모습은 매우 무책임한 모습이다. 불과 몇 달 전 신고리 5·6호기 백지화 공약을 내걸고 선거를 한 것은 대한민국 정부가 아니라, 여당이었다는 점을 생각할 때 더욱 그렇다.

합숙토론과 최종결과 발표까지

운동의 지형을 만드는 것은 협상 테이블의 말이 아니라, 적극적인 실천이다.

신고리 공론화 국면 전체를 놓고 볼 때 가장 안타까운 시기가 바로 이 시기이다. 앞서 언급한 것처럼 문재인 정부는 공약후퇴(백지화→공론화)에 대한 입장을 명확히 밝히지 않았다. 그럼에도 불구하고 탈핵진영은 내부의 혼란과 이견을 설득해가며 신고리 공론화에 대응해왔다.

하지만 현실은 생각했던 것보다 더욱 냉혹했다. 정작 공약을 내세웠던 정부와 여당은 온데간데없이 뒷짐만 지고 있었고, 보수 야당과 언론의 공세는 그 어느 때보다 강력했다. 자발적인 시민들의 모금과 활동으로 이 모든 것을 뚫고 나가기엔 핵산업계의 반발은 너무나 강력했다.

자료집을 둘러싼 논쟁, 기울어진 운동장에 대한 문제제기 등은 이런 상황에서 나온 것이었다. 하지만 정작 탈핵진영 내부에선 이런 상황 인식이 확산되지 않았다. 수없이 많은 홍보계획과 캠페인이 진행되었지만 정작 신고리 5·6호기를 둘러싼 지형을 바꾸기 위한 노력은 집중되지 못했다. 심지어 '공론화 참여 중단을 진지하게 고민하고 있다'는 9월 13일자 시민행동 성명서에 대해서도 비판의 목소리가 높았다.

이는 공론화위원회가 급하게 만들어져 충분히 조율될 시간적 여유를 갖지 못했던 것처럼 시민행동 역시 매우 다양한 이들이 연대체를 만들면서 정확한 목표와 상황공유를 하지 못한 책임이 크다.

결국 공론화 참여 중단 불가라는 결정이 대표자회의를 통해 결정되었고, 이후 신고리 백지화 시민행동의 협상력은 '0'으로 떨어지게 된다. 내걸었던 한수원과 정부출연연구기관 참여 금지 등 요구사항은 최종적인 결과는 물론이고 당시의 상황으로서도 수용된 것이 아니었다. 쟁점에 불을 붙인 자료집의 목차는 결국 이전 목차와 거의 동일한 형태로 시민참여단에게 배포되었고, 동영상과 합숙 토론 의제 역시 시간 부족 등에 쫓겨 자료집 논란 이전과 전혀 다르지 않게 진행되었다.

당시의 상황에서 시민행동 대표자회의가 '공론화 보이콧'을 결정하기는 쉽지 않았을 것이다. 이미 공론화가 많이 진행되었고, 시민참여단 오리엔테이션을 코앞에 둔 상황에서 시민행동이 선택할 수 있는 경우의 수 역시 많지 않았다. 하지만 '보이콧 불가'라는 매우 협소한 판단을 시민행동이 함으로써 이후 판단에서 더욱 협소한 위치를 점할 수밖에 없었던 한계는 이후 반드시 짚어져야 할 것이다.

마지막까지 혼란이 계속되었던 시민참여단 합숙

2017년 10월엔 사상유래 없는 10여 일의 추석연휴가 있었다. 이 연휴를 앞두고 공론화위원회는 몇 개의 공개토론회와 방송 토론회 등을 진행했다. 건설 재개 측 보이콧 기자회견의 여파로 경기지역 토론회가 건설재개 측이 불참한 채 진행되었지만, 건설중단 측은 참여하여 자신의 목소리를 내었다.

애초 계획은 10월 둘째 주에 전문가들이 출연해 '끝장 토론' 형식으로 주요 쟁점을 다루는 프로그램이 기획되었으나, 종합 토론을 불과 3일 앞두고 기획되어 실제 시민참여단에게 토론회 내용을 전달할 방법이 없는 등 문제점이 많아 취소되었다.

사실 이 기간 공론화위원회는 2박 3일 종합토론에 대한 준비도 미흡한 상태였다. 종합토론의 발표자 · 답변자 수와 내용은 발표 3일전인 10월 10일 7차 소통협의회를 통해 최종 정리되었다. 그간 공론화위원회의 다양한 프로그램이 '설계와 시공을 병행하는 한국식 프로그램'이었지만, 합숙토론은 그 중 끝판왕이었다. 더 황당한 것은 종합토론 마지막 세션인 4세션 발표자를 둘러싼 논쟁이었다. 건설재개 측은 발표자 제출시한인 10월 10일까지 4세션 발표자 이름을 제출하지 않았고, 결국 종합토론 당일인 10월 13일 점심 무렵 공문으로 한수원 사장이 4세션 발표를 하겠다고 통보했다.

이미 공론화위원회가 공문을 통해 한수원 사장과 정부출연연구기관 관계자의 참여를 보장한 상황에서 이를 막을 근거는 없었다. 하지만 공기업의 사장이 직접 공론화 현장에 나오는 것에 대해 공론화위원회는 공론화 전체를 무너뜨리는 문제로 인식. 이를 적극 막았고, 이 과정에서 4세션 발표자와 발표자료 문제가 논쟁이 붙어 결국 4세션 진행 몇 시간 전에 문제가 확정되는 한바탕 소통을 겪었다.

논란이 끊이지 않았던 공론화 세부 설계

종합 토론을 앞두고 공론화 세부 설계를 둘러싼 논쟁은 끊이지 않고 이어진다. 부산, 울산, 경남 등 신고리 인접지역의 시민참여단 참여 숫자 문제, 미래세대 의견 수렴 문제는 부산, 울산, 밀양 등 인접지역주민들의 문제제기를 통해 더욱 확대되었다.

앞서 소통협의회를 통해 제기되었으나, 하지 않기로 결정했던 신고리 현장 방문 건도 추가 쟁점이 되었다. 당시 건설재개 측은 신고리 5 · 6호기 건설 현장에 시민참여단이 견학을 해야 한다는 점을 강조했고, 건설중단 측은 이것은 편향된 정보제공이며 그럴 것이라면 후쿠시마 사고 현장도 방문해야 한다고 대응했다. 결국 공론화위원회는 500명이 신고리 현장을 다녀올 예산과 시간이 어려움을 이유로 동영상으로 현장을 보여주자고 제안하면서 신고리 건설 현장 동영상 상영을 둘러싼 논쟁이 다시 시작되었다.

건설중단 측의 반대와 문제제기가 이어졌고, 결국 1분30초짜리 배경음악 없는 건설 현장 사진이 시민참여단에게 제공되었다. 상황이 이렇게 되자, 보수 언론에선 공사 현장도 가보지 못한 이들이 신고리 5 · 6호기의 운명을 결정한다고 비판을 했고, 공론화 결과 발표 이후엔 4차 설문조사까지 진행했음에도 30%에 가까운 시민참여단이 신고리 5 · 6호기 위치도 모른다는 비판이 이어졌다. 건설 현장을 둘러싼 논란은 공론조사 과정에서 시민참여단에게 어떤 정보를 제공하는 것이 적절한지에 대한 논란으로 이어져야 할 것이다. 건설 공사 중단/재개 여부를 묻는 공론조사에서 현장에 대한 이해는 중요하다. 하지만 이것이 한쪽에 유리한 편향된 정보가 될 가능성이 있기에 이에 대한 대책마련이 필요할 것이다.

마지막으로 토론 자료집과 보이콧 논란을 거치면서 제대로 짚어지지는 못했지만, 합숙토론의 의제를 어떤 방식으로 선정할 것인지 역시 중요한 쟁점이다. 앞서 언급했던 것처럼 건설 중단/재개에 따른 의제 설정이 첨예하게 다른 경우, 이를 조율하는 것은 매우 어렵다. 이때 공론화위원회 등이 이 내용을 일방적으로 결정할 경우, 이에 대한 반발은 언제나 심각하게 제기될 수밖에 없다. 애초 공론화가 진행되기 이전에 이에 대한 합의가 이뤄지고 공론화가 진행된다면 이 문제는 극복할 수 있겠지만, 이는 현실적으로 쉽지 않은 사안이다. 이런 면에서 향후 다른 사안의 공론화에서 토론의제 설정을 둘러싼 방법 설정이 꼼꼼히 진행되어야 할 것이다.

한수원 사장의 도발

앞서 언급처럼 공론화위원회가 한수원과 정부출연연구기관의 건설재개 측 참여를 허용하면서 한수원 사장의 건설재개 측 발표를 막을 근거는 사라진 상황이다. 하지만 공론화위원회는 한수원 사장의 발표가 공론화 전체를 무너뜨릴 위협으로 인식했고, 결국 협의를 통해 한수원 사장 발표를 다른 사람으로 변경시켰다.

이 논란 과정에서 건설중단 측 참관인들은 그럼 우리는 산업부 장관이나 문재인 대통령을 마지막 발표자로 불러야 한다는 농담반 진담반 발언이 나왔다. 공론화위원회의 논리대로 헌법에서 보장하는 표현의 자유와 학문의 자유, 설사 공공기관장의 발표라도 그것이 공공기관의 공식적인 입장을 대변하지 않는다는 대법원 판례에 따르면, 재생에너지 전문가인 산업부 장관이나 자연인 문재인이 공론화 위원회에 나와 신고리 5 · 6호기 건설 중단이유를 발표하는 것은 법률상 막을 수 없다.

하지만 공기업 한수원 사장과 한수원을 담당하는 주무부처장인 산업부장관의 맞불 강연, 혹은 문재인 대통령의 기조연설은 상식적으로 적합하지 않다. 아마 이런 일이 벌어졌다면 건설재개 측에서 '기울어진 운동장'이 심화되었다며 강력히 반발했을 것이다. 이들의 권한과 힘, 대중적인 영향력이 다른 이들에 비해 현격히 크기 때문이다.

이런 면에서 한수원과 정부출연연구기관의 참여를 허용한 공론화 위원회의 결정은 이후 공론화과정에서 재검토되어야 한다. 이 문제는 단지 표현의 자유로 이야기될 수 없는 측면이 너무나 많다. 또한 현재 우리의 정부출연연구기관이 한 가지 사안에 대해 서로 다른 의견을 논쟁하고 토론하는 기관이 아닌 현실적인 문제도 고려해야 한다. 설사 우리나라 정부출연연구기관의 미래 모습이 정부 내 이견을 말 할 수 있는 전문가 집단으로 자리매김 되어야 한다는 당위론에는 동의하지만, 그 지금 시점에서 반영해야할지 문제는 전혀 다른 측면에서 검토되어야 한다.

경제성 담론에 매몰되어 집토끼를 놓친 시민행동

시민참여단에게는 크게 토론자료집, 동영상 강의(이러닝)와 질문게시판, 오리엔테이션과 종합토론에서의 강의(총 5회), 종합토론의 질의응답, 방송토론회와 지역순회 토론회의 동영상 자료 등이 제공되었다. 이들 자료에서 건설 중단과 재개 양측이 어떤 논리와 근거를 제공하느냐는 신고리 공론화의 핵심 사안이기도 했다.

건설 중단, 재개 양측이 공론화 기간 동안 시민참여단에 제출한 자료는 양도 방대하고 서로의 논박이 담겨있는 것들이었는데 이것이 적절했는지, 실제 시민참여단의 활동에 어떤 영향을 미쳤는지 등은 매우 면밀히 평가되어야 한다.

이 부분에서 나는 크게 몇 가지 정도의 평가가 이뤄져야 한다고 본다.

먼저 신고리 백지화 시민행동의 설득 전략이 적절했는지에 대한 측면이다. 이 부분은 시민행동 활동과정에서 수차례 쟁점이 되었던 대목이기도 하다. 여러 회의와 워크샵을 통해 '집토끼(기존 탈핵을 지지하는 사람)'과 '산토끼(탈핵을 지지하지 않는 사람 혹은 중도층)'을 나눠 산토끼를 잡아오기 위한 전략이 필요하다는 측면에서 각종 자료가 작성되었다. 이에 따라 탈핵의 경제적 측면, 재생에너지 산업의 미래 등이 강조되었다. 당시 이런 논의 과정에서 과도한 '산토끼 잡기 전략'에 대한 비판이 있었다. 이러한 논리들은 전통적인 탈핵운동의 논리가 아니었을 뿐더러 시민행동 내부적으로도 동의되기 힘든 내용도 담고 있었기 때문이다. 공론화 결과 발표 이후 모더레이터와 언론 등의 평가에서 '현재적 가치(핵발전의 필요성과 매몰비용)' vs '미래적 가치(재생에너지의 미래)'가 적절하지 않았다는 증언이 나오고 있다. 최종 공론화 결과를 보면, 애초 신고리 5·6호기 건설 중단을 지지했던 이들이 공론화 토론과 학습을 거치면서 건설 재개로 입장을 바꾼 사례가 많았다. 반면 신고리 5·6호기 건설 재개입장의 사람들이 건설중단으로 들어온 사례는 거의 없었다. 즉 집토끼는 집을 나가고 산토끼는 잡아오지 못한 것이다. 나는 공론화 과정에서 시민행동의 논리 전개에 결정적 흠결이 있었다고 평가한다. 건설 재개 측이 만든 경제성 프레임에 포획되어 전통적인 탈핵운동진영의 논리조차 펼치지 못했다는 것이다.

둘째, 시민행동의 설득 전략이 시민행동 내부에 조차 충분히 공유되지 못한 측면은 짚어져야 한다. 시간과 실무 역량의 한계 등의 이유로 시민행동의 설득 전략은 우리 내부에서 조차 충분히 공유되지 못했고, 이로 인해 자료집 제출시한에 임박해 내용을 전면 수정하는 일이 발생하는가하면, 이미 제출한 자료의 오류·내용의 부동의 문제가 제기되어 자료를 수정하는 일들이 발생하기도 했다. 상황실 회의에서도 설득 전략과 논리는 토론되지 못하였고, 결국 설득전략과 자료 제출에 시민행동의 역량이 제한적으로 투입되는 결과로 이어졌다. 또한 부산과 울산 등 현안지역의 경우 그나마 내용을 제대로 공급받지 못해 사후적인 문제제기 등이 이어지기도 했다. 이는 향후 연대체 구성에 있어 핵심 조직구성을 어떻게 할 것인가라는 측면에서 큰 교훈을 남긴다. 실무에 매몰되지 않는 상황실/각 팀장의 역할을 어떻게 만들 것인가라는 측면은 더 적극적으로 고려되어야 할 것이다.

셋째, 탈핵진영 전문가의 취약성 역시 평가되어야 할 것이다. 종합토론과 각종 토론에서 건설 재개 측 전문가(혹은 발언자)들은 수차례 TV 토론 등을 통해 단련된 인사들이었다. 거기에 화법과 내용을 지원하는 지원조직이 붙으면서 설득력을 극대화하기 위한 방안을 마련했다. 자신의 기존 컨텐츠를 바탕으로 건설재개 측 논리를 붙이면서 효과적인 팀웍을 발휘했다. 반면 시민행동의 전문가(혹은 발언자)들은 그렇지 못했다. 자신의 발언 내용에 대해 시민행동은 통제할 권위와 시스템을 갖추지 못했다. 각자의 발언은 독립적이었고, 발언 중 일부 유머나 태도는 오히려 시민참여단의 반감을 불러일으켰다. 다음 발언과 질문을 준비하는 과정은 매우 혼란스러웠다. 이번 작업은 개인의 작업이 아니라, 공동의 작업이었다. 그간 원자력계는 공동의 이익을 중심으로 공동 팀웍을 만들어왔다. 하지만 탈핵진영은 그러한 체계를 갖고 있지 못했고 결과적으로 시민참여단이 보기엔 '아마추어적'이거나 '준비부족'으로 보인 문제점이 만들어졌다.

'뼈아픈 실패'로 끝난 신고리 5·6호기 공론화

2017년 약 석 달 동안 진행된 신고리 공론화는 탈핵진영에게는 잊을 수 없는 큰 상처를 남겼다. 이유야 어찌했든 그 과정에서 중심에서 있었던 사람으로서 책임과 반성, 성찰의 시간을 갖고 있다. 이는 단지 신고리 5·6호기 공론화의 결과가 '건설 재개'로 나왔기 때문은 아니다. 누구나 공론화의 결과가 자신이 원하는 방향으로 나오길 바라지만, 꼭 그렇게 되지는 않는다. 오히려 한 번의 실패는 자신을 돌아보고 다질 수 있는 기회를 제공하기에 더 좋은 약이 될 수 도 있다. 그간 탈핵운동진영은 정부와 핵산업계를 향한 전투를 진행해왔다. 그 과정에서 성공한 적도 많이 있었지만, 적극적인 반대운동에도 뜻을 이루지 못한 경우가 더 많았다. 그럼에도 불구하고 탈핵운동은 끊임없이 고비를 넘어왔고, 이번에도 마찬가지일 것이다.

하지만 신고리 5·6호기 공론화 대응을 '승리적 관점'에서 평가하고 마치 아무 일도 없었던 것처럼 지나가서는 안 된다. 이번 공론화의 결정 단계, 탈핵진영 대응 여부에 대한 결정단계, 공론화 진행 과정에서 미숙한 점들이 너무 많았다. 그리고 이 글에서 다루지는 않았지만, 향후 탈핵진영이 국민들에게 무엇을 설득해야 할 것인가라는 근본적인 질문을 남겼다.

이런 면에서 신고리 5·6호기 공론화는 정책적 결정을 이뤘다는 점에서 정부는 성공적인 평가를 하겠지만, 그간 신고리 5·6호기 건설 반대를 외쳐온 시민사회진영에게는 뼈아픈 기억이 될 것이다. 우리 사회 복잡한 문제를 사회적 공론화를 통해 해결하자는 시민사회의 주장은 비단 탈핵운동만의 주장이 아니다. 이는 정부의 독단에 맞서 국민들이 직접 정책결정에 참여하고자 하는 의지의 표현이다. 이런 면에서 향후 다양한 사안에 대한 공론화는 치밀한 준비와 계획을 바탕으로 확대되어야 한다. 공론화 만능주의를 경계해야 하는 것만큼 소수의 관료와 전문가들이 정책 결정을 독점하는 것을 막아야하기 때문이다.

그렇기 때문에 신고리 공론화에 대한 평가는 매우 냉철하고 다양하게 이뤄져야 할 것이다. '어쨌든 건설 재개로 결론이 나오지 않았느냐?'는 결과론적 평가나 '그럴 걸 모르고 들어갔느냐?'는 비아냥거림은 탈핵운동에도 도움이 되지 않을뿐더러 우리 사회 발전에도 도움이 되지 않는 평가이다. 아직 부족하고 보충될 것이 많은 이 글을 바탕으로 더 풍부하고 다양한 평가가 나오길 다시 한 번 바란다.

민주주의,
탈핵과 '공론화위원회'

서영표

문재인 정부는 민주주의를 심화시켰나

이 글의 주제는 신고리 5·6호기 공론화위원회(이하 공론화위원회)를 평가하는 것이다. 하지만 공론화위원회는 그것만 떼어 놓고 평가될 수 없다. 문재인 정부의 출범과 현재 한국 민주주의의 상태를 진단하지 않고서는 공론화위원회의 정치적 의미를 제대로 이해할 수 없기 때문이다. 여기에 에너지체계의 전환과 탈핵, 그리고 더 나아가 탈자본주의적 경제로의 전환이라는 거시적 문제까지 더해져 논의되어야만 온전한 평가를 할 수 있을 것이다. 기술적인 문제는 이 책의 다른 장들에서 다루어질 것이며, 경제체계의 전환은 탈핵진영과 진본진영 모두가 참여하는 대대적인 토론 과정을 거쳐야만 하는 주제이다. 따라서 이 장에서는 정치적 쟁점에 초점을 맞추어 공론화위원회를 되돌아보도록 하겠다.

변화를 향한 촛불

촛불시위에서 이야기를 시작해 보자. 2016년과 2017년 '촛불'이 담고 있는 의미는 간단하지 않다. 그럼에도 불구하고 단순화의 위험을 무릅쓰고 요약하자면 촛불은 신자유주의가 본격화 된 후 20년 동안 쌓여있던 불만과 좌절이 미약하나마 성취했다고 굳게 믿고 있었던 절차적 민주주의의 와해와 겹쳐지면서 폭발적으로 터져 나온 평범한 사람들의 외침이었다. 하지만 '촛불'은 가장 밝게 타올랐을 때조차 한계를 보였다. 우리가 받고 있는 고통의 근원은 '그들'에게만 맡겨 놓았던 형식적 민주주의의 허약함이지만 사람들은 '형식'을 벗어나지 못하고 그것에 집착하는 것처럼 보였다. 마치 민주주의는 김대중-노무현 정부에서 완성되었는데 이명박-박근혜 정부가 그것을 무너뜨렸으니 원래의 상태로 되돌아가면 충분하다고 생각하는 것 같았다.[9] 보수언론이 칭송한 시민의식은 폭발적으로 표출되는 변화의 에너지를 내면화된 질서와 합법의 이데올로기로 자기 검열하는 사람들에게만 적용되는 것이었다. '질서'를 넘어선 변화에의 열망은 거리의 시민들 스스로에 의해서 합법의 선을 넘어선 비합리적인 것(불법과 폭력)으로 지탄받았다.

거리에서 분출한 목소리 하나하나는 결코 김대중-노무현 정부를 준거점으로 하는 '정상'으로의 회복을 갈구한 것이 아니었다. 그 하나하나의 목소리와 몸짓은 어쩌면 '정상'이라고 믿고 있는 것과 우리의 열망 사이의 간극 사이에서 발생하는 마찰과 엇나감에서 연원한 것일지도 모른다. 그런데 사람들은 그 열망을 이미 낡아버린 틀

---

9   이러한 입장은 서영표, "변화를 향한 열망, 하지만 여전히 규율되고 있는 의식: 2016년 촛불시위에 대한 하나의 해석" 《마르크스주의연구》 14(1), 2017에서 자세하게 논의되었다.

속에 가두어버렸다. 신자유주의 20년의 경제정책은 실패로 끝나버렸지만 사람들을 원자로 고립시키는 이데올로기적 전략은 매우 효과적으로 작동한 것이다. 거리에 모여 집합적인 행동에 나섰지만 그것이 조직화된 정치적 세력으로 결집하는 것에 대해서는 거부감을 갖게 된 것이다. 조직적이고 집단적인 행위는 뭔가 낡고 구태적인 것, 포스트모던한 차이와 다양성의 시대에 어울리지 않은 것으로 생각하게 된 것은 아닐까?

문제는 이보다 조금 더 심각하다. 사람들은 자율로 포장된 소비의 이름으로 짜여진 시간과 공간의 망 속에 붙들려 일차원적인 주체들로 전락하면서도 그 어느 때보다 능동적 주체가 되었다고 착각하며 살고 있다. 불만과 좌절을 경험하는 시대, 서로를 밀어내는 원자로 전락하면서도 그것을 실력과 경쟁력이라고 믿고 살고 있다.[10] 촛불은 이러한 이데올로기적 굴레의 틈으로 삐져나온 몸부림과 아우성이었지만 사람들은 그것의 에너지를 과거의 틀 속에 되돌려 넣어 버린 것이다.

절망과 비관을 이야기하는 것이 아니다. '첨단'의 착각에 빠져 여전히 필요한 근대적 운동의 유산을 송두리째 부정하면서, 역설적으로 근대적 운동이 극복하고자 했던 근대성의 한계들을 '정상'으로 받아들이고 있는 바로 그 사람들이 이러한 부정적 혼종성(negative hybridity) 안의 내파가 초래할 수밖에 없는 탈구(dislocation)를 경험하고 있기 때문이다. 무수히 많은 탈구의 지점들은 곧 근대적 민주주의가 약속했던 자유와 평등이 지속적으로 실패하고 있는 곳들이다. 자본

---

10 Young-Pyo Seo, "Reading Korean society through Stuart Hall's cultural theory: constructing a new paradigm for socialist politics in the 21st century", *Inter-Asia Cultural Studies* 18(2), 2017

주의라는 형식 아래서는 이러한 실패는 피할 수 없는 것이기에 탈구들은 곧 탈자본주의로 향한 정치적 에너지가 축적되어 분출하는 지점들이기도 하다. 서로 분절되어 다른 시간, 다른 장소에서 발생하는 탈구들을 묶어 줄 수 있는 헤게모니적 개입과 그것을 통한 연대의 출현이 불가능한 것은 아니다.[11]

촛불의 열망을 담지 못한 문재인 정부

촛불 이후 전문가들의 권위가 비웃음을 사고 지식인의 위선이 조롱받는 '스마트 한' 대중지성의 시대에 시민의 힘이 역사의 물줄기를 바꿨다는 자부심이 커져 있다. 그러나 시민의 힘이 고작 정권을 교체하는 것에서, 즉 권력을 다시 한 번 대표들에게 위임하는 데에 멈추어 선 것은 비극적이다. 김대중-노무현 정부를 전범으로 삼는 문재인 정부는 촛불이 만들어낸 '결과'이지만 결코 촛불의 열망을 담아 낼 수 없다. 문재인 정부는 지금 우리를 고통스럽게 하는 자본주의적 모순과 형식과 절차에 얽매여 있는 위임 민주주의의 한계를 인식조차 못하는 사람들로 구성되어 있기 때문이다. 그들은 자신들이 과거에 가졌던 '혁명적' 열망을 한 때의 치기어린 몽상으로 깎아 내리면서 새로운 시대의 차이와 다양성의 정신을 낡은 시장질서와 대의 민주주의 안에 가두려 한다.

문재인 정부는 여전히 시장과 경쟁의 원리가 공정할 수 있다고 믿

---

11 부정적 혼종성은 전근대, 근대, 탈근대의 어두운 면, 즉 권위주의와 연고주의, 생산력주의와 성장주의, 소비주의가 결합되어 나타나는 것을 가리킨다. 이에 대해서는 서영표, "제주에서 사회학하기: 사회학의 존재 의미 되찾기",《탐라문화》 54호, 2017년을 보라. 탈구가 가지는 정치적 의미에 대해서는 서영표, 〈불만의 도시와 쾌락하는 몸〉 1장과 8장에서 자세하게 논의되었다.

는다. 김대중, 노무현 두 전임 대통령이 자신들이 믿는 민주주의의 원리와 자본주의적 시장경제가 조화롭게 공존 할 수 있다고 믿었던 것처럼 말이다. 이러한 착각과 오인이 불러온 사회적 문제들은 자신들의 '본심을 몰라주는' 국민들의 탓으로 돌려졌다. 김대중-노무현 정부 시절에는 '희극적'이었지만 이제 문재인 정부에서의 착각은 비극을 초래하게 될 것이다.

이렇게 미래에 대한 비전이 없을 뿐만 아니라 시민들의 변화에 대한 열망을 낡은 질서 안에 가두고 있는 정치세력이 '진보'로 행세할 수 있는 것은 두 가지 조건 때문에 가능했다. 첫째, 신자유주의 시대 그 어느 때보다 좌파적 비판과 미래비전이 요청되는 때에 소위 좌파로 자임하는 세력들이 자본주의적 질서를 어쩔 수 없는 기정사실로 받아들이면서 비판의 칼날을 거두어들인 것이 '좌파의 자리'가 비어 있게 했다. 둘째, 좌파적 진보의 자리가 비어있는 조건은 극우와 자유주의자들이 서로를 진보와 보수로 불러주면서 정치적으로 공생할 수 있게 했다.[12] 공허한 말들로 가득 찬 사이비 좌파와 우파의 '놀음'이 정치를 국회 안에 붙잡아 두고 선거로 환원하며, 정치의 최종목적을 정권교체로 몰아간다. 주기적으로 모아지는 거리의 정치적 에너지는 반복적으로 증발하고 소진된다.

위기와 전환의 시대

앞 절에서 문재인 정부가 가지고 있는 태생적 한계에 대해서 언급했다. 문재인 정부가 사람들의 불만과 좌절을 제대로 읽어 낼 수도,

---

12 서영표, "포퓰리즘의 두 가지 해석" 《민족문화연구》 63호 참고.

그리고 그들의 열망을 정치적으로 실현할 수도 없는 이유는 미래를 향한 진보적 전망을 결여하고 있기 때문이라고 주장했다. 이제 미래 비전의 결여가 무엇인지에 대해서 조금 더 자세하게 검토할 차례다.

신자유주의 하에 대의 민주주의 위기

현재 우리가 통과하고 있는 역사적 과정에서 표면적으로 드러나고 있는 것은 지난 40년 동안 세계를 지배했던 신자유주의의 파열이다. 지금은 신자유주의의 실패 이후 확실한 대안이 출현하지 않은 조정기라고 할 수 있다. 4차 산업혁명이라는 말이 유행하고 인공지능이 지배하는 미래 사회가 화두가 되고 있지만 대중의 불만을 완화하고 안정적으로 관리할 수 있는 정치적 질서는 출현하고 있지 못하다. 다른 한편으로 세계 곳곳에서 극우파가 득세하고 있지만 그들은 기존의 질서가 흔들리는 와중에 불만을 혐오와 증오로 선동하여 권력을 얻게 되더라도 결코 지속가능한 정치이데올로기와 통치형태를 만들어 낼 수 없을 것이다. 한국에서 그랬던 것처럼 전 세계적으로 자본주의를 비판하는 좌파는 시대착오적인 낡은 세력으로 몰려 철저하게 고립되었기 때문에 현재의 위기가 탈자본주의로의 전환의 계기가 될 가능성도 매우 낮다. 비록 대중의 불만이 극우파에게 향하는 것처럼 좌파를 통해 표출되는 경우도 있지만 아직은 예외적인 일일 뿐이다.[13]

그런데 신자유주의 파열은 현재 겪고 있는 위기의 표면일 뿐이다. 신자유주의의 한계가 지난 100년 동안 '정상'으로 간주되었던 대의

---

13 이러한 세계적 정세에 대한 분석은 서영표, "부정형의 불만과 저항", 제8회 맑스코뮤날레 엮음, 『혁명과 이행』, 2017을 참고하라.

민주주의의 한계와 겹쳐지고 있기 때문이다. 원래부터 대의 민주주의는 한계적이었다. 구조적 모순들과 거기로부터 생겨나는 사회적 적대들은 대의 민주주의 아래서 '관리될 수는' 있지만 해결될 수는 없었다. 그 이유는 분명했다. 대의 민주주의는 구조적 모순을 '부정하는' 정치적 기제였고 그 자체로 적대를 은폐하는 장치로 기능했던 것이다. 신자유주의가 이러한 대의 민주주의의 한계를 드러내게 된 것은 일방적으로 약자에게 사회적 비용을 전가하는 신자유주의적 정책노선이 불러온 엄청난 불만과 좌절이 결코 대의 민주주의를 통해서는 '대의'될 수 없다는 것이 처절하게 체험되었기 때문이었다. 이제 의회와 관료집단은 노골적으로 돈의 논리에 따라 움직였고 그것을 가리려고도 하지 않았다. 정치마저도 돈의 논리에 종속시키는 것이 신자유주의의 밑바탕에 깔린 정서가 아닌가? 사람들은 시간이 갈수록 전문가들에 의해 독점되는 정치를 냉소적으로 바라보게 된다. '우리'와는 상관없는 '그들'만의 정치인 것이다. 그러나 고립된 개인으로서 '정상'으로 받아들여진 국가에 저항하는 것은 두려운 일이다. 그래서 처음의 선택은 정치로부터의 철수, 정치적 무관심이었고, 그 다음의 선택지는 자신들의 좌절에 기대어 혐오를 선동하는 극우파 정치인들에게 공감을 표현하는 것이었다. 그리고 간헐적으로 그러한 빈틈을 비집고 나오는 좌파적 호소에 응답하기도 했다.[14]

혹자는 이렇게 말 할 수도 있겠다. 바로 이런 상황이기 때문에 공론화위원회의 참여 민주주의 실험이 중요하다고 말이다. 그럴 수 있다. 공론화위원회를 통해 실험된 숙의민주주의는 그 자체로 평가될

---

14 신자유주의의 위기와 대의 민주주의의 위기의 겹쳐짐에 대해서는 서영표, "2017년 한국의 진보정당은 어떤 모습이어야 할까?", 《내일을 여는 역사》 68, 2017 참고.

수 있다. 그러나 숙의민주주의는 시민의 정치역량(capabilities)을 강화하는 하나의 수단일 뿐이다. 그리고 정치역량의 강화는 그에 따른 국가 장치의 민주화와 다양한 참여의 통로가 제도화되는 것으로 귀결되지 않으면 의미가 없다. 대의 민주주의의 기제를 통해 운영될 수밖에 없는 공적인(public) 영역을 최대한 시민의 감시 아래 두고, 굳이 국가의 통제 아래 둘 필요가 없는 부분으로는 자주관리(autogestion)의 원리를 확장해야 한다. 집중과 분산, 대의제와 자주관리, 공(公) · 공(共) · 사(私)의 다양한 형태로 결합될 수 있겠지만 평범한 사람들이 가지고 있는 필요가 표출되고 논의되어 정치과정에 반영될 수 있어야 하는 것이다. 한 번의 숙의민주주의 실험, 그것도 공적인 정치적 책임이 회피되는 임시방편으로 활용된 실험은 이러한 시민의 정치적 역량 강화에 의한 민주주의의 급진화와는 무관하다고 할 수 있다.

근대적 지식 패러다임의 종말

우리가 겪고 있는 위기에는 신자유주의의 한계와 대의 민주주의 한계보다 더 깊은 근원이 있다. 그것은 근대적 지식 패러다임의 위기다. 근대적 지식 패러다임은 '과학주의적 태도'에 근거한다. 과학주의적 태도는 경험적으로 확인 가능한 사실들 사이의 인과관계에 근거할 때만 지식의 지위를 부여한다. 주름과 겹쳐짐이 있고 부피가 있는 현실을 좌표평면 위로 압착하여 그 위에 두 개의 점을 찾고 직선으로 연결할 수 있을 때에만 과학적 지식의 지위를 부여받는다. 실제의 세계에서 이런 일은 매우 드물거나 불가능하다. 그래서 이 기준에 맞추기 위해서 복잡한 현실을 단순화시키는 세련된 기법들이 개발된다. 근대 초 이러한 과학주의는 우리가 사는 세상에 대한 지식을 축적하는 데 크게 기여했다. 그러나 이러한 기여는 교조화된 틀에 맞추어서 세상을 재단하는 과학주의가 불러온 문제들 앞에서 빛을 잃었다.

사회과학에서 과학주의적 태도에 가장 근접한 학문은 경제학이다. 인간 세상의 복잡한 감정과 관계들, 모순과 적대들은 경제학 교과서의 점, 직선과 곡선, 함수와 그래프 뒤로 사라진다. 경제학의 목적은 사람들을 풍요롭게 하는 것이어야 하지만 경제학 이론에 근거한 국가정책은 사람들의 삶을 숫자에 종속시킨다. 이것은 '경제학적 논리'라고 이름 붙여질 수 있을 것이다.

과학주의의 태도와 경제학적 논리는 세상과 동떨어져 있다. 과학의 논리에 현실을 끼어 맞춘 후 그에 근거해 세상을 관리하고 통치하려 한다. 세상과 동떨어져 있기에 사람들이 공감하기 어렵고 그렇기 때문에 특별한 훈련을 받은 사람들만이 가진 전문적 지식이라는 암호로 무장하게 된다. 이것이 우리의 일상을 지배하고 있는 '전문가주의'다. 전문가는 존재할 수밖에 없다. 세상을 읽어내고 분석하기 위해서는 특별한 훈련과 지식습득이 필요하기 때문이다. 그러나 전문가의 지식은 많은 사람들이 가진 일상의 실천적 지식과 동떨어져 만들어질 수 없다. 그래서 전문가의 역할은 사람들이 가지고 있지만 표현할 방법을 알지 못하는 실천적 지식이 공론에 장에 드러나게 돕는 것이어야 한다. 그렇게 표현된 실천적 지식에 방향을 주고 토론되게 함으로써 과학주의가 닫아버린 세상을 향한 문을 여는 것이 전문가들의 역할이어야 한다는 것이다.

이런 이유에서 전문가주의에 근거한 '기술적 해결'은 비판되어야 한다. 대중의 열망과는 무관하게 과학주의적 태도와 경제학적 논리에만 집착하는 전문가주의가 할 수 있는 일은 기존질서를 고수하고 그 안에서 생겨나는 문제들을 땜질하는 것 이상일 수가 없다. 대중의 열망은 자본주의와 공존하기 어렵고 그래서 자본주의 안에서 자본주의와는 다른 다양한 삶의 양식이 실험 되어야 하지만 전문가들은 자신들만의 협소한 과학의 기준에 맞지 않는다는 이유로 그러한 실천들에게 '불가능한 것'이라는 딱지를 붙여버린다. 사람들의 몸은 자본의 논리와 마찰을 일으키고, 그들의 무의식은 상품의 논리에 의해 구획된 시간과 공간 속에서 고통 받고 있지만 눈앞에 드러난 국지적 증상에 대해 응급처방만이 실현가능한 것이라고 굳게 믿고 있는 것이다.[15]

이제 우리는 신자유주의 한계와 대의 민주주의의 한계를 근대적 지식 패러다임의 한계 속에서 사고할 수 있어야 한다. '가능한 것'과 '불가능한 것'의 경계를 다시 설정해야 하고 현재의 질서에 갇혀 있는 우리의 수동적 의식을 넘어선 상상력을 발휘해야 하는 것이다. 숙의민주주의는 이러한 상상력이 발휘될 수 있는 여러 가지의 실천 중의 하나일 수 있다. 그러나 숙의민주주의가 시민의 정치적 역량의 강화와 민주주의의 급진화로 나갈 수 있는 계획이 없다면 그것은 낡은 질서를 가리는 이데올로기적 가림막으로 전락할 수도 있다.[16]

숙의민주주의

이제 숙의민주주의의 대해서 논의할 차례다. 숙의민주주의는 딜리버레이트 데모크라시(deliberative democracy)의 번역어이다. 독일의

---

15 근대적 지식 패러다임에 대한 비판은 서영표, 『불만의 도시와 쾌락하는 몸』 5장을 참고하라.
16 가능한 것과 불가능한 것의 경계설정에 대해서는 앞의 책 3장 참고.

사회철학자 위르겐 하버마스(Jürgen Habermas)가 기초를 놓은 의사소통합리성에 근거한 민주주의 이론이다. 존 드라이제크(John Dryzek) 등의 이론가들에 의해 보다 강화된 민주주의 원리로 제안되었다. 실제 정치에서 갈등을 담고 있는 중요한 결정 사안에 대해서 실험적으로 적용되고 있기도 하다. 하버마스가 주장한 바처럼 일상의 민주적 토의 과정은 권력에 의해 심각하게 왜곡되어 있다. 정보, 지식, 자원이 불평등하게 분배되어 있기 때문에 오직 민주적 토론과 설득의 원리만이 허용되는 정치의 장은 이념적으로만 주어질 수 있다. 따라서 특정한 주제에 대해서 시민들의 정보, 지식, 자원의 양을 끌어 올려 왜곡된 담화상황을 시정한 후 민주적인 토론을 진행한다는 것이 숙의민주주의의 핵심이다.

불평등을 안고 오직 절차만을 담은 민주주의!

앞에서도 지적했듯이 숙의민주주의는 지식패러다임의 전환과 민주주의의 확장이라는 면에서 중요한 실천과 학습의 수단 또는 장일 수 있다. 하지만 전환의 기획이 없는 숙의민주주의는 기존 시스템을 땜질하거나 결정적인 정치적 판단을 회피하는 수단으로 전락할 수 있다는 점도 이미 언급했다. 이러한 약점은 숙의민주주의를 모순과 적대라는 정치의 내용을 덮어버리고 오직 절차만으로 환원할 때 더욱 뚜렷해진다. 숙의민주주의가 요청되는 이유 자체가 정보, 지식, 자원의 불평등 때문이다. 즉 합리적 토의 과정이 권력에 의해 심각하게 왜곡되어 있기 때문이라는 것이다. 그런데 이러한 왜곡을 시정하기 위한 수단으로서의 숙의민주주의가 중립을 앞세우고 절차적인 공정성에만 치우치면 원래의 목적을 잃어버린 채 권력에 의해 좌우

되는 결정을 민주주의의 외피로 가려주는 역할을 하게 된다. 따라서 숙의민주주의는 기존의 질서가 안고 있는 구조적 모순을 정확히 인식하고 거기로부터 생겨나는 적대를 정치의 장으로 끌어들일 의지가 있는 정치세력에 의해 이끌어지는, 폭력적인 갈등은 피하면서 민주적인 과정을 거쳐 사회혁명을 수행하려는 기획 아래 있을 때에만 본래의 목적을 달성할 수 있다.[17]

무수히 많은 길 중에 하나 '숙의민주주의'

숙의민주주의를 절차의 문제로 좁혀보아도 문제는 있다. 한편으로는 지금까지와는 다른 민주주의적 절차가 요구되는 사회적 갈등들이 산적해 있지만 이 중 숙의민주주의를 통해 해결할 수 있는 것은 생각처럼 많지 않다. 때로는 시민의 항시적인 감시를 전제로 한 정치적 대표들의 결단이 문제를 해결하는 가장 빠른 길일 수도 있다. 때로는 지금보다 훨씬 강화된 권력의 분산과 자치가 갈등을 해결하는 방편일 수도 있다. 시장의 원리가 일상에 깊숙이 개입되어 있는 것이 갈등의 원인인 경우 국가의 공적 힘이 시장의 힘을 제한하는 역할을 해 줄 때에만 문제가 해결되는 경우도 있을 수 있다. 모든 경우의 수와 경로를 일일이 헤아릴 수 없을 정도의 다양한 상황들이 있을 수 있는 것이다. 따라서 숙의민주주의는 여러 개의 선택지 중 하나에 불과하다. 만병통치약이 아닌 것이다.

---

17 숙의민주주의의 유용성과 한계에 대해서는 서영표, 『런던코뮌』, 이매진, 2009의 11장을 참고하라.

기울어진 운동장에서는 숙의민주주의 가치 없다

다른 한편으로 현재 우리사회에는 숙의민주주의가 제대로 실현되고 작동하기 위해 선행되어야 할 실천, 제도, 장치들이 제대로 갖추어져 있지 않다. 대개의 경우 사람들의 판단 기준은 화폐로 표현되는 이기적 이익이다. 토론과 합리적 대화를 가로막는 권위주의 문화가 화폐의 논리와 겹쳐져 우리의 일상을 지배하고 있다. 그리고 우리 모두는 '우리' 안에서 '나'를 찾기 보다는 '우리'를 부정함으로써 '나'를 찾으라고 교육받고 있다. 학교라는 이름의 공적 교육기관이 존재하는 이유는 서로 연대할 수 있는 능력을 가진 시민을 양성하는 것이어야겠지만 지금 학교에서는 오직 경쟁하는 이기적 '기계'들만을 쏟아내고 있다. 사람들 사이의 소통과 유대를 가능하게 했던 공간의 주름들은 사라지고 날선 칼로 자른 듯이 구획된 공간도 소통과 이해의 가능성을 마모시키고 있다. 그리고 우리의 정치제도는 자율과 자치와는 거리가 너무 멀어 일상에서 시민의 정치적 행위는 매우 제한되어 있다. 숙의민주주의의 기본이 되는 능동적 정치행위가 불순한 체제에 대한 도전으로 간주되는 나라에서 도대체 어떤 학습의 기회를 가질 수 있겠는가? 보다 근본적인 차원에서 우리는 숙의민주주의를 가능하게 할 학습과 실천을 위한 시간조차 가지고 있지 못하다. 매일의 일상은 끝없는 공부, 일, 스펙 관리로 꽉 짜져 있지 않은가? 따라서 숙의민주주의는 정치개혁, 교육개혁, 진보적 도시계획과 건축, 노동시간 단축과 자율적 시간의 확장 등 미래를 향한 전략과 비전과 기획이 없다면 원래의 의미를 상실하게 된다.

이런 맥락에서 공론화위원회에 참여한 중단 측 전문가들이 위원회를 이미 '기울어진 운동장'이라고 말한 것은 당연한 것이었다. 지식 패러다임을 다시 정의하고 정보, 지식, 자원을 급진적으로 재분배하는 기획이 없는 숙의민주주의는 무력하다. 국가의 민주화, 시장의 사회화, 대중의 정치주체화가 빠진 숙의민주주의는 기울어진 운동장을 바로 세우기보다는 기울어진 상태를 바로 세워진 것으로 오인하게 하는 이데올로기적 수단으로 작동할 수 있는 것이다.

긍정적 기여 만큼 큰 부정적 효과를 남긴 공론화위원회

공론화위원회의 최종 입장이 발표된 2017년 10월 20일을 전후로 위원회의 숙의민주주의에 대한 긍정적 평가가 줄을 이었다. 공론화위원회의 민주주의 실험에 대해 부정적으로 평가하는 것 자체가 역사적 흐름에 역행하는 것이라고 느껴질 정도였다. 하지만 지금까지의 논의를 종합해 보면 공론화위원회의 경험은 긍정적인 기여만큼이나 부정적인 효과를 만들어 내고 있다. 하나씩 들여다보도록 하자.

공약 파기에 면죄부를 주다

공론화위원회에 대해서 어떤 입장을 가지든 분명한 사실이 있다. 문재인 대통령의 공약인 신고리 5·6호기 건설 중단 약속은 지켜지지 않았다는 것이다. 촛불에 의해 대통령이 되었기에, 그리고 촛불을 통해 드러난 민주주의의 힘을 실감했기에 문재인 대통령은 청와대에 입성한 후 직면한 기득권 세력의 반발과 자신의 탈핵 공약 사이에 어정쩡하게 끼어있게 된다. 현실 정치의 논리로는 건설 중단 공약을 철회하는 것이 '합리적인' 선택처럼 보였지만 이것은 스스로의 정치적 위상에 치명적인 손상을 가할 것이 뻔했다. 자신의 지지부대로 끌어들여야 하는 시민사회를 적으로 돌리는 것도 부담스러웠을 것이다. 공약을 파기하면서도 책임은 피할 수 있는 묘수가 필요했다. 탈핵의 기조는 그대로 유지하고 있다는 인상을 주면서 동시에 촛불이 상징하는 참여 민주주의를 실천하고 있다는 메시지도 전달할 수 있는 것이 최선의 선택이었을 것이다. 명분도 얻고 실리도 챙길 수 있는 길이 필요했던 것이다. 여기서 청와대는 고심 끝에 공론화위원회라는 '신의 한 수'를 꺼내 들게 된다.

정부로서는 완벽한 성공이었다. 시민참여단이 최종 공론조사에서 건설재개를 선택했음에도 불구하고 탈핵의 길을 선호했다는 것도 정부에게 자신의 공약파기를 정당화하는 유리한 지형을 가져다주었다. 결정된 것은 아무것도 없다. 지금까지와는 비교가 되지 않을 정도로 거대한 핵발전소 2기가 지어질 것이고, 핵마피아는 자신들의 영향력을 공고히 유지할 것이다. 더구나 이미 발전소 건설 중단의 공약을 파기한 정부가 탈핵의 기조를 계속 유지할 것이라는 보장은 그 어디에도 없다. 그런데 사람들은 민주주의의 성숙에 환호하고만 있다.

거짓 중립성에 탈핵문제를 좁히다

공론화위원회는 탈핵의 쟁점을 신고리 5·6호기 건설 중단-재개의 문제로 좁혀 버렸다. 탈핵과 에너지 체제의 전환은 신고리 5·6호기 건설 중단-재개보다 훨씬 큰 사회적 쟁점이다. 그런데 민주주의의 실험으로 포장된 공론화위원회의 시민참여단 내의 중단과 재개 사이의 논쟁이 모든 쟁점을 빨아 들였다.

중립성이라는 '정치적' 선택은 쟁점을 좁히는 데 일조했다. 핵마피아는 이미 정보, 자원, 지식을 독점한 기득권세력의 핵심에 위치하고 있기 때문에 숙의민주주의를 실험하기 위해서는 왜곡된 논의의 장을 바로잡는 정치적 개입이 필요했지만 정부는 중립성과 공정성을 내세워 기득권의 편에 선 것이다. 그리고 공론화위원회 시민참여단 내부의 활발한 토론과 숙의 과정에만 초점을 맞춤으로써 이러한 편향을 은폐했다.

만약 공론화위원회의 절차만 놓고 본다면 훌륭한 민주주의의 실험이었다고 할 수도 있다. 그러나 이미 앞에서 지적했듯이 절차에만 국한된 민주주의는 권력에 의해 왜곡된 논의를 가리게 된다. 그동안 제대로 된 참여 민주주의를 경험한 적이 없는 시민참여단이 공론화위원회의 경험을 훌륭한 학습과 의식성장 과정으로 받아들이는 것은 너무나 당연한 것이다. 언론을 통해 전해진 시민참여단의 체험기는 감동적이기까지 했다. 역시 참여민주주의를 경험한 적이 없는 시민들이 지금까지와는 다른 민주주의적 실험을 목도하고 있다고 생각한 것도 당연한 것이었다. 그러나 그 이상도 그 이하도 아니었다. 소위 전문가들의 과잉된 반응은 이러한 착시 효과를 교정하기보다는 더욱 강화하고 말았다.

이해당사자인 주민이 참여 못한 공론화위원회는 옳지 않다

공론화위원회는 처음부터 정부의 정치적 결정의 근거가 되는 입장을 제출하기에는 허약했다. 그러기에는 대표성이 너무 약했다. 공론화위원회가 스스로를 자문기구로 한정한 것도 이러한 이유 때문이었을 것이다. 이런 조건에서 대통령이 자신의 결정이 공론화위원회의 입장에 따른 것처럼 이야기하는 것은 위원회 뒤로 책임회피를 숨기는 것에 다름 아니었다. 여기에 그치지 않고 이러한 책임회피를 민주주의의 진전으로 호도한 것의 의도는 반드시 짚고 넘어가야 할 대목이다. 공론화위원회와 시민참여단이 정부와 대통령의 결정을 뒷받침할 정도의 힘을 갖기 위해서는 훨씬 더 많은 정보가 제공되고, 그렇게 제공된 정보에 대한 오랜 시간동안의 숙의의 과정이 보장되었어야 했다.

　대표성은 두 가지 차원에서 검토할 수 있다. 하나는 공론화위원회의 구성에 관한 것이고, 다른 하나는 신고리 5·6호기 결정과 같은 중대 사안 결정이 공론화위원회의 형식만으로 충분히 다루어질 수 있는가의 문제이다. 여론조사 전문가들이 공들여 만든 시민참여단의 구성 절차는 기술적으로는 문제가 없어 보인다. 하지만 핵발전소 건설을 둘러싼 논란에서 이해당사자라고 할 수 있는 지역주민들을 먼저 고려하지 않고 기술적으로만 공정한 참여단을 구성한 것이 오히려 대표성을 해쳤다고 있다고 비판할 수 있다. 신고리 5·6호기에 의해 직접적으로 피해를 본 밀양 주민들의 의견도 기술적 공정성 앞에 전혀 반영되지 않았다. 이해당사자들의 입장은 그냥 1/n일 뿐인가? 인구비율에 따라 핵발전소의 위험을 직접적으로 느끼지 않는 수도권 시민들의 견해가 훨씬 강하게 반영되는 것이 과연 민주주의일까?

　이러한 문제들이 시민참여단 구성의 기법만으로 해결될 것이라고 생각하지는 않는다. 직접적 이해당사자들의 의견만을 강조하는 것이 성숙된 민주주의라고 생각하지도 않는다. 전문가들 사이의 토론, 오랜 시간을 두고 진행되는 주민설명회와 공청회, 정부와 이해당사자들 간의 대화, 국민에게 투명하게 공개되는 국회에서의 논의, 한수원과 정부에 의한 정보 공개 등 다층적이고 중첩적인 모델을 고민되

어야 하는 이유가 여기에 있다. 숙의민주주의만이 정답이고 만병치
약일 수는 없기 때문이다.

40일 토론시간으로 결정한 9조 사업

중립성과 대표성의 문제는 40일의 기간이 숙의의 시간으로 충분
했는가의 문제를 제기하게 한다. 그 동안 일방적이고 편파적인 한수
원과 정부의 광고에 의해 심하게 왜곡되어 있는 정보를 고려했을 때,
그리고 우리들이 당연한 것으로 내면화하고 있는 경제학적 논리를
전제로 했을 때, '탈핵'과 '지속가능한 미래'가 오랫동안 기정사실로
받아들여졌던 핵발전소 건설과 동일한 수준의 선택지로 생각될 수
있을 정도로 정보의 불평등이 해소되었을 때 비로소 숙의민주주의
는 시작될 수 있다. 숙의민주주의 절차가 시작되기 위해서는 오랜 시
간의 교정 작업이 필요하다는 것이다. 참여단의 시민들이 서로의 이
야기를 듣고 학습의 과정을 경험했으며, 상대방의 의견을 존중하는
성숙한 태도를 보였다는 것에 근거해서 숙의민주주의가 실현되었다
고 주장하고 있지만 공론화위원회의 숙의민주주의는 반쪽짜리였을
뿐이다. 정보의 왜곡을 시정하고 권력의 개입을 차단하고 모든 선택
지를 동등하게 받아들일 수 있는 조건이 갖추어졌을 때 비로소 진정
한 숙의가 가능할 텐데, 공론화위원회는 정보왜곡과 권력 불균형을
교정하는 어떤 조치도 취하지 않았기 때문이다. 최소한 중단 측과 재
개 측이 제공하는 정보를 검증하고 찬찬히 들여다 볼 수 있는 숙의의
시간은 주어졌어야 하지 않을까?

이미 살펴본 것처럼 정부와 공론화위원회가 표방한 중립성이 얼
마나 정치적인 선택이었는지가 분명해졌다. 정보의 왜곡과 권력의

불균형을 해소하기 위해서는 공론화위원회가 재개 측과 중단 측 자료를 사전에 점검하고 사실에 근거하지 않은 정보는 최대한 걸러내고 개입자로서의 역할에 충실했어야 했다. 힘의 불균형이 분명한 조건에서 중립을 주장하는 것은 강한 쪽의 편에 서겠다는 고백에 다름 아니다.

기울어진 운동장에서 이길 수 있다는 탈핵 시민운동의 오판

건설 중단을 주장한 탈핵진영도 비판에서 자유로울 수 없다. 정부가 중립을 앞세워 정보와 권력의 불균형을 은폐하고 있을 때 탈핵진영은 자신들의 당위만으로 불균형을 극복할 수 있다고 생각했던 것 같다. 자신들의 입장이 가진 도덕적 정당성과 현실 정치 사이의 간극이 얼마나 넓은지에 대해서 신중하게 생각하지 못했던 것이다. 숙의민주주의의 의미 자체를 과대평가하면서 그것만 보장되면 시민들이 탈핵에 전적으로 동의할 것이라는 순진한 생각을 했을 수도 있다. 탈핵 진영은 '기울어진 운동장'을 끊임없이 지적했지만, 그것이 얼마나 구조적으로 틀지어져 있는지에 대해서 과소평가했다.

핵마피아는 끊임없이 운동장을 기울게 하고 있으며 그것을 공고하게 만들고 있다. 그들은 원전 건설을 통해 자본을 집적하고 그것을 뒷받침하는 관료적 체계를 확장하고 있다. 또한 기술을 독점함으로써 자신들이 가지고 있는 영향력을 키워가고 있다. 자본과 관료체계, 그리고 축적된 기술이 결합되어 매우 강한 기득권집단을 형성하고 있는 것이다. 탈핵 시민운동은 이렇게 구조화된 핵마피아 집단의 권력을 과소평가했다. 제대로 인지하지 못했다고 말하는 것이 더 정확할 것이다. 탈핵 시민운동은 핵발전이 가지는 위험을 환기시키고 그럼으로써 시민들의 지지를 얻을 수 있을 것이라 자신하면서, 정작 맞서 싸워야 하는 상대방이 가지고 있는 힘에는 무관심했던 것이다.

　탈핵 시민운동은 탈핵을 주장하기 위해서는 사회의 곳곳에서 발생하고 있는 탈구의 경험들을 모아낼 수 있는 정치적 비전이 얼마나 절실히 요구되는지에 대한 인식도 부족했다. 그들은 사회주의의 실패와 신자유주의의 공세라는 조건 속에서 현실의 질서를 인정하는 타협을 선택했고 그 결과는 지배세력이 만들어 놓은 게임규칙에 따라 경쟁하는 것이었다. 애초부터 기울어진 운동장을 선택한 것은 그들 스스로였다.

　그런데 탈핵은 기존의 게임규칙 아래서는 인정받기 쉬운 선택지가 아니었다. 탈핵은 탈자본주의 사회로의 전망 안에서만 논리적으로 받아들여질 수 있는 선택지이기 때문이었다. 후쿠시마 이후 갖게 된 핵에 대한 공포는 일상을 지배하는 기성질서의 관행과 습관을 쉽게 이기지 못했다. 일상에서 계속해서 발생하는 지배적인 질서와 몸의 리듬과 집합적 기억 사이의 미세한 엇나감들이 정치적 경험으로 쌓이고 그것을 통해 권위주의적 국가와 독점적 시장과는 공존하기 어려운 우리의 필요를 자각하는 지속적인 운동이 없이는 탈핵은 결코 도래하지 않을 미래의 어느 시점으로 끝없이 연기될 수밖에 없다. 시민운동이 탈자본주의적 전망을 '실현 불가능한 것'으로 포기하는 순간, 사람들의 마음속에 핵에 대한 공포와 탈핵의 소망을 불러일으키는 데는 성공할 수 있겠지만 정치적 결단과 전환의 계기를 만들어내는 데까지 나가지 못하게 된다.

　결과적으로 탈핵 시민운동측은 기존의 패러다임 안에서 비판적 논평자의 입장만을 허용 받았다. 그렇게 '허가받은' 입지를 과대평가했기에 주어진 조건을 효과적으로 사용하지도 못했다. 이미 기울어진 운동장에서 시민운동이 제기한 비판은 충분히 관리 가능한 수준이었고, 그렇기 때문에 허용된 것이었다. 만약 이러한 상황에서도 공론화위원회의 경험을 민주주의 진전이라고 호도한다면 그것은 독이 든 잔을 마시는 것과 같다. 김대중-노무현 정부와의 친화력이 시민운동을 몰락의 길로 몰아넣은 것처럼 이제 얼마 남지 않은 시민운동의 역량마저도 모두 소진되어 사라져 버릴 지도 모를 위기 상황에 처한 것이다. 공론화위원회를 민주주의의 심화라고 과장하면 할수록 시민운동의 운신의 폭은 그만큼 좁아지게 되는 것이다.

공론화위원회가 정치개혁 논의에 끼친 영향에 대해 첨언할 필요가 있다. 대통령과 정부의 정치적 책임회피는 우리의 정치제도가 가지는 한계 또한 보여준다. 신고리 5 · 6호기의 공사 중단 여부를 정치적으로 결정하지 못할 정도라면 기존의 정치제도는 심각한 문제를 안고 있는 것이기 때문이다. 그렇다면 지금은 공론화위원회의 숙의민주주의의 성취에 도취되어 있을 때가 아니라 제도정치가 제대로 민의를 반영하고 민의에 의해 감시받도록 하는 정치개혁의 긴급함을 공론의 장에서 제기할 때다. 지금 국회는 무엇을 하고 있고, 행정부는 무엇을 하고 있는가? 탈자본주의 사회를 향한 국가의 민주화, 시장의 사회화, 대중의 정치주체화의 대항 헤게모니 기획 정도는 아니더라도, 거대정당이 독점하고 있는 국회를 변화시키고, 국민발의와 소환을 보다 용이하게 하며, 국민의 알권리를 보장하는 정보공개 청구의 범위를 확대하고, 지방정부 수준에서 시민참여와 감시를 가능하게 하는 개헌을 요구해야 한다. 지금 공론화위원회의 숙의민주주의의 성과에 현혹되어 당면한 제도개혁에 대해 느슨해지고 있는 것은 아닌지 자문해 보아야 하는 것이다.

탈핵이 삶의 일부가 되는 길

지금까지의 논의를 요약해 보자. 기존의 담론 체계 안에서 탈핵이 기술적, 경제적으로 우월하다는 것을 입증하려 했던 것은 위험한 선택이었다. 경제적 논리로 핵마피아와 상대하는 것은 스스로를 무장해제하는 것에 다름 아니었다. 이미 자본의 논리가 구조화되어 있고 사람들의 의식이 상품과 화폐의 논리로 물들어 있는 지금 탈자본주의에 대한 전망이 없이 경제적 논리로 1조 8천억 원의 매몰비용이라는 압박을 이겨낼 수 있다고 생각한 것 자체가 문제였던 것이다.

탈자본주의는 '현실적인' 대안이다. 사람들이 열망하는 삶은 자본주의 아래서는 불가능하다는 점에서 현실적이라는 것이다. 그런데 탈핵 시민운동은 자본의 논리 아래서 자신들의 입장이 설득력 있다는 꿈을 꾼다. 탈자본주의를 주장하는 사람들을 공상가라고 비판하면서 그렇게 한다. 사람들의 불만을 정치적으로 모아 내어 연대를 창출하는 것과 대중추수주의를 헷갈려 하는 것이다. 무엇이 더 현실적인 것일까? 탈핵의 선택이 수용되기 어려운 자본주의적 질서를 인정하면서 탈핵을 주장하는 것일까 아니면 장기간의 지난한 시간을 경과하겠지만 탈자본주의를 실천하는 다양한 운동을 인정하고 이들 사이의 연대를 창출하는 정치운동의 기획 아래 탈핵을 위치시키는 것일까? '적의 영토' 안에서 공정하게 경쟁할 수 있다는 환상에 빠져 있었던 것은 아닐까?

어떤 사회 비전 안에 위치시킬 것인가에 대한 큰 그림이 없는 상태에서 탈핵은 이상적이고 낭만적인 주장으로 비춰질 가능성이 높다. 공론화위원회의 최종 입장이 신고리 5 · 6호기의 공사는 재개하되 탈핵의 방향을 선택한 것으로 나타났다고 해서 환호하는 것은 순진하다. 사람들은 지금 당장이 아닌 미래, 개인의 문제가 아닌 사회 전체의 문제에 대해서는 진보적인 입장을 갖지만, 당장의 개인적 이해관계가 걸린 문제에 대해서는 경제주의적으로 판단한다. 아무것도 정해진 것은 없다. 기존 질서 안에서 탈자본주의를 실험하고 실천하는 다양한 운동들, 탈구의 지점들에서 생겨나는 자율적인 운동들의 번성과 연대가 없이는 탈핵은 실현가능하지 않은 꿈으로 간주될 가능성이 높다.

결과적으로 탈핵 시민운동은 형식적 민주주의, 절차적 중립성이라는 권력의 이데올로기를 충실히 대변하고 공고하게 하는데 일조했다. 한편으로 처음부터 불공정한 게임을 중립적인 규칙에 의해서 진행되고 있다고 정당화하는 데 큰 힘을 보탰다. 이미 공정한 게임 규칙을 받아들인 상태에서 불공정함이 드러났다고 판을 엎을 수도 없었다. 도덕성에 치명적인 타격을 입을 수밖에 없었기 때문이다. 또한 상대의 입장을 존중하고 결과를 받아들여야 하는 것이 성숙한 민주주의적 태도라는 '압박' 아래서 신고리 5 · 6호기 재개의 효과를 전면적으로 비판할 수 있는 여지도 상당부분 상실해 버렸다. 합의 정신을 위배하는 것이라는 공격에 직면하지 않겠는가? 그리고 대통령의 무책임한 공약 파기 또한 비판할 수 없게 되었다.

상황이 이러하다면 최소한 숙의민주주의에 대한 요란하고 과도한 평가에는 동참하지 말아야 하는 것은 아닐까? 일자리와 경제적 효과라는 '그들'의 언어로 탈핵을 설득하는 것이 아니라 우리가 일상에서 체험하고 있는 불만과 좌절이 얼마나 구조적인가를 매일의 삶에서 깨닫고 공유하도록 하는, 그래서 저항하도록 하는, 불균등하지만 넓게 퍼져 있는 실천의 공간에서 탈핵이 삶의 일부로 받아들여지게 하도록 해야 하는 것은 아닐까? 탈핵은 그 자체로 설득될 수 없으며, 우리의 의식이 성장하는 과정에서, 탈자본주의로 향하기 위해서는 불가피하게 받아들여야 하는 선택지가 되어야 한다.

공론화의 정치와
에너지 민주주의의 과제[18]

홍덕화

　결국 신고리 5 · 6호기 건설 공사는 재개되었다. 지역, 성, 연령 분포에 맞춰 무작위 선출된 만19세 이상 471명의 시민들은 건설재개 측의 손을 들어주었다. 건설 재개를 선택한 비율은 건설 중단보다 19% 포인트 높은 59.5%, 탈핵운동은 시민참여단으로부터 신고리 5 · 6호기 건설 중단을 이끌어내지 못했다. 다만 시민참여단은 향후 방향으로 원전 유지나 원전 확대보다 원전 축소에 더 공감했다.

　신고리 5 · 6호기 공론화가 탈핵 · 에너지 전환에 장기적으로 어떤 영향을 미칠지는 다소 불확실하다. 공론화 기간 중 신울진 3 · 4호기 이후의 신규 원전 건설을 중단하겠다는 의사를 밝혔던 정부는 2017년 10월 24일, 2038년까지 원전 수를 14기로 줄이는 에너지 전환 계획을 발표했다. 신고리 5 · 6호기 건설을 재개하는 대신 신규 계획을 철회하고 노후 원전의 수명연장을 중단한다는 방침을 제시한 것이다. 이와 같은 기준은 8차 전력수급기본계획에 적용되었고, 2018년

---

18 이 글은 시민환경연구소가 개최한 "신고리 5 · 6호기 공론화의 진행과 결과, 어떻게 볼 것인가?"에서 발표한 글을 수정한 것임을 밝힌다.

월성 1호기의 조기폐쇄 결정을 통해 재확인되었다. 하지만 원자력계는 신고리 5·6호기 건설 재개 이후 지속적으로 탈핵 정책 흔들기를 시도하고 있다. 또한 원자력계는 영국 무어사이드 원전 등 해외 원전 사업의 수주를 위해 정부를 압박하고 있다. 고준위방사성폐기물의 경우, 2018년 고준위 방사성폐기물 관리 기본계획 재검토준비단이 구성되어 6개월 가량 활동했으나 공론화의 향방은 아직 불투명하다.

이와 같은 상황에서 신고리 5·6호기 공론화를 되짚어 본다면 무엇을 이야기해야할까? 신고리 5·6호기 공론화는 (숙의) 민주주의, 공공정책 결정과 갈등 관리, 공론조사 방법 등 다양한 각도에서 논의할 수 있다. 신고리 5·6호기 공론화에 대한 탈핵운동 내부의 평가도 제각각이다. 좁게는 19% 차이의 패배에 주목하느냐, 아니면 53.2%의 원전 축소 의견에서 희망을 발견하느냐에 따라 평가가 엇갈린다. 시민 참여와 숙의에 주목하는 이들과 탈핵정책·운동의 후퇴를 우려하는 사람, 나아가 시민 참여를 명분으로 한 새로운 통치방식의 등장을 예의주시하는 시선 사이에는 거대한 강이 흐른다. 공론화 방식으로써 공론조사의 타당성, 공론화위원회 평가 등 세부적인 쟁점으로 넘어오면 평가는 백인백색이다. 여기서는 일차적으로 탈핵운동과 에너지 민주주의의 측면에서 신고리 5·6호기 공론화를 거치며 제기된 쟁점들을 살펴보면서 신고리 5·6호기 공론화에 대한 평가를 시도해본다. 즉 정치적 맥락을 고려하여 공론화의 형식과 내용, 결과를 살펴보고, 탈핵과 에너지 민주주의의 시각에서 신고리 5·6호기 공론화가 남긴 과제를 검토해보려 한다.[19]

19 탈핵운동진영의 신고리 5·6호기 공론화에 대한 평가는 각종 토론회 및 발표, 청중 토론, 성명서, 개별적 토론 등을 통해 확인한 것이다. 반복적으로 제기되는 문제들에 대해선 별도의

초대된 공론화의 역설

신고리 5·6호기 공론화를 이해하고 평가하기 위해서는 우선 공론화가 도입된 맥락부터 따져봐야한다. 대선 기간 문재인 정부의 탈핵공약은 신고리 4호기 및 신울진 1·2호기 공론화, 신고리 5·6호기 백지화, 신규 원전 건설 계획 철회, 노후 원전 수명연장 중단, 사용후핵연료 재공론화 정도로 요약할 수 있다. 탈핵공약은 대선 기간 중 비교적 비중있게 다뤄졌고, '광화문 1번가'의 주요 공약으로 채택되기도 했다. 그러나 원자력계의 반발이 확산되면서 탈핵공약은 흔들리기 시작했다. 그 결과 2017년 6월 19일 고리 1호기 영구정지 기념식에서 문재인 대통령은 탈핵선언을 하면서 동시에 신고리 5·6호기 건설 중단을 공론화하겠다는 뜻을 밝혔다. 대선 공약 파기 논란이 제기될 수밖에 없었지만 문재인 정부는 전략적 후퇴를 결정했다.

눈여겨볼 점은 정부와 탈핵운동진영이 (비)공식적인 사전 협의를 거쳐 공론화를 결정한 것은 아니라는 점이다. 탈핵운동은 공론화를 선택했다기보다는 선택을 강요받았다. 선택지는 사실상 두 가지, '공론화 거부-대선 공약 이행 촉구', '공론화 수용·대응-전략적 활용' 뿐이었다. 탈핵운동의 현실적 역량을 감안한 전략적 선택은 불가피했다. 주어진 조건 또한 우호적이지 않았다. 이미 후퇴를 결정한 정부와 여당, 탈핵에 우회적이지 않은 의회, 팽팽한 찬반 여론과 언론 지형을 고려할 때, 신고리 5·6호기의 건설 중단을 관철시키는 것은 쉽지 않았다. 공론화를 거부하고 대결 구도를 유지

인용 표기를 생략했다. 주요 참고자료로 녹색당·녹색연합 집담회(2017.7.20.), 시민환경연구소 토론회(2017.11.2.), 공론화위원회 토론회(2017.9.7.), 녹색당, 환경운동연합, 안전한 세상을 위한 신고리 5·6호기 백지화 시민행동의 성명서, 탈핵신문(58호, 59호) 등을 들 수 있다.

할 수도 있었으나 건설 공사가 진행되는 만큼 시간이 흐를수록 불리한 상황이었다. 반면 공론화 수용은 탈핵공약의 후퇴를 인정하는 것이자 결론의 불확실성을 감수해야하는 위험을 내포하고 있었다. 다만 공론화는 탈핵 의제를 대중화하고 탈핵의 사회적 기반을 확장하는 기회가 될 수도 있었다. 위험을 감수해야했지만 현실적인 판단은 공론화 '대응'이었고, 대다수의 탈핵운동단체들이 공론화에 뛰어들었다.

이와 같은 상황에서, 초기 논란이 있었으나, 정부는 시민참여단의 공론화 결과를 '무조건 수용'하기로 한다. 통상적으로 공론화의 결과가 권고적 효력에 불과한 것을 감안하면 '무조건 수용'은 촛불시민과 탈핵운동을 조건으로 한 것이었다. 촛불시위에서 분출한 국민주권의 요구가 없었다면, 탈핵운동이 뒷받침되지 않았다면, '무조건 수용'은 불가능했다. 하지만 '무조건 수용'은 정치적 책임을 최소화할 수 있는 방안이기도 했다. 정부와 여당은 탈핵공약에 대한 정치적 의지를 보여주는 대신 선제적인 갈등 회피 방안을 모색했다. 좋게 본다면, 의회나 원자력계의 저항을 무마시키고 탈핵정책의 정당성을 확보할 방안이 필요했다. 전문가 배제 논란을 이기고 시민들이 정책의 결정권을 갖게 된 것은 분명 에너지 민주주의의 진전이지만 정치적 책임을 최소화할 수 있는 전략이라는 점을 같이 봐야 한다. 자연스럽게 숙의 민주주의와 대의 민주주의의 관계, 정치적 책임의 문제가 제기되었다.

여기서 주목할 점을 크게 두 가지이다. 첫째, 공론화 실시 및 의제 선정에 관한 결정권. 신고리 5·6호기 공론화는 일차적으로 탈핵 정책의 기준을 정하는 계기였다. 즉 탈핵공약은 신고리 4호기 및 신울진 1 · 2호기의 비의제화, 신고리 5 · 6호기의 공론화, 기타 탈핵 공약의 유지 형태로 조정되었다. 신고리 5 · 6호기로 공론화 의제를 한정하는 것이 적절한지 논란의 소지가 많았지만 결정은 전적으로 정부의 몫이었다. 결정의 장에 탈핵운동의 자리는 없었고, 탈핵운동은 이미 진행 중인 공사에 한해서 정해진 기간 내에 결론을 도출해야하는 과제에 참여할 것인지만 선택할 수 있었다. 결코 유리하지 않은 의제, 그러나 거부할 경우 적지 않은 비판을 감수해야만 하는 상황, 탈핵운동이 가진 권한은 그 장에 참여할 것인지 말 것인지를 선택하는 것뿐이었다. 둘째, 탈핵운동의 저변에 흐르고 있던 공론화 낙관주의. 신고리 5 · 6호기 공론화 결과가 발표된 이후 탈핵운동이 지나치게 낙관적이었다는 고백이 이어졌다. 정부가 공론화를 전략적으로 선택한 만큼 탈핵운동이 낙관적으로 공론화를 사고했기 때문에 공론화 게임이 시작될 수 있었다는 지적도 나왔다(한재각, 2017). 이미 30% 가까이 진행된 공사를 중단시키는 것이 결코 쉽지 않다는 것을 모르지 않았을 터, 공론화에 대한 막연한 기대는 어디서 나왔을까? 그동안 시민 참여 논의가 형식과 절차를 중심으로 전개되면서 참여의 조건을 이루는 권력의 문제를 간과하게 되었던 것은 아닌지 반문할 필요가 있다. 시민사회의 권한이 제한적인 것을 고려했다면 낙관주의에 빠지기보다는 현실적인 판단을 내렸을지도 모른다. 공론화 참여가 불가피했다면 조기 폐쇄 등 다른 조건과 결합시킬 수 있었을지도 모른다는 평가가 나오는 배경이다(장재연, 2017).

시민에게 결정권이 위임되었지만 '원탁 시민주권'(이영희, 2017)이 행사될 수 있는 범위는 사전에 제한되어 있었다. 그러나 사후적인 결과를 가지고 공론화 참여를 비판하는 것도 적절치 않다. 근본적인 사회구조의 변화가 없는 한 공론화의 구조적 불평등을 온전히 해소하는 것은 불가능하다. 이를 고려할 때, 공론화 거부는 자칫 탈핵 진지전의 포기가 될 수 있다. 따라서 상황적, 정세적 판단은 불가피하고, 정확한 판단을 위해서는 공론화 이면에서 작동하는 지배권력과 대항권력의 경합을 보다 냉철하게 직시할 필요가 있다. 또한 안타깝지만, 초대받은(혹은 강요받는) 공론화의 상황에서는 제한된 시간 내에 정치적 결단을 내려야한다는 점에 대한 합의의 기반을 넓혀야한다. 그렇지 않다면, 시민참여의 대의가 균열과 불신의 계기로 전환될 수 있다.

되돌아보면, 갑자기 찾아온 에너지 민주주의 실험의 토대는 견고하지 않았다. 무엇보다 공론화의 결정권을 가졌던 정부와 여당의 정치적 책임 의지가 불투명했다. 중립성 위반 논란을 극도로 꺼린 정부는 최소한의 이유라도 있지만 민주당이 공론화 기간 동안 보여준 정치적 입장의 무표명은 탈핵의 제도정치적 기반이 대단히 취약하다는 점을 다시 한번 확인시켜줬다. 공론화 기간 동안 건설중단 측이 신고리 5·6호기 건설 중단에 따른 지원 대책 마련을 촉구했지만 중립성을 표방한 정부는 물론 논란에서 비교적 자유로운 민주당 또한 최소한의 입장을 내놓지 않았다. 오히려 건설 재개를 선호하는 듯한 김경수 의원의 입장이 논란이 되었다. 정부와 여당은 시민참여단의 공론화 결과를 '무조건 수용'한다는 선을 넘지 않았다. 즉 시민들이 강하게, 수적으로 다수가 지지하면 탈핵정책을 추진하지만, 사회적으로 논쟁이 일고 이해관계가 격렬하게 충돌하는 상황을 주도적으로 해결할 의사는 없다는 점을 보여주었다.

이러한 점에서 신고리 5·6호기 공론화는 숙의 민주주의 실험과 정치적 책임 회피의 경계 위에 위태롭게 서있다. 나아가 신고리 5·6호기 건설 재개 이후 탈핵 정책을 둘러싼 논란이 확산될 때 정부와 여당이 소극적으로 대응한 것도 탈핵에 대한 정치적 의지를 의심하게 만들었다. 이에 비춰보면, 신울진 3·4호기나 고준위 방사성폐기물 등 새로운 쟁점이 부상해서 찬반 대립이 격렬해질 경우 정부와 여당이 어떻게 대응할 것인지 확실히 예측하기 어렵다. 이 때 다시 '무조건 수용'을 조건으로 한 공론화가 추진된다면 탈핵운동은 어떤 선택을 할 것인가? 선택이 아닌 초대에 의한 공론화가 야기하는 이중성은 계속 논쟁적인 정치적 결단의 문제를 제기할 것이다. 대의민주주의 아래에서 숙의민주주의를 도입할 때 발생할 수 있는 정치적 책임의 문제 역시 계속 따라다닐 것이다.

통계적 대표성과 사회적 대표성의 간극

신고리 5·6호기 공론화는 전국 단위의 공론조사 형태로 진행되었다. 선출 방식을 보면, 시민참여단으로 선출되는 데 성인 유권자 이외의 특정한 자격을 부여하지 않았다는 점에서 정치적 평등을 보장했다. 전문가, 관료, 넓게는 소수의 전문가적 활동가로 제한되었던 에너지 정책 결정 과정이 정치적으로 평등한 시민들에게 개방되었다는 점에서 신고리 5·6호기 공론화는 에너지 민주주의의 확대로 볼 수 있다. 또한 시민참여단의 인터뷰 내용을 보면, 시민참여단에게 결정권이 부여되면서 시민으로서의 책임감도 크게 증진되었던 것으로 보인다. 폐쇄되었던 정치적 공간의 개방, 참여를 통한 시민성의 증진은 더 나은 에너지 민주주의를 모색할 수 있는 자산이 될 것이다.

그런데 왜 하필 전국 단위의 공론조사였을까? 아직 내막은 밝혀지지 않았다. 추측컨대, 인구통계학적 대표성을 높인 전국 단위 공론조사가 '무조건 수용'에 따른 정치적 논란을 줄일 수 있다는 점이 고려되지 않았을까 한다. 상대적으로 주관적 해석의 여지가 적은 정량화된 수치로 결과가 도출된다면 그만큼 정치적 의지를 표출할 일이 줄기 때문이다. 신고리 5·6호기 공론화위원회는 공론조사의 통계적 대표성을 확보하는 데 사활을 걸었다. 그 결과 통상적인 공론조사가 모집단의 대표성을 확보하지 못해서 의견 변화의 추이만 분석할 수 있는데 반해 신고리 5·6호기는 대규모 표집을 통해 통계적 대표성의 문제를 해결할 수 있었다. 연령, 성별, 지역 등으로 층화추출한 500명의 시민참여단은 적어도 통계적으로 성인 유권자를 유의하게 대표한다고 볼 수 있다.

그러나 통계적 대표성은 역설적으로 사회적 대표성, 이해관계의 대표성을 충분히 반영하지 못할 수 있다(이영희, 2017). 이로 인해 탈핵운동은 전국 단위 공론조사가 실시되는 과정에서 일반 시민(국민)과 지역 주민 사이에서 동요했다. 또한 현재의 정치 시스템을 토대로 한 대표성 강화에 초점이 맞춰지면서 청소년(미래세대)의 의사반영 문제가 제기되었다. 먼저 신고리 5·6호기 건설 중단은 국가적 차원의 탈핵·에너지 정책이자 특정 지역에 시설을 추가 건설하는 문제였다. 이와 같은 이중성은 부산, 울산, 경남으로 대표되는 인접 지역과 다른 지역 간의 이해관계의 동등성에 대한 판단을 요구했다. 환경정의, 지역에너지, 에너지 분권과 자치 등을 강조해온 것에 비춰보면, 이해관계의 등가성은 다소 논쟁적인 사안이었다. 대표성에 초점이 맞춰진 전국 단위 공론조사는 적어도 결정권에 있어서 지역 간 차이를 인정하지 않기 때문이다. 대신 지역주민, 이해관계자들은 전문가와 함께 공론화 과정에서 시민들의 숙의를 돕는, 찬반 목소리로 참여하게 된다. 탈핵운동과 피해주민, 원전 마피아의 대립 구도는 숙의를 위한 논리 대결로 전환된다.

논란이 될 수 있는 사안이지만 공론화 규칙이 결정된 이상 현실적인 선택은 불가피했다. '지역 가중치' 부여가 논의되기도 했는데, 역설적으로 건설재개 측의 요구사항이기도 했다. 결과적으로 영남 지역의 건설 재개 비율이 높았던 것을 감안하면 (잠정적) 피해 지역에 우선권을 부여하는 것은 어려운 선택지였다. 청소년(미래세대)의 문제도 크게 다르지 않다. 성인 유권자의 대표성을 높이는 방안에서는 청소년(미래세대)의 이해관계는 지역주민과 마찬가지로 공론장에서의 설득 논리로 치환된다. 문제는 미래세대의 이익을 부각시키는 것이 단기적인 설득 논리로 힘을 발휘하기 어렵다는 점이다. 미래세대가 중요하게 다뤄지기 위해서는 사회윤리적 쟁점이 탈핵 논의에서 비중있게 다뤄져야하는데, 신고리 5·6호기 공론화는 건설 중단 여부로 초점이 좁혀졌다. 초기부터 매몰비용, 경제적 피해보상 등 기술경제적인 사안으로 논의의 범위가 축소될 가능성이 높다는 우려가 제기되었지만 공론화 게임의 의제, 프레임을 전체적으로 재구성하기는 쉽지 않았다.

오해는 없었으면 한다. 상황 논리가 공론화 과정에서의 선택을 모두 정당화할 수 있다는 뜻은 아니다. 다만 전국 단위 공론조사에 담긴 정치적 평등성이 현실의 공론화 과정에서 환경정의, 생태민주주의와 충돌할 가능성이 존재한다는 점은 더 깊게 논의할 필요가 있다. 전문가, 관료의 장벽을 해체하고 정치적 평등성을 획득하는 대신 (잠재적) 피해자의 가시화 수준을 낮추는 대가를 치러야하는 것은 아닌지, 아니라면 시간적으로 제한된 공론화 게임에서 미래세대나 피해자들의 이해를 더 강하게 대변할 수 있는 논리와 전략은 무엇인지, 고민이 필요하다. 나아가 시민참여의 방안이 다양하다는 점을 감안하면, 성인 유권자 중심의 전국 단위 공론조사와 다른 방안들 간의 관계를 어떻게 설정할 것인지도 따져봐야 한다.

구조적으로 기울어진 운동장

숙의는 정보의 균형, 다양한 참가자들의 능동적 참여와 학습, 토론을 전제로 한다. 절차의 공정성은 숙의의 출발점이자 근간이다. 다만 공정성은 하나의 이상이다. 구조적 불평등을 감안하면 '기울어지지 않은 운동장'은 허구에 가깝다. 그러나 이것이 숙의에 기초한 공론화를 부정하는 논거가 되긴 어렵다. 오히려 숙의는 상대적 약자에게 비교적 대등한 기회가 주어지는 기회의 창이다. 숙의적 공론화는 구조적 불평등을 최대한 줄이는 과제를 안고 진행된다.

앞서 이야기했듯이, 공론화 설계는 협의의 대상이 아니었다. 왜 공론조사인지, 왜 3개월인지, 탈핵운동은 문제제기하지 못했다. 공론화위원회의 역할도 공론조사의 구체적인 설계와 진행으로 축소되었다. 중단 및 재개 측이 부분적으로나마 의사결정에 참여할 수 있었던 것은 공론화위원회의 위원을 선정하는 시점부터였다. 찬반 양측은 제척을 통해 중립적 인사로 공론화위원회를 구성했다. 이로 인해 공론화위원회에 정작 공론화 전문가가 없다는 비판이 제기되었고, 초기에 여러 논란을 야기했다.

쌍방제척을 통해 구성된 공론화위원회는 중립적 입장에서 공론조사를 관리하는 데 상당한 노력을 기울였다. 그러나 공론화위원회의 기계적 중립성이 역설적으로 공정성을 감시, 견제하는 데 방해가 되기도 했다. 실무기구에 찬반 양측의 적극적인 참여가 제한되면서 건설재개 측 인사가 전문위원으로 자료집, 동영상 검증에 관여하는 것을 사전에 막지 못한 게 대표적인 사례이다. 또 다른 사례로 부산에는 재개 측 단체가 없어서 중립성의 원칙에 따라 중단 측 단체도 면담에서 제외되는 일이 있었다. 공론화 보이콧으로까지 번진 자료집 구성을 둘러싼 논란은, 의도했든 의도하지 않았든, 공론화위원회의 중립성이 위원 구성으로 끝나지 않는다는 점을 잘 보여준다. 나아가 공론화위원회에 이해관계자가 참여한다면 어떤 방식으로, 어떤 역할을 할 것인지에 대한 논의가 필요하다. 한국원자력산업회의, 한국원자력학회, 한수원, 안전한 세상을 위한 신고리 5 · 6호기 백지화 시민행동이 이해관계자 소통협의회를 통해 공론화 과정에 참여했는데, 적절한 방식 · 수준이었는지 따져볼 여지가 있다. 단적으로 이들은 의사 결정의 핵심 도구가 된 설문 문항의 내용, 개수 등에 대해 사실상 아무런 의견도 제시할 수 없었다. 아무리 "설계와 시공이 동시에 이뤄지는 한국식 공론화"(이헌석, 2017)라 해도 중립성 논란을 줄이기 위해서는 공론화위원회의 구성과 운영에 대한 사전 합의가 필요하다.

공론화위원회의 구성과 운영에 비해 '구조적으로 기울어진 운동장'은 훨씬 더 어려운 문제다(이영희, 2017). 공론화를 시민참여단의 공론조사로 한정하지 않고 사회적 공론화로 바라보면 문제는 더 까다롭다. 작은 공중(mini public)인 시민참여단은 여론이나 역사적으로 구조화된 의견의 영향으로부터 자유롭지 않다. 공론화의 본래 취지에 비춰보면 공론화는 더 폭넓게, 다양한 형태로 진행하는 것이 맞다. 그러나 공론화의 범위를 확장할수록 단기간에 구조적 불평등을 개선하는 것은 사실상 불가능해진다. 달리 '구조적으로 기울어진 운동장'이겠는가. 언론보도의 편향성, 한수원과 정부출연연구기관의 관여가 논란을 야기하는 이유도 여기에 있다. 예컨대 신고리 5·6호기 공론화가 이슈로 부상하면서 주요 국면마다 관련 기사들이 대거 쏟아졌다. 새로운 정보는 사회적 공론화에 기여하는 효과가 있었지만 건설재개 측의 논리를 옹호하는 기사가 상대적으로 많았다. 한국경제신문이 미배포 자료집을 입수해서 건설중단 측의 입장을 왜곡보도했다는 논란이 제기된 것처럼 경우에 따라서는 정확하기 않은 정보로 왜곡 보도가 일어나기도 했다. 이로 인해 공론화위원회가 선관위 수준으로 왜곡·편파 보도에 대응해야한다는 주장이 제기되었다.[20] 탈핵운동은 공론화 '대응'을 통해 전국을 들썩들썩하게 만들고 싶었지만 역량이 부족했다. 따라서 적극적인 해결책을 모색한다면 지식 생산권을 보장하는 방안을 찾아야한다. 공론화는 지식에 기초한 공론장에서의 정보·논리 대결로 전환될 때가 많은 만큼 단순히 자원 불평등을 개선하는 것이 아니라 지식 생산의

---

20 한수원의 광고와 홍보물 배포, 원자력연구원과 에너지경제연구원 연구원의 건설재개 측 활동은 계속 시비거리였다. 한수원과 정부출연연구기관은 이해당사자들이기는 하나 자원, 인력 등의 구조적 불평등을 감안할 때, 숙의의 조건을 마련하는 차원에서 일정 정도의 활동 제한이 필요하다. 다만 조직적 관여가 아니라 정부출연연구기관 연구원의 개별적 활동을 제한하는 것은 한계가 있고, 결국 공론화위원회에서도 활동 제한을 수용하지 않았다.

구조적 불평등을 줄이는 방안이 필요하다. 역사적으로 구조화된 불평등에 대한 고려가 없다면 숙의는 항상 불공정 게임의 시비에 휘말릴 수밖에 없다.

실패한 경연과 탈핵 프레임의 정교화

시민참여단의 숙의 과정은 오리엔테이션, 동영상 및 토론자료집 학습, 2박 3일 종합토론회로 정리할 수 있다. 시민참여단을 대상으로 한 설문조사는 모두 4차례에 걸쳐 진행되었다.[21] 먼저 1차 조사 결과를 보면, 시민참여단 중 건설 재개(36.6%) 입장이 건설 중단(27.6%)보다 9% 포인트 가량 많았다. 그러나 판단 유보(35.8%)의 비율도 상당히 높았다. 그런데 최종 4차 조사의 결과는 건설 재개(59.5%)의 비율이 건설 중단(40.5%)보다 19% 포인트 높았다. 격차가 10% 포인트 가량 더 벌어진 대신 판단 유보층이 줄었다. 이처럼 격차가 확대된 것은 공론화 과정에서 시민참여단이 건설재개 측의 주장에 더 동감했다는 뜻이다. 다만 건설 중단-재개 간의 교차 이동은 소수였고, 변화에 결정적인 영향을 미친 것은 판단 유보층의 이동이었다.[22] 시민참여단의 의견 변화는 더 추적해볼 여지가 있지만, 20~30대의 의견 변화는 탈핵진영이 미시적인 공론화 게임에서 패배했음을 시사한다. 20~30대는 1차 조사 당시 건설 중단 의견이 11~22.4% 포인트 앞섰지만 최종 4차 조사에서는 건설 재개 응답률이 더 높았다. 3차 조사

---

21 자세한 설문조사 결과는 신고리 5 · 6호기 공론화위원회(2017)를 참고할 것.

22 선호를 결정하는 판단의 질적 차이가 있을 수 있지만 시민참여단은 공론화를 통해 기존의 견해가 쉽게 바뀌지 않는다는 점을 보여주었다(김원영, 2017). 따라서 숙의 효과에 대해서는 이견이 있을 수 있다.

에서는 오히려 이전 조사보다 건설 중단의 비율이 감소하기도 했다.

　다만 탈핵 일반에 대한 견해는 원전 축소(53.2%)가 원전 유지와 원전 확대(합계 45.2%)보다 8% 포인트 가량 많았다. 1차 조사에서 45.6%였던 원전 축소는 4차 조사에서 53.2%로 늘었고, 원전 확대는 14%에서 9.7%로 감소했다. 흥미로운 점은 건설 재개를 선택한 시민참여단 중에서도 원전 축소를 선택한 이들이 1차~4차 조사 기간 중 25.1%에서 32.2%로 증가한 것이다. 반면 건설 재개 중 원전 확대 의견은 20.5%에서 16.3%로 감소했다. 이는 정보 유통이 활성화되고 숙의가 활발해지면 탈핵의 사회적 기반이 확장될 수 있다는 점을 보여준 것일 수 있다.

　그러나 탈핵진영의 공론화에 대한 기대에 비춰보면 아쉬운 결과가 아닐까 한다. 시민참여단은 대체로 장기적인 탈핵의 필요성에는 수긍하지만 탈핵진영의 기대보다 훨씬 더 점진적 · 단계적으로, 전력수급과 전기요금, 재생에너지 확충 상황을 봐가면서 탈핵을 추진해야한다는 쪽의 손을 들어준 것으로 보인다. 여기에 매몰비용, 원전 수출 및 산업생태계 붕괴 등의 논리가 탈핵 추진에 제동을 걸 수 있음을 확인시켜줬다. 탈핵진영은 다수호기나 지진 등 안전성 · 위험성의 논리로 이와 같은 장벽을 넘는 것이 쉽지 않다는 점을 인정해야 할 듯 싶다. 달리 말하자면, 신고리 5 · 6호기 공론화를 통해 탈핵진영은 탈핵 프레임의 정교화를 요구받게 되었다.

　앞으로 어느 방향으로 나아가야할 것인지는 확실치 않다. 이와 관련해서는 신고리 5 · 6호기 공론화 평가 과정에서도 의견이 엇갈렸다. 신고리 5 · 6호기 공사 중단의 이유가 충분치 않았던 비교적 단순한 문제인지, 아니면 경제성과 전문성 위주로 탈핵담론을 구성한 것이 전략적 실패인지, 단기적인 공론화 게임에서 윤리성과 같은 대중의 관심이 높지 않은 쟁점은 어떻게 소화할 것인지, 따져볼 문제가 많다. 공론조사의 경우 시민참여단을 대상으로 한 설문조사가 관건인 만큼 시민참여단을 상대로 한 설득 전략으로부터 자유로울 수 없다. 이때 단기적인 설득 전략으로 부상하는 숫자, 그래프로 계산되지 않는 문제를 강조해온 탈핵의 논리와 충돌하는 현상을 반복하지 않을 묘수를 찾아야한다.

탈핵운동 내부의 민주주의

탈핵운동은 하나가 아니다. 그리고 권력은 탈핵운동 내부에도 작동한다. 신고리 5·6호기 공론화는 탈핵운동의 내부 민주주의에 대한 성찰을 요구하고 있다. 6월 19일 문재인 대통령이 신고리 5·6호기의 사회적 공론화를 언급할 때부터 탈핵운동진영의 입장은 '환영'에서 '강력 규탄'까지 크게 엇갈렸다. 공동성명서조차 작성하기 어려운 상황이었다(이헌석, 2017). 그러나 급박한 상황 대응과 제한된 역량으로 인해 탈핵운동의 내부 민주주의는 원활하게 작동하지 못했다.

안타깝게도 공론화 기간 동안 탈핵운동은 이곳저곳에서 삐걱댔다. 먼저 서울지역 단체와 지역 단체 간의 의견 조율이 원활하지 않았다. 신고리 5·6호기 공론화에 대한 평가가 진행되면서 부산, 울산 등의 지역단체를 중심으로 서울의 단체들이 지역단체와 상의 없이 주요 사안에 대해 결정을 내렸다는 비판이 제기되었다. 시민행동의 대응 전략에 관한 기본적인 의사소통도 원활하지 않았는데, 공론화 보이콧 결정 논란이 대표적인 사례다. 문제를 꼬집자면 끝이 없을 수 있다. 누군가의 말처럼 경기에서 졌는데 경기 내용까지 좋지 않았다. 제한된 시간 내에, 조직체계가 불명확한 상황에서, 민주적 결정을 내리기 쉽지 않지만, 앞으로 논란을 반복하지 않기 위해서는 해법을 찾아야할 것이다.

탈핵운동 내부의 전문가주의도 성찰의 대상으로 떠올랐다. 전문가주의에 맞선 시민 참여를 주창하지만 정작 탈핵운동 내부에서도 현장 활동가보다 전문가의 의견을 더 중시하는 모습을 종종 보였기 때문이다. 그만큼 탈핵운동에서 전문성, 전문가의 위상에 대해 더 깊게 논의할 필요성이 커졌다. 특히 탈핵의 논리가 전문가의 언어로 번역되는 과정에서 숫자와 그래프로 상징되는 전문성으로 환원되는 것은 아닌지 되묻게 되었다. 숫자나 그래프를 앞세운 설득 전략에서는 고통, 불안, 소외 등 계산될 수 없는 문제들이 쉽게 누락되기 때문이다(이영희, 2017).

탈핵 · 에너지 전환으로 가는 길

신고리 5 · 6호기 '공론화'는 하나의 사건인가, 아니면 하나의 경향성인가? 정확히 판단하기에 아직 이른 감이 없지 않다. 따라서 현 시점에서 탈핵에너지 전환을 생각할 때, 숙의 민주주의에 대한 무조건적 찬양도 경계해야하지만 숙의적 시민 참여에 대한 냉소도 피해야한다(구준모, 2017; 한재각, 2017). 대신 '위대한 실험'과 '새로운 통치 수단' 사이에서 길을 찾기 위해 공론화의 정치에 작동하는 권력을 세밀하게 분석하는 것이 낫지 싶다. 아울러 탈핵에너지 전환으로 가는 길이 하나가 아니듯 구조적 불평등을 개선하고 대항권력을 강화할 수 있는 길도 여러 갈래로 뻗어나갈 수 있다. 마지막으로 바로 눈앞에 놓인 몇 갈래 길만 간략하게 살펴보자.

먼저 시민결정권이 강화되어야한다. 에너지 정책 결정 권한을 전문가, 관료에서 시민에게 상당부분 이양한 신고리 5·6호기 공론화는 갑자기 찾아왔다. 전례가 없는 수준의 시민 결정권의 정치적 토대 또한 허약하다. 에너지 민주주의 실험이 일회적 사건으로 종결되지 않기 위해서는 '무조건 수용'을 가능하게 했던 탈핵운동의 고양과 촛불시민의 지지를 유지, 강화해야한다. 다시 말해 전면적 위임은 국면적, 전략적 판단 아래 진행된 것인 만큼 가변적이라는 점을 감안해서 시민 결정권의 공고화 방안을 찾아야할 것이다. 특히 결정권의 결정권으로 권한의 범위가 확장되어야한다. 그래야 에너지 민주주의를 위한 시민 결정권은 정부의 책임 회피의 맥락 속에서 실험되는 것이 아니라 탈핵 정책의 공고화 과정과 결합할 수 있다.

둘째, 시민 참여, 공론화 방안에 대해서는 세밀한 검토가 필요하다. 신고리 5·6호기 공론화에서 확인되었듯이, 인구통계학적 대표성에 기초한 공론조사는 시민과 지역주민, 미래세대 사이의 긴장과 동요를 촉발할 수 있다. 공론조사가 시민참여 방안 중 하나라는 점을 감안하면 중층적인 결정 모델을 다각도로 모색할 수 있다. 즉 지역 간, 세대 간 이해관계 충돌이 심한 경우 정치적 평등과 대표성에 방점이 찍힌 전국 단위 공론조사와 이해관계자 간의 협의, 시민적 합의를 강조하는 시민참여 방안을 결합시키거나 단계적으로 활용하는 방법을 검토할 수 있다. 당면 과제로 부상한 사용후핵연료 재공론화에서부터 차분히 시민참여, 공론화 모델을 논의할 필요가 있다.

셋째, 탈핵에너지 전환을 위한 제도적 기반을 확대해야한다. 몇 가지 예를 들자면, 먼저 원자력안전위원회의 독립성 강화는 필수적이다. 원자력안전위원회의 독립성 강화는 인·허가 및 안전 규제 강화의 첫걸음이자 핵발전 경제성 현실화의 지름길이 될 것이다. 폐로 시대를 대비해 국가적, 지역적 폐로 전략을 만드는 것도 시급하다. 향후 탈핵의 속도는 폐로의 기준으로서 설계수명의 타당성, 폐로에 대한 저항에 의해 좌우된다는 점을 기억할 필요가 있다. 이를 염두에 두고 각종 기금, 지원금 등을 개편해야할 것이다. 나아가 지식 생산권의 제도적 보장이 필요하다. 탈핵의 제도화 과정에서 지식정치가 활성화될 것으로 예상되는바 지식 생산의 비대칭성을 완화할 방안을 찾아야한다. 이와 같은 맥락에서 원자력연구개발기금 등 원자력분야의 연구개발 예산은 축소 조정되어야한다. 대신 그동안 사회적 수요가 있으나 수행되지 못했던 시민적 지식을 창출할 수 있는 토대를 구축해야할 것이다.

넷째, 재생에너지의 신속한 확대를 위한 기반을 마련해야한다. 재생에너지의 가능성이나 해외 사례에 호소하여 원전의 필요성 논리에 맞서는 것은 한계에 직면했다. 이러한 점에서, 문제를 더 복잡하고 어렵게 만들지만, 에너지 전환을 다차원적으로 접근할 필요성은 더 높아지고 있다. 최근 재생에너지 이익공유제 등이 논의되고 있지만 에너지 전환의 다차원성을 온전히 포괄하는 것 같지는 않다. 에너지원의 교체, 에너지생산-소비 공간의 변화, 에너지시설의 소유-통제 변화, 에너지 시티즌십의 변화 등을 포함하는 에너지 전환의 다차원성은 더 깊게 논의되고, 구체적인 실행전략으로 이어져야한다. 즉 재생에너지의 확대와 에너지 민주주의의 결합을 위해 시야를 절차적 민주주의, 숙의 민주주의에서 설비의 소유와 통제 등 경제적 민주화로 넓혀야한다.

마지막으로 국내에서의 탈핵 정책 추진과 원전 수출 병행 사이의 분리 역시 넘어야할 산이다. 이것은 단순한 괴리가 아니라 원전 수출 산업 육성을 위해 국내 원전 산업 생태계를 유지해야 한다거나 탈핵 정책으로 인해 원전 기술이 사장된다는 주장과 연결되기 때문에 장기적 과제로 치부할 수 없다. 탈핵과 탈석탄, 기후변화 정책의 정합성을 높여야한다는 점은 굳이 덧붙이지 않아도 될 듯싶다.

참고문헌

구준모. 2017. "신고리 5·6호기 공론화위원회는 숙의 민주주의의 위대한 실험이었나?" 오늘보다 35호.

김영원. 2017. "신고리 5·6호기 공론조사 수행과정 및 시사점". 한국정책지식센터. 제899회 정책 & 지식 포럼 발표문(2017.12.6.).

신고리 5·6호기 공론화위원회. 2017. "신고리 5·6호기 공론화 시민참여형 조사 보고서".

이영희. 2017. "사회적 의사결정으로서 신고리 원전 공론화의 의의와 한계". 한국과학기술학회 후기 학술대회 발표문(2017.12.2.).

이헌석. 2017. "신고리 5·6호기 공론화 과정에서 못다 한 이야기: 절차와 제도". 시민환경연구소. 신고리 5·6호기 공론화의 진행과 결과, 어떻게 볼 것인가? 자료집(2017.11.2.).

장재연. 2017. "신고리 5·6호기 공론화 대응에 대한 평가". 환경운동 내부 평가 워크숍 발표문(2017.11.10.). 네이버 블로그(http://blog.naver.com/free5293/221142621287).

한재각. 2017. "숙의 민주주의, 만능론과 독배론을 넘어". 프레시안(2017.11.17.).

울산 : 신고리 5 · 6호기 공론화 제대로 대응했나

용석록

문재인 정부가 신고리 5 · 6호기공론화위원회(이하, 공론화위원회)의 '신고리 5 · 6호기 건설 재개' 권고안을 받아들이면서 신고리 5 · 6호기 '건설 재개'하기로 했다. 이 결정대로 진행되면 울산은 월성과 신월성 핵발전소 6기, 고리와 신고리 핵발전소 10기 등 모두 16기의 핵발전소에 둘러싸이게 된다(고리1호기가 영구정지 됐지만 폐로기간과 고준위핵폐기물을 감안하면 위험성이 상존하기에 16기에 포함).

공론화위원회와 문재인 정부는 신고리 5 · 6호기 공론 과정이 "진정한 숙의민주주의를 실현했다"고 자평했다. 그러나 공론 과정에 다음과 같은 문제들이 있었다.

팩트를 확인할 수 없었던 단 한 번의 종합토론

시민참여단 종합토론회은 총론토의 1회, 쟁점토의 2회(안전성과 환경성, 전력수급 등 경제성), 마무리토의 1회로 진행됐다. 종합토론회 참관인으로 참여해 과정을 지켜보면서 가장 답답했던 것은 시민참여단이 '진실'을 알 수 없다는 것이었다. 안전성이나 재생에너지 등 모든 분야 쟁점마다 건설중단 측과 재개 측 내용은 상반됐다. 종합토론회 1회로 시민참여단이 '팩트'를 확인할 수 없는 상황, 1회의 종합토론으로는 진정한 숙의를 할 수 없는 구조였다.

사실상 한 달도 안 되는 숙의기간

정부는 신고리 5·6호기 공론화 숙의기간이 3개월이라고 말한다. 하지만 시민참여단 첫 오리엔테이션은 9월 16일이었고, 종합토론회 마지막 4차 설문조사는 10월 15일이었다. 그 기간에는 추석 황금연휴 10일이 포함돼 있으므로, 사실상 한 달도 안 되는 숙의기간이었다. 찬반 양측 주장을 담은 공론화위원회 자료집은 시민참여단에게 9월 28일에서야 발송됐다.

10월 15일까지 운영한 471명의 시민참여단 가운데 활동 종료시점 이틀 전인 10월 13일 조사에서 신고리 5·6호기가 어디에 들어서는지 정확하게 알고 있다고 답한 사람은 57.6%에 불과했다. 시민참여단의 많은 사람들이 신고리 5·6호기가 들어서는 지역에 활성단층이 62개나 존재하고 있음에도 핵발전소가 어디에 들어서는지조차 모른 채 재개와 중단을 선택했다. 이는 신고리 5·6호기가 당사자지역에 얼마나 큰 위험을 안겨주는지 모른 채 결정한 것이라고 해석할 수 있다.

불공정한 공론과정

공론화위원회의 시민참여단 구성은 출발부터 건설재개 측 36.6%, 건설중단 측 27.6%로 건설재개 의견을 가진 시민참여단이 9%(40명 정도) 많았음에도, 탈핵진영은 이 사실과 1차 설문조사 설문 문항을 공론화위원회가 권고안을 발표한 10월 20일에서야 확인할 수 있었다. 최초 시민참여단을 구성한 비율은 1차 설문조사 결과를 반영한 것인데, 설문내용 가운데 건설중단 이유 네 가지 중 3번 문항까지 후쿠시마와 같은 원전사고의 위험성과 핵폐기물(2,3항 중복) 문제를 제시했고, 활성단층으로 인한 지진위험성 등 직접적인 신고리 5·6호기 건설부지에 관한 내용은 누락돼 있었다. 하지만 이런 설문문항으로 설문조사를 거쳐 건설재개 측 시민참여단이 9%나 많게 구성된 것이다.

이는 출발부터 잘못된 것이다. 시민참여단 구성은 국민 여론과 동일한 집단으로 구성했어야 한다. 당시 국민여론은 한국갤럽 등이 조사한 결과 50대 50으로 팽팽했다.

종합토론회에서 미래세대 의견 반영 역시 문제가 있다. 공론화위원회는 청소년을 시민참여단에 포함시키지 않는 대신 고등학생 100여 명 대상으로 '미래세대 토론회'를 열었다. 이 토론 결론은 11개 분임조 가운데 중단은 5개, 재개는 1개, 유보는 5개였다. 그러나 공론화위가 시민참여단에게 제공한 미래세대 동영상은 중단과 재개, 유보의견을 1:1:1 비율로 편집한 것이다.

당사자 지역인 울산과 부산시민들의 목소리는 제대로 전달됐는가. 공론화위원회는 부산은 건설재개를 바라는 단체가 없어서 건설중단 측 시민들 목소리마저 아예 담지 않았다고 한다. 울산은 건설중단 측은 인터뷰에 응했지만 건설재개 측이 응하지 않아 인터뷰 내용이 시민참여단에게 제공되지 않았다.

제대로 된 대응을 못한 탈핵 진영

공론 과정에서도 공론 절차상의 문제점을 느꼈고, 지나고 보니 더 많은 문제를 안고 있었음이 확인된다. 그런데 왜 탈핵진영은 공론 과정에 공정한 진행을 관철시키지 못했나. 다른 한 편으로는 신고리 5·6호기 건설재개와 건설중단 공론화를 거부하고 '공약 이행' 또는 당위성으로 밀어붙이지 않았을까.

정부가 신고리 5·6호기 공론화 계획을 발표하자 탈핵진영 내에서는 신고리 5·6호기 문제는 공론화 대상이 아니라 '공약 이행'으로 관철시켜야 한다는 주장이 있었다. 그러나 당시 전국 탈핵진영 내의 많은 사람은 문재인 대통령의 '신고리 5·6호기 백지화' 공약이 '공론화'라는 과정을 거쳐 현실화될 것이라는 믿음이 있었던 것 같다. 즉, 초기에 세밀한 논의와 대응이 부족했으며, 찬반 하나만을 선택하는 공론방식에 대한 문제제기도 하지 않은 것이다.

지난 10월 24일과 11월 5일 울산에서는 신고리 5·6호기백지화 울산시민운동본부(올해 7월 18일 출범) 대표자-집행위원 회의에서 정부의 공론화 대응에 대한 평가가 있었다. 이날 가장 많이 나온 평가는 정부의 공론화 계획에 대해 '울산이나 전국에서 어떻게 대응할지' 초기대응 논의가 부족했다는 점이다. 또 당사자지역인 울산이나 부산이 신고리 5·6호기 공론과정의 중심이 됐어야 하는데, 탈핵진영 전문가에게 의지한 점도 지적됐다. 시민참여단 구성은 지역배분,

남녀 성비, 연령대 구성 등 모두 중단 측에 불리하게 구성됐으나 이를 바로잡지 못했다. 문재인 정부와 여당의 뒷짐진 태도에 관한 문제제기도 많이 나왔다.

이번 공론과정에 있어서 공론화위원회에 대한 탈핵진영 대응은 '안전한 사회를 위한 신고리 5·6호기시민행동(이하 시민행동)'의 신고리상황실(정책팀, 공론화대응팀 등)이 전담하다시피 했다. 시민행동 중앙은 일부러 지역을 배제한 것은 아니지만, 전국 소통이 주로 온라인 소통방에서 진행되었는데 이는 전체 대응을 깊이 있고 긴밀하게 고민할 수 있는 시스템이 아니었다. 또 종합토론회가 시민참여단에게 미칠 영향력이 매우 클 것인데도 세밀한 준비가 부족했다. 건설중단쪽 프레임을 '재생에너지나 경제성으로 가져갈 것'인지, '위험성과 안전성으로 가져갈 것'인가에 대해서도 탈핵진영이 폭넓게 토의하지 못한 채 진행됐다.

자료제공에 있어서는 탈핵진영은 이러닝(e-learning) 자료에 많은 시간과 정성을 쏟았지만 종합토론회가 시민참여단의 결정에 결정적 영향력을 끼쳤다고 판단한다. 탈핵진영이 종합토론회 전략과 대응에 일정부분 실패했다는 것이 탈핵진영의 대체적인 평가다. 몇 번의 티비 공개토론은 탈핵진영이 선전해 국민여론이 건설중단쪽으로 기울기도 했으니 시민참여단이 종합토론회 한 번으로 최종결정을 한 것은 상당히 문제점을 안고 있다.

신고리 5·6호기 공론 기간을 거치면서 사회적으로 핵발전소 문제에 대한 국민적 관심이 높아진 것은 이번 공론 과정의 성과로 볼 수 있다. 국민들이 한 번도 핵발전소 건설이나 중단 여부를 공개토론장에서 접하지 못했기 때문이다.

그러나 결과적으로 탈핵한다면서 신규핵발전소를 건설하는 것은 어떻게 해석해야 할까. 신고리 5·6호기가 공론화를 거쳤다고 해서 그동안 우리가 주장한 신고리 5·6호기의 위험이 줄어드는 것은 아니다.

부산 : 드러난 민낯 –
신고리 5 · 6호기 공론화를 돌아보며

정수희

3개월간의 신고리 5 · 6호기 공론화가 끝났다. 정확히 말하자면 부산에서 공론화에 적극 대응을 하기로 하고 대응을 한 2개월이 끝이 났다. 그리고 약 2개월의 시간이 흘렀다. 공론화 대응을 준비하고 대응을 한 시간 만큼이나 긴 시간 동안 부산에서는 평가가 계속 되고 있다.

공론화 직후 언론에서는 이번 공론화가 '첨예하게 대립된 사회적 갈등'을 잘 해결했다고 찬사가 끊이질 않았다. 그러나 공론화 대응에 실패했다는 패배감과 반성의 늪에 빠져 있는 부산의 입장에서는 이러한 언론의 찬사가 반갑지 않다. 몇몇 환경단체에서는 이번 공론화가 탈핵정책에 대한 사회적 기반을 마련했다며 절반의 성공은 하지 않았냐며 실의의 빠진 다른 활동가들을 위로하기도 했다. 그러나 부산에서는 그러한 위로조차 통하지 않았다. 고통 가운데 지금도 평가가 계속되고 있다.

가장 뼈아픈 평가는 "당신들은 왜 그랬습니까" 이다. 부산에는 기장해수담수 문제를 주민들의 힘으로 해결해 온 기장 주민들의 질문이다. 부산시는 해수담수를 강행하기 위해 여러 차례 〈전문가 위원회〉를 구성했고, 여기에 해수담수 공급을 반대해 온 기장 주민들을 참여토록 했다. 그때 마다 주민들이 환경단체 사람들에게 들었던 조언은 "조심하라"였다. 정부나 지자체가 주도하는 시민참여 의사결정 기구는 사업을 진행하기 위한 도구로 전락할 위험이 크니, 〈전문가 위원회〉에 참여하더라도 위원의 구성과 규칙이 답을 정해놓고 진행될 가능성이 높다는 것이다. 그러니 언제든지 그 과정이 공정하지 못하다고 생각될 때는 빠져 나와야하는데 그러기 쉽지 않으니 "조심하라"는 것이었다. 낯설지 않은 조언이다. 민관 협의 혹은 협치 경험이 꽤나 있었기 때문이다. 그러나 이번 공론화 대응 과정을 지켜본 기장 주민들의 말이 "왜 당신들은 공정하지 않은 공론화를 빠져 나오지도 않고 그냥 끝까지 참여했습니까?"였다. 기장 주민들이 보기에도 이번 공론화는 주민들을 배제한 공정치 못한 과정이었는데, 그 잘나신 시민사회는과정을 비판하지도 바꾸지도 못한 채 공론화 결과를 부정하지도 못하는 처지가 된 것을 비판한 것이었다.

막연한 기대의 배신

어디부터 잘못되었을까. 부산에서는 공론화 과정을 여러 차례 되돌려 보면서 간과했던 것들을 다시금 떠올리고 떠올렸다.

오래전 기억 같지만 분명 부산의 시민사회는 신고리 5 · 6호기 공론화에 비판적 입장을 가지고 있었다. 6월 19일, 고리1호기 영구정지

기념식에서 신고리 5·6호기 문제를 "사회적 합의를 통해 빠른 시일 내에 결정을 내리겠다"는 대통령의 발언을 부산에서는 강하게 문제 제기 했다. 신고리 5·6호기 백지화가 대선시기 대통령의 공약이었고, 대통령의 당선이 공약에 대한 가장 큰 사회적 합의이다. 그러나 매몰 비용을 문제 삼아 신고리 5·6호기 문제를 다시 "사회적으로 합의" 보겠다는 대통령의 발언은 공약의 파기였다.

그러나 대통령의 "사회적 합의" 발언 이후 공론화에 대한 계획이 발표되고, 공론화위원회가 출범하기 까지 부산의 비판적 태도는 '비판적 입장' 이상으로 구체적인 행동으로 나아가질 못했다. 대신 공론화에 어떻게 대응할지를 고민했고, 그에 따른 대응 방안을 고민했다.

이는 정부의 계획이 신고리 5·6호기를 백지화하기 위한 과정으로 이해하고자 했던 욕망이 자리 잡고 있었다. 촛불탄핵의 사회적 분위기로 신고리 5·6호기의 건설 중단이 시민의 판단으로 결정될 수 있을 것이고, 이를 통해 정부가 백자회의 명분을 마련할 수 있을 것이라는 막연한 기대가 은연중에 자리 잡고 있었다.

공론화위원회 출범 직후 부산에서는 신고리 5·6호기 공론화에 적극 대응을 알리는 기자회견을 열었다. 그리고 약 한달 후 〈신고리 5·6호기 백지화를 위한 1000개의 행동(이하 '1000개의 행동')〉에 돌입하는 '정보센터' 개소와 '1000개의 행동'을 알리는 기자회견을 가졌다. 이 구상에는 시민들에게 올바른 정보를 제공한다면, 시민들은 탈핵진영이 바라는 올바른 선택을 할 수 있을 것이라는 기대가 전제로 깔려 있었다. 우리는 '정보센터'를 통해 신고리 5·6호기 건설 중단의 이유를 알리고 주요 언론들이 말하지 않는 정보들을 시민들에게 제공하고자 했다. 그리고 '1000개의 행동'을 통해 신고리 5·6호기 백지화를 요구하는 시민들의 행동을 조직하고자 했다. 그 과정을 통해 시민들의 목소리를 시민참여단에게 전하고 그들을 설득할 수 있을 것이라는 기대를 했다.

그러나 공론화 과정이 진행되면 진행될수록 불안감이 엄습해왔다. 무엇보다 '정보센터'를 통해 시민들에게 올바른 정보를 제공한다는 계획의 한계를 느끼기 시작했다. 해운대와 서면에서 운영한 '정보센터'를 통해 만날 수 있는 시민들은 너무 제한적이었다. 특히 시민참여단이 구성되고 난 다음부터는 우리의 목소리가 시민참여단에게 가 닿을 방도를 알지 못했다. '대상'과 '방안'의 적절성을 잃어버린 후의 정보센터 운영은 '정보'를 제공하는 장소라기보다 '농성장'에 가까웠다.

그리고 불안한 예감은 19%에 이르는 의견 차로 공사재개 결정이 이뤄지면서 확신이 되었다. 부산에서의 공론화 대응은 적절하지 못했다.

부산에서 공론화를 거부하지 못한 이유들이 있었다. 공론화는 "시민들이 참여하여 결정한다"는 민주주의라는 형식을 가지고 있었고, 공론화를 거부하면 "민주주의를 거부하는 사람들"이라는 프레임을 극복하지 못했다. 또한 대선 시기 대통령의 당선이 신고리 5 · 6호기에 대한 가장 큰 사회적 합의라 말하였지만, 공약이라면 다 지켜야 하는가 하는 질문에 스스로 답하지 못했다. 4대강 사업이 대통령의 공약으로 추진된 사업이었지만 이를 강하게 비판해온 환경단체들이 아니었던가. 대선시기의 공약이 가장 큰 사회적 합의이고, 공약이기 때문에 이를 지켜야 한다는 주장은 스스로를 납득시킬 수 없었다.

그만큼 적극적인 이유 보다 소극적인 이유들로 부산에서의 신고리 5·6호기 공론화 대응이 결정되었다. 즉 공론화가 부산에 직접적인 영향을 미치는 만큼 손놓고 있을 수 없다는 불가피성이 대응의 가장 직접적인 이유였다. 여기에 더해 이번 공론화를 통해 신고리 5·6호기 문제와 탈핵을 사회적으로 공론화 할 수 있다는 기대, 촛불 시민의 힘으로 탄생한 정부에 대한 기대, 탈핵에너지 전환을 선언한 정부 정책에 대한 기대, 윤리적 사고를 할 것이라는 시민들에 대한 기대가 전제되어 있었다. 대응의 불가피성과 막연한 자신감이 공론화에 대한 비판적 입장을 적극적 대응 입장으로 바꾸는 요인으로 작용했다.

그러나 적극 대응을 결정한 이후 그에 합당할 만큼 공론화에 대한 충분한 검토와 논의를 진행하지 못했다. 6.19 대통령 선언 직후 1개월 후부터 진행된 3개월이라는 공론화 기간이 짧기도 했거니와 막연한 기대와 자신감으로 공론화에 임하는 시민단체의 역할과 역량을 충분히 고민하지 못했다.

그러다보니 부산은 공론화 설계 과정에서부터 스스로의 역할과 책임을 전국단위 대응기구로 위임한 채 대 시민 캠페인만 계획하게 되었다. 그간 시민사회단체는 과정의 설계에서부터 운영, 결과를 도출하는 모든 과정에 개입하고 참여하는 것이 민주주의라 말해 왔었다. 그러나 이번 공론화 과정에서 부산은 스스로의 역할을 제한하고 시민들에게 정보를 제공한다는 막연한 계획만 세우고 실행을 한 것이다.

공론화는 모두에게 낯선 과정이었다. 그러나 엄밀히 말해 결코 낯선 과정이 아니었다. 이미 사회적 갈등 사안을 시민참여 방식으로 해결을 하고자 한 여러 시도들이 있었고, 특정 영역에서는 민관 협의

혹은 협치라는 방식으로 이미 제도화되기도 했다. 심지어 에너지 정책, 핵발전소 문제와 관련해서도 정부와 주민, 시민사회가 함께 하는 모델을 만들어지기도 했고, 함께 검토하고 결정한 여러 경험도 있다. 그러나 우리는 이번 공론화를 아주 낯선 방식으로 받아들였다. 그리고 그 대응은 구태의연한 대 시민 캠페인으로 정했다. 스스로 '낯설게 느껴진' 의사결정 방식이 사실은 '낯설지 않은' 방식이었고, 우리의 대응 역시 낯설지 않은 방식으로 계획된 것이다.

공론화 과정을 다시금 되돌려 놓는다면, 부산에서 가장 먼저 무엇을 해야 했을까? 이번 과정을 통해 신고리 5·6호기를 건설 중단하고 탈핵에너지 전환에 대한 사회적 합의의 장을 성공적으로 마련했다고, 성공적인 시민참여형의 숙의민주주의라 평가 할 수 있으려면 탈핵진영을 무엇을 해야 했을까?

이해할 수 없는 부산지역 배제

이번 공론화 이후 부산에서 느낀 가장 큰 문제는 지역이 배제된 의사결정 방식이었다는 점이다.

실제 공론화위원회는 부산시민들을 신고리 5·6호기 건설로 직접적인 영향을 받는 사람들, 즉 이해당사자라 이해하지 않았다. 공론화위원회는 울산만을 이번 공론화의 지역 파트너로 사고했다. 애초 그들의 구상에는 부산이 들어있지 않았다. 더 나아가 공론화위원회는 지역을 배제 한 의사결정 방식을 채택했다. 공론화위원회는 지역주민의 참여가 시민참여단의 의사결정에 영향을 미칠 수 있다고 판단하고, 지역주민들의 참여를 의도적으로 배제 했다.

이러한 문제의식은 2만 명의 설문조사가 시작될 무렵부터 가시화되었다. 당시 공론화위원회는 전 국민을 대상으로 진행할 설문조사에 2만 명의 표본을 어떻게 정할지를 고민하고 있었다. 이와 별개로 공론화위원회는 울산지역 시민사회단체와 울주군 주민들을 대상으로 주민간담회를 준비하고 있었다. 그러나 부산지역 간담회는 추진되지 않고 있었다. 서울과 울산을 통해 울산지역 간담회가 추진되고 있다는 사실을 알고, 부산에서는 공론화위원회에 항의했다. 부산의 항의에 공론화위원회는 부산지역 간담회를 추진하지 않고 있다고 시인하고, 부산에서의 간담회가 어렵다고 답을 했다. 부산에서의 간담회 요청이 너무 늦게 들어왔고, 일정상 위원들이 부산을 방문하는 것이 어렵고, 부산에서 건설재개 단체를 만날 수가 없어서 건설 중단 단체만 만나면 공론화위원회의 공정성을 훼손할 수 있다는 것이 그 이유였다. 결국 8월 말 공론화위원회의 지역 간담회는 울산에서만 진행되었고, 부산 간담회는 9월 중순 경으로 넘겨졌다.

그 뒤 2만 명의 표본이 발표되었다. 인구 비례에 따라 2만 명의 표본이 정해졌는데, 부산과 울산의 시민들은 지역주민이라고 특별히 더 들어가거나 하지 않았다. 우리나라의 인구가 서울과 경기 수도권에 집중되다보니 2만 명의 표본 역시 수도권 시민들로 절반을 차지했다. 그러나 이 역시 설문조사가 진행되는 당시에는 부산에서 크게 이슈가 되지 못했다. 국민 2만 명을 대상으로 설문조사가 진행 중이다 보니 최대한 여론을 많이 조직해 이들이 건설 중단에 답을 할 수 있도록 시민들을 만나고 캠페인을 하는 일이 우선 중요했기 때문이다.

2만 명의 설문조사가 끝나고 시민참여단 구성이 발표되면서 부산에서는 지역 배제에 대한 본격적인 문제제기가 시작됐다. 500명의 시민참여단 가운데 부산과 울산 시민들은 채 50명도 되지 않았다. 물론 당시 여러 언론에서 진행한 여론조사와 시민참여단의 의견변화를 통해 확인한 부울경의 여론은 공론조사가 진행되면 진행될수록 건설재개의 의견이 많아지고 있었다. 그러나 직접적인 피해와 영향을 받을 지역 주민의 의사가 다른 지역의 시민들과 동등하게 인구비례로 다뤄진다는 계획은 분명히 문제가 있었다.

공론화 설계과정 초기부터 공론화위원회와 소통위원회[23]는 지역 주민의 의사를 공론화 과정에 반영 할 수 있도록 여러 방안을 논의 중이라고 했다. 이에 따라 부산에서도 기자회견을 통해 공론화 과정에서 지역이 배제되는 것에 문제제기를 하고, 소통위원회에 참여하는 탈핵진영 활동가와 공론화위원회의 지역담당자에게 부산의 문제의식을 전달했다. 그러나 그것이 전부였다. 공론화위원회는 소통위원회와의 협의를 통해 지역의 분위기를 숙의 토론 과정에서 시민참여단에게 인터뷰 영상으로 제공하는 것으로 결론을 지었다. 공론화위원회 출범 초기 시민참여단의 구성에서 지역주민의 구성 비율을 높이는 것에서부터 시작한 지역 참여논의가 결국 동영상 인터뷰로 결론 난 것이다. 그러나 동영상 인터뷰 역시 건설 재개 측 주민들의 거부로 사진 슬라이드와 기자회견 및 집회에서의 메시지로 대체 되었다.

지역주민 참여에 대한 공론화위원회의 입장을 명확히 확인한 것은 시민참여단의 합숙토론이 시작된 첫날이었다. 시민참여단에게

---

23 공론화위원회는 공론화 과정에 대한 '건설재개'와 '건설중단' 측 의견을 조율하는 기구로서 '소통위원회'를 운영했다. 탈핵진영에서는 건설중단 측의 입장을 가지고 소통위원회에 참여 했다.

제공될 동영상을 제작하는 과정에서도 공론화위원회는 부산을 제외하고 울산 주민들로만 국한을 해서 동영상을 제작했다. 여기에 뒤늦게 사태를 파악한 부산은 공론화위원회가 왜 이번에도 부산을 제외한 결정을 내렸는지 확인을 해야 했다.

지난 간담회 사건 이후 공론화 위원회가 부산을 신고리 5·6호기 건설 문제로 인한 이해당사자 지역이라는 인식이 없다는 사실은 토론회 준비 과정에서도 드러났다. 공론화위원회는 공론화의 한 과정으로서 지역별 순회 토론회를 진행하였는데, 애초 공론화 설계에서부터 부산지역 토론회는 포함이 되어 있지 않았다. 여러 채널을 통해 부산지역 토론회를 개최해야 한다고 요구했고, 공론화위원회는 이를 받아들었다. 그리고 공론화위원회는 부산지역 토론회 날 부산지역 간담회를 함께 하자고 제안했다. 그러나 공론화위원회의 지역에 대한 이해 부족은 토론회 준비 과정에서, 그리고 간담회 진행 과정에서 드러났다.

공론화위원회는 부산지역 토론회를 갈등학회에 맡겨 기획과 진행을 하도록 했는데, 갈등학회는 핵발전소를 지역 발전을 위해 계속 건설해야하고 그러기 위해서는 지역 갈등을 잘 관리해한다는 요지의 논문을 써온 교수에게 부산지역 토론회를 기획하도록 했다. 이에 따라 부산지역 토론회는 찬핵의 입장에서 연구용역을 해 오던 교수가 기획과 발제를 맡고 토론회가 준비가 되었다. 부산은 신고리 5·6호기로 직접적인 영향을 받는 지역으로 핵발전소의 영향에 대한 토론회가 필요했었다. 그러나 갈등학회는 의사결정 과정으로서의 '공론화'를 토론 주제로 잡았다. 결국 부산에서의 강력한 항의로 발제자가 교체되고 토론 주제 역시 공론화가 아닌 신고리 5·6호기 전반에 대한 주제로 바뀔 수가 있었다.

그러나 문제는 거기서 그치지 않았다. 토론회 전 진행된 간담회에서 난데없이 기장해수담수 수돗물이 문제가 되었다. 공론화위원회와 부산지역 시민사회단체와의 간담회 장소에 기장해수담수 병입수수돗물이 올라와 있었기 때문이다. 핵발전소 문제에 조금이라도 관심이 있는 사람이라면 기장해수담수 문제를 모르지 않을 것이다. 지난 몇 년간 부산시가 기장해수담수를 기장군 3개 읍면에 수돗물로 공급하려다 주민들의 반대에 부딪혀 사실상 공급 철회를 선언했다. 그럼에도 불구하고 부산시는 공론화위위원회와 부산지역 탈핵진영과의 간담회 자리에 기장해수담수 병입수 수돗물을 내놓은 것이다. 공론화위원회는 간담회 장에 나와 있는 생수병에 대해 전혀 문제의식을 못 느끼고 있었다. 그 자리에 참석한 시민단체 활동가가 해수담수 병입수 수돗물에 대해 항의를 하자 문제를 파악했다.

즉 공론화위원회는 핵발전소로 인해 지역에서 어떤 문제가 발생하고 있는지 최소한의 정보도 가지고 있지 않았다. 핵발전소로 인해 지역에서 어떤 문제가 발생했고, 어떤 갈등이 벌어지고 있는지 공론화위원회는 알고 있지 못했다. 그러다보니 신고리 5 · 6호기 공론화설계에 있어서 부산이 제외 된 것은 어쩌면 당연한 일이었다. 간담회 자리에서 부산지역 시민단체는 기장해수담수 수돗물에 대해 항의하고, 공론화 과정에서 지역주민의 의사가 제대로 반영될 수 있도록 조치를 취해달라는 요구를 했다. 그러나 공론화위위원회 위원장의 '조치를 취하겠다'는 답변은 순간을 모면하기 위한 답변에 불과했다는 사실이 시민참여단 숙의 토론에서 드러났다.

부산과 울산 시민들의 의견을 공론화 과정에 반영할 방안에 대한 논의는 결국 동영상 제작으로 결론지어졌다. 동영상 역시 울주군 주민들이 거부한다는 이유로 몇 장의 사진과 기사들에 나온 글귀들로만 채워졌다. 그나마 울산 시민사회의 강한 반발로 건설중단 측 내용은 울산에서 제공한 사진들과 주장들로 구성될 수 있었다.

그러나 부산에서는 도무지 납득 할 수 없는 면이 있었다. 공론화위원회는 동영상을 제작하는 과정에서도 부산과 단 한 번의 논의와 협의도 거치지 않았다. 공론화 초반부터 마지막까지 공론화위원회의 지역은 오로지 울산뿐이었다. 이는 핵산업계의 시각과 일치했다. 한수원은 고리지역 핵발전소를 명기하는데 있어 '고리발전소'와 '신고리발전소'로 분리한다. 이는 행정구역상 신고리 3·4호기부터 울산에 위치해 있기 때문인데, 공론화위원회 역시 신고리 5·6호기가 행정구역상 울산에 있기 때문에 울산만 이번 공론화의 이해당사자 지역으로 사고한 것이다.

핵발전소의 영향이 행정구역을 따라 달라지는 것인가? 한수원은 '고리'와 '신고리'를 분리함으로 핵발전소가 한 지역에 많이 밀집해 있다는 사실을 숨기려 하고 있다. 그런데도 공론화위원회는 핵발전소와 이로 인한 위험을 시민들이 인식하는 방식과 다르게 해석하고, 이를 행정구역으로 나눠 이해당사자 시민들을 구분한 것이다. 이러한 이유에서 부산은 이번 공론화 과정에서 최소한의 참여조차도 보장받지 못한 것이다.

부산시민들이 생각하기에 신고리 5·6호기가 공론화에 이르기까지 부산에서의 문제의식과 활동은 큰 역할을 했다. 그러나 공론화위원회의 인식에는 부산시민들은 없었다. 동영상 문제를 확인하면서 부산에서는 지역에 대한 공론화위원회의 입장을 공식적으로 확인해야 한다고 생각했다. 그래서 동영상 제작 과정에서 부산을 제외시킨 이유와 역시 동영상으로 제작된 미래세대 토론회에서 부산과 울산 지역 청소년들이 제외된 이유에 대해 물었다. 이에 대한 공론화위원회의 답변은 "지역의 의견이 공론화 결과에 영향을 미칠 수 있어 건설 중단의 입장을 가진 부산의 의견을 배제했고, 부산과 울산의 청소년들의 참여를 배제를 했다"는 것이다.

시민참여단의 합숙토론이 진행되고 공론화위원회의 결과 발표를 남겨둔 5일 동안 부산의 가장 큰 문제의식은 "다수의 결정으로 소수에게 더 많은 위험과 희생을 강요할 수 있는가?"였다. 이는 이번 공론화에서 부산의 의사를 시민참여단에게 전하고, 공론화 결과에 부산의 의사를 반영할 방도가 없었음을 말하는 것이다.

기장 주민들이 원하지 않는 해수담수 수돗물을 부산시가 강제로 공급할 수 없듯이, 부산 시민들이 원하지 않는 핵발전소를 시민의 이름으로, 국민의 이름으로 강제할 수 없다. 최소한 그 과정이 '공정'하기 위해서는 지역의 문제를 충분히 알고 이들 주민의 의견을 반영할 수 있는 구조를 만들었어야 했다. 그러나 공론화위원회는 "공정성"과 "중립성"이 훼손된다는 이유로 지역 주민의 의사를 반영해달라는 부산과 울산의 요구를 거부했다. 공론화위원회는 지역주민의 의견과 참여가 "공정성"과 "중립성"을 훼손한다며, 지역주민의 참여는 인구 비례에 따라 다른 지역 시민들의 참여와 동등하게 다뤘다. 공론화위원회가 말하는 공정성과 중립성은 사회적 위치와 조건을 배제한 '장막 속에 있는 사람들'만이 공정하고 중립적인 판단을 내리는 것으로 사고했다.

핵발전소는 핵발전소가 위치해 있는 지역과 핵발전소와 대도시 사이 송전탑이 지나가는 지역 주민들의 삶에 지대한 영향을 미친다. 그럼에도 불구하고 이들의 의사를 배제한 체 핵발전소 건설 여부를 결정한다면 그것은 숙의가 아니라 다수의 폭력이라 평가될 수밖에 없다. 그러기에 우리는 이번 공론화가 "소수에게 더 많은 위험과 희생, 책임을 전가"하기 위해 국민의 이름으로 정당성을 부여한 과정이었다고 밖에 평가할 수밖에 없다. 이번 공론화에서 지역은 존재하지 않았고, 숙의라 칭송 받은 과정은 이해당사자를 배제한 폭력이었다.

공론화 결과가 발표되고 여러 차례 평가가 진행되면서 부산에서는 처음의 문제의식보다 보다 근본적인 문제들로 접근했다. 공론화 과정 초기, 부산에서의 문제의식은 "공론화위원회는 왜 지역을 배제하는가"였다. 그러나 공론화 결과가 발표되고 난 이후 부산에서 진행된 평가는 적극 대응을 결정한 과정부터 대응 계획 수립의 과정, 대응 과정에서의 일련의 사건들 등 모든 과정을 되돌아보는 것으로 진행되었다. 그 과정에서 부산에서의 가장 큰 문제의식은 공론화에 대한 충분한 이해와 논의 없이 대응을 결정했다는 것으로 모아졌다.

낯설지만 익숙한 방식의 의사결정에 우리는 비판의식을 충분히 발전시키지 못한 채 공론화에 임했다. 공론화가 시작되기 전 발전소 인근 지역주민과 노동자들에 대한 구제책을 정부가 먼저 제시하고 공론화를 시작하도록 요구했어야 했고, 공론화 설계 과정에서 시민사회가 중요하게 생각하는 원칙과 시민사회 내의 의사결정 방식을 명확히 했어야 했다. 그리고 공론화에 적합한 시민 홍보 및 대응 전략을 논의했어야 했다.

이는 분명 부산지역 시민사회 스스로에 대한 반성이다. 부산은 전국단위 대응기구와 적절한 역할 분담과 의사결정 방식을 고민하지 못했다. 또한 지역 배제 문제가 공론화 과정에서 심각하게 나타났음에도 불구하고 전략적인 대응은커녕 전국단위 대응기구 활동가들에게 조차 부산에서의 문제의식을 강력히 전달하지 못했다. 그저 시민 캠페인을 열심히 하는 것으로 스스로의 역할을 한정지었다.

당신들은 왜 그랬습니까

"신고리 5·6호기가 공론화이 대상이 될 수 있는가?" 이번 공론화에서 공론화위원회가 공정성과 중립성 원칙에 따라 지역을 배제하는 과정에서 나온 말이다. '신고리 5·6호기'를 공론화 하는 것은 탈핵정책이나 에너지 전환 로드맵을 공론화 하는 것과는 다르다. 신고리 5·6호기는 특정 지역 사람들의 삶과 바로 연관이 되어 있기 때문이다. 그렇다면 어떠한 문제들이 공론화의 대상이 될 수 있을까? 또한 불가피하게 특정 집단의 삶에 직접적인 영향을 미치는 사회적 논의를 진행해야한다면 그 과정에서 반드시 고려되어야 점은 무엇일까?

신고리 5·6호기 문제가 공론화 혹은 사회적 의사결정의 대상이 될 수 있기 위해서는 최소한 이들 지역의 주민들의 참여가 실질적으로 보장 될 수 있는 구조로 설계되었어야 한다. 그리고 마지막에는 그로 인해 가장 많은 피해를 받는 집단, 지역주민들이 최종 의사결정권을 가지고 있어야 했다. 즉 지역주민들이 공론화 결과에 대한 거부권을 가지고 있어야 했다. 이것이 숙의를 위한 가장 기본적인 원칙이어야 했다.

그러나 이번 공론화는 공정성과 중립성의 함정 아래 지역주민의 참여가 설계 과정에서부터 의도적으로 배제되었다. 안타깝게도 시민사회 역시 이 문제를 충분히 문제 삼지 못했다. 공론화에 대한 이해와 논의가 부족했기 때문이다.

그럼에도 불구하고 공론화위원회와 여러 주요 언론은 이번 공론화가 첨예하게 대립된 사회문제를 시민참여와 합의를 통해 잘 해결하였다고 평가하고 있다. 그러나 이번 공론화는 기계적 공정과 중립에 빠진 공론화였다. 이는 민주주의와 숙의민주주의에 대한 기계적 접근 이상 다른 무엇도 아니다.

우리사회는 이미 형식적 민주주의를 넘어 실질적 민주주의를 지향하고 추구해가고 있다. 그간 탈핵운동진영과 시민사회는 정부가 일방적으로 밀어붙이는 정책들에 대해 충분히 사회적으로 논의하고 결정하자고 요구해 왔다. 그리고 이번 신고리 5·6호기 공론화는 그간 우리가 요구해온 사회적 논의와 결정을 하는 시간이었다. 그러나 그 과정에서 그간의 우리의 요구가 얼마나 구체성이 결여된 요구였는지를 뼈아프게 확인하였다.

우리는 시민참여와 민주주의를 다시금 성찰하지 않으면 안 되는 순간에 와 있다. 다시 돌아가서 기장 주민들이 부산 시민사회에게 던질 물음에 답을 하면서 글을 마치고자 한다.

"당신들은 왜 그랬습니까?"

"익숙한 방식을 낯선 방식이라 잘 못 생각하고, 민주적인 의사결정이 어떤 방식이어야 하는지 충분히 고민하고 성찰하지 못했습니다."

현장의 목소리

서울 : 신고리 5 · 6호기
공론화 소회

김세영

"여러분은 500인의 현자입니다. 현자에게는 고정관념이 없습니다. 열린 마음으로 진리의 길을 찾아주셔야 합니다."(2017년 9월 16일, 신고리 5 · 6호기 공론화 시민대표참여단 OT 환영사 중)

지난 9월 16일, 천안 태조산 자락에 있는 계성원은 전국에서 모인 478명 '현자'들로 북적였다. 스텝과 모더레이터를 포함하면 500명이 훨씬 넘는 사람들이 제한된 공간에 있는데도 번잡함보다는 긴장감이 감돌았다. 나도 그 '현자' 중 한 명이 되기를 얼마나 간절히 바랐던가. 아쉽게도 그런 기회는 주어지지 않았으나 참관인으로 모든 과정을 지켜볼 수 있다는 것만으로도 가슴 뛰었다. 역사적인 그 현장을 눈과 귀로 직접 확인하고자 하는 이들, 어느 쪽이던 자신이 바라는 결과로 이어지는데에 기운을 보태고자 하는 이들로 참관인 선정부터 경쟁이 치열했다. 공론화의 꽃이라 불리는 숙의 토론 2박 3일

동안, 때로는 속으로부터 끓어오르는 분노가, 때로는 재개 측 인사에게 던진 시민참여단의 날카로운 일침에 후련함이, 불안과 안도가, 안타까움과 감동이 교차했다. 지금부터 하려는 이야기는 그 중 재개 측이 보여준 일관성 있는 태도에 관한 기록이다. 그들이 여성을 활용하는 태도, 참관인을 대상으로 대한민국 국민으로서의 자격을 운운하거나 애국자인지 아닌지를 판단하고 가르는 태도 말이다. 재개 측 몇몇 인사들의 개인 성향이라 치부하기에는 국책사업, 국가경쟁력이라는 이름으로 주민들의 기본권을 짓밟고 희생을 강요하며 추진해온 기존의 비민주적인 에너지정책과 너무나도 닮아있다. 재개 측은 권력을 가진 기존 국가의 태도를 고스란히 에너지 민주주의를 위한 첫걸음이라고 떠들었던 공론화장에 옮겨온 것이다. 이 짧은 글은 이후 주요정책에 대한 수많은 공론화가 예상되는 가운데 민주주의에 대한 충분한 숙고와 인간에 대한 최소한의 예의는 갖추고 현자들을 모셨으면 하는 바램으로 남기는 기록이기도 하다.

신고리 5 · 6호기 공사 중단과 재개는 여성과 남성의 차이?

"핵발전 정말 안전한가? 이런 질문을 받을 때 집사람과 나의 반응은 다르다. 집사람은 '어머!', 나는 '왜?'. 운전할 때도 그렇다. 조금 덜컹거려도 거려도 '어머!', 나는 '왜?'. 문제가 느껴지면 집사람은 바로 '차 바꿔야 되는 거 아니야?'하고 하지만 나는 '왜 그러는 거지?' 라는 이유를 생각한다. 이게 남자와 여자의 차이인 것 같다. -중략- (우리 집) 큰애는 '고칠 수 있어? 못 고치면 버리고, 고치면 쓰고'라는 진취적인 차원에서의 안전을 이야기한다"(2세션 "안전성/환경성

" 재개 측 정용훈 교수 발표 중)

원전 사고 위험을 고작 자동차에 비유한 것을 탓하는 게 아니다. 재개 측 발언은 단순히 탈핵을 요구하는 집단이 감정적이라는 이미지를 씌우는데 그치지 않고 여성 비하를 곁들여 그 효과를 극대화 하려 했다. 발언 속의 '집사람'은 문제 해결 의지나 이성적 사고는 없고 불안 때문에 공포에 질려 극단적 선택을 하는 감정적인 존재인데, 이는 남자와 여자의 타고난 차이라고 설명한다. 원전의 위험을 말하는 사람들은 적어도 여성적이어서 감정적이고 비이성적으로 접근한다는 것이다. 공사 중단 측 참관자뿐 아니라 여성 시민 참가단에도 모욕적인 발언이 아닐 수 없다. 이후 종합토의 시간에 발표자 중 한 명이 재개 측의 발언에 문제를 제기했으나 사과도, 주최 측인 공론화위원회의 어떤 후속 조치도 없었다.

원전 문제를 제기하면 대한민국 국민이 아니다?

"수출실적 없다고 폄하하면 대한민국 국민 아니다"(3세션 '전력수급 등 경제성' 재개 측 정범진 교수 발표 중).

정부는 UAE 원전 수주 후 2030년까지 80기의 원전을 수출하겠다고 선언했지만 지난 8년간 수출실적은 단 한 건도 없다. 중단 측은 이런 사실을 바탕으로 원전 건설은 세계적으로 사양산업이자 앞으로도 전망이 밝지 않다고 주장했는데 이에 대해 재개 측이 한 발언이다. 스스로 공언한 목표에 1도 도달하지 못한 결과를 누구도 평가할 수 없다면 그야말로 독재적 발상 아닌가. 그런데, 재개 측이 노린 효과는 따로 있었다. 세션이 끝나고 휴식시간이 되자 야외 테라스에 모여든 사람들 속에서 '중단해야 한다는 사람들은 다 빨갱이'라는 목소리가 들려왔다.

중단 측 발표자 중 한 명은 '비판하는 사람들을 대한민국 국민이 아니라고 했다. 우리 할아버지는 독립운동 해서 감옥까지 다녀왔다. (재개 측 발언이) 매우 속상하다'며 발언에 문제를 제기 했지만 그는 '대한민국 사람(이 아니라고 한 것) 이야기 한 건 (내가 한말이) 맞는 말이다'며 넘겨버렸다.

"엄마가 설거지한 것을 보고 지저분하다고 했다가 혼난 적 있다. '아무리 지저분해도 평생 내 덕에 먹고 살지 않았냐' 하셔서 많이 부끄러웠다. 원자력도 마찬가지다. 원자력 잘 해왔고, 앞으로도 잘 하겠다."(2세션 안전성/환경성 재개 측 정범진 교수 정리 발언 중)

그간 원전업계의 짝퉁부품, 납품 비리, 사고 은폐, 그리고 한빛 4호기 증기발생기 안에서 20년간 돌아다닌 망치의 발견까지. 사건사고가 끊임없이 이어지고 있다. 이런 원전업계의 안전불감증 때문에 불안에 떠는 국민들에게 재개 측은 '그동안 우리 덕분에 값싼 전기를 풍요롭게 사용해 온 그대들은 부끄러운 줄 알아라'고 말하고 있다. 원전 정책이 국민 위에 군림하고 있다는 것을 단적으로 보여준다. 군사독재 시절 들여온 원전은 40년간 정부의 전폭적인 지원을 받아왔다. 군사독재는 끝났지만 원전의 독재적인 권력은 여전히 살아 숨 쉬고 있다.

="고리 1호기는 집안 궂은일 다 도맡아 해온 큰며느리였다."

"힘들게 키운 큰아들이 장성했다(신고리). 이제 대학공부 마치고 돈을 벌려고 하는데 일자리를 빼앗으려 한다(신고리 5·6호기 공사 중단). 막내아들(신재생에너지)이 대학 가려면 돈이 많이 필요한데 돈이 없다. 큰아들이 돈 벌어서 막내아들 공부시켜야 한다"(세션 1 총론토의재개 측 윤채영 박사 발언)

순식간에 신고리 5·6호기와 신재생에너지는 고리 1호기라는 한 어머니에게서 태어난 형제가 되었다. '신고리 5·6호기를 중단하면 그만큼 늘어나는 것은 재생에너지가 아니라 값비싼 가스발전이며, 값싼 원전을 가동해야 신재생에너지 확대에 돈을 지원할 수 있다'는 논리다. 탈핵 진영의 재생에너지 확대 주장은 단순히 재생에너지 용량을 확대하여 다른 에너지원을 줄이자는 의미가 아니다. '안전하고 정의로운 에너지 전환'이라는 큰 흐름에서 핵발전소는 안전성과 에너지 정의에 부합하지 않기 때문에 탈핵을 주장하는 것이며, 그 수단의 하나이자 세계적 추세이기도 한 재생에너지를 확대하자는 것이다. 그런데 재생에너지에 더 많은 보조금을 주기 위해 신고리 5·6호기를 건설해야 한다는 것은 주객이 전도된 것이 아닌가. 하지만 재개 측은 탈핵 에너지 전환의 목소리를 '재생에너지 확대'라는 단순한 목적만 남기고 삭제해 버렸다.

돌이켜 보면 과학적, 이성적이라 자부하는 재개 측의 주요 무기는 논리가 아니었다. 여성비하와 가부장제를 빌려 감정에 호소하고, 들

는 사이 자신도 모르게 애국심과 사상검증을 하게 만드는 홍보전문
가와 자본이 만들어낸 전략이었다. 세션 발언마다 아내, 어머니, 며
느리로 등장한 여성은 정작 재개 측의 강단 위에서는 볼 수 없었다.
그런데 이런 논리를 피력하는 것이 발언자 각자의 선택이라고 할 수
있을까. 전국에서 모인 '현자'들 중에는 여성, 어머니, 누군가의 아내
가 있고 다양한 정치적 성향의 사람들이 있다. 그런데 여성을 비하하
고 대상화하고 입장이 다르면 빨갱이라는 굴레를 씌우는 발언이 당
당히, 마지 약속이나 한 듯이 강단 위에서 펼쳐졌다. 국가 중대사를
결정하기 위해 모인 시민참가단은 꼼짝없이 앉아 그 이야기를 '경
청'해야 했다. 모든 프로그램이 마무리되기까지 주최 측 누구도 문제
를 드러내거나 바로잡지 않았다. 시민 참가단 누구도 성별과 정치적
입장 등 여타 이유로 비하, 배제당하지 않도록 하는 장치는 없었다.

"여러분은 위대한 것을 선택한 것이 아니라 여러분이 선택한 것이
위대한 것입니다"

김진형 공론화위원장이 숙의 토론 마지막 폐회사에서 한 말이다.
시민 참가단이 선택한 결과가 위대한 것이 되기 위해서는 그에 맞는
충분한 정보제공과 대우(존중)가 이뤄져야 한다. 하지만 위대한 선택
을 해야 할 시민 참가단에게 주어진 환경은 녹록치 않았다. 재개 측
인사의 여성비하와 정치성향으로 편 가르기 발언들뿐이 아니다. 공
론화위원회는 기계적 중립을 지키는데 급급한 나머지 시민참가단의
판단에 영향을 줄 수 있는 주요 정보들을 배제해 버렸다. 숙의 토론
기간 동안 동영상으로 전달하기로 했던 공사 중단 / 찬성 측 지역 주

민의 목소리는 찬성 측이 인터뷰를 거부하자 형평성을 이유로 중단 측 주민인터뷰 마저 취소했다. 미래세대 토론회에 울산 지역 학생 참여를 요구하자 '당사자'이기 때문에 중립일 수 없다는 이유로 받아들이지 않았다. 그나마 수도권 학생을 대상으로 진행한 토론회 결과 압도적으로 많았던 공사 중단의견은 중단, 기타, 재개 인터뷰를 1:1:1로 편집해 상영했다. 공론화위원회의 기계적 중립은 신고리 5·6호기 공론화 과정에서 지역주민과 미래세대 목소리를 완전히 지워버리는 결과를 낳았고, 나아가 시민 참가단에게 매우 제한적인 정보만을 제공한 셈이다.

신고리 5·6호기 공론화 과정과 결과에 대한 평가, 의의는 다양한 분석을 통해 이뤄지고 있다. 앞으로도 주요 이슈를 다루는 공론화가 여러 차례 있을 것으로 예상한다. 첫술에 배부를 수 없다지만, 첫 술을 뜨고 보니 썩은 밥이라는 사실을 알고도 누가 두 번째 술을 뜨겠나. 그만큼 이번 공론화는 반면교사로 삼아 철저한 점검이 필요하다. 무엇보다 시민참가단의 목적에 충실한 숙의를 보장하기 위해서라도 공론화위원회의 '중립'과 공론화위원회를 포함한 참가 주체들이 갖춰야 할 소양에 대한 숙의는 반드시 이뤄져야 한다.

신고리 5 · 6호기 공론화, 그간의 평가와 향후 과제

신고리 5 · 6호기 공론화 결과가 발표됐다.

'건설 중단'은 40.5%인데 비해, '건설 재개'는 59.5%였다. 결국 문재인 정부는 10월 24일(화) 국무회의를 통해 '건설 재개'를 확정지었다. 핵발전 추진 쪽은 '환호'했고, 핵발전 반대 쪽은 '분노'했다. 탈핵신문은 '이번 결과를 어떻게 받아들여야 하나', '이후 우리의 과제는 무엇인가'를 점검해보는 긴급 좌담회를 마련했다.

이번 좌담회는 10월 30일(월) 오후, 서울 강남에서 약 2시간 남짓 진행됐다. 당일 참석자는 신고리 5 · 6호기 공론화(이하, 신고리공론화) 과정에 직 · 간접적으로 관여했던 강양구 기자(전, 프레시안 기자), 박정연 위원장(부산녹색당 전 공동운영위원장, 녹색당 교육위원장), 이헌석 팀장(안전한세상을위한신고리 5 · 6호기백지화시민행동 대응팀), 용석록 사무국장(신고리 5 · 6호기백지화 울산시민운동본부)이었고, 진행은 윤종호 편집위원장(탈핵신문)이 맡았다[24].

---

24 이 글은 탈핵신문에서 2017년 10월 30일에 진행한 좌담회 내용을 요약 · 정리한 것이다. 좀 더 자세한 내용은 탈핵신문 홈페이지(nonukesnews.kr)에 게재되어 있다.

Q. 먼저, 본인소개

이헌석 에너지정의행동 대표이자, 핵없는사회를위한공동행동(이하, 탈핵공동행동) 공동기획단장을 맡고 있다. 이번 신고리공론화 국면에서 안전한세상을위한신고리 5 · 6호기백지화시민행동(이하, 중앙시민행동) 대응팀에서 일했고, 특히 소통협의회라고 '백지화' 쪽과 '공사재개' 쪽 양자가 만나 협의하는 채널 쪽 역할을 맡았다.

박정연 현재 녹색당에서 교육위원장을 맡고 있고, 신고리 5 · 6호기 2박3일 합숙토론을 참관했다.

용석록 신고리 5 · 6호기백지화 울산시민운동본부(이하, 울산운동본부) 사무국장을 맡고 있다.

강양구 인터넷 언론사인 프레시안에서 2003년부터 올해 초까지 기자로 일했고, 주로 에너지 문제를 담당했다.

Q. 먼저, 신고리공론화 과정부터 살펴보자. 애초 신고리 5·6호기, 대통령 공약은 뭐였나?

이헌석 문재인 대통령의 대선 자료집에는 신고리 5 · 6호기는 '백지화'라고 표현되어 있다. 신고리4호기와 신울진1 · 2호기에 대한 언급은 없다. 하지만, 대선 기간 중 핵발전소 주변지역 반핵대책위 등과 맺은 협약이나, 시민사회단체가 보낸 질의서에 '신고리4호기, 신울진1 · 2호기 재검토하겠다'는 표현이 들어갔다. 그리고 대선 기간 중 문재인 대통령은 여러 곳을 다니면서 '신고리 5 · 6

호기 백지화'를 이야기했다.

박정연 그런데 더불어민주당 쪽에서는 '백지화라고 한 적이 없다'고 계속 주장했다. 애초부터 합의된 것은 '중단'이지, '백지화'라고 한 적은 없다는 이야기다.

이헌석 맞다. 시민단체가 보낸 질의서에 답변하는 과정에서, 문재인 선거캠프 관계자가 "신고리 5·6호기는 '백지화'가 아닌 '중단'으로 문구를 바꾸자"는 연락을 해 온 적이 있다. "이미 언론에도 '백지화'로 나왔고, 문재인 후보가 그렇게 말하고 다니는데 무슨 소리냐"라고 했더니, "그럼 어쩔 수 없지요…"라고 해서, 결국 더불어민주당 정책본부장이 협약식에서 '신고리 5·6호기 백지화'에 서명하는 경과가 있었다.

Q. 이런 상황에서 '신고리공론화'가 던져졌을 때, 반핵운동 내에서 논쟁이 벌어졌는데…

이헌석 올해 6월 19일 고리1호기 영구정지 선포식에서, 문재인 대통령은 신고리 5·6호기를 사회적 합의를 통해 결정하겠다고 언급했다. 그리고 그 다음 주 국무회의에서 공론화 방침이 발표되었다. 이후 대략 2~3주 동안 탈핵운동 진영에서 엄청난 논쟁이 벌어졌다. "이것은 분명한 공약 후퇴다. 적극 싸워야 한다"는 입장과, "공론화는 국민을 설득해 가야 하는 과정이기 때문에, 공약 후퇴이지만 적극적으로 받아들이고 대응해야 한다"는 입장으로 크게 나뉘었다. 그 외에도 다양한 의견들이 있었지만, 그 후 탈핵공동행동은 7월 12일 신고리공론화에 적극 대응하는 것으로 결론을 내렸다.

박정연 부산은 6월 19일 고리1호기 폐쇄 선포식 때 현장에 많은 사람들이 있었는데, 문재인 대통령이 이 정도 발언으로 탈핵 문제를 무마시키려고 한다는 것을 듣고 우리는 분노했다. 그러나 신고리 공론화에 대해서는 받아들이고 적극적으로 대응하자는 쪽으로 결정했다.

용석록 울산도 문재인 대통령이 '백지화' 공약을 이행하지 않고, '사회적 합의'를 거친다는 것에 대해서 문제제기했지만, 결론적으로 신고리공론화에 대해서는 적극 대응하기로 했다. 그런데 나중에 생각해 보니 당시 우리는 '적극 대응' 결정만 했지, '신고리공론화 과정에 울산이 합류하겠다'는 것은 아니었다. 우리의 목적은 오로지 '백지화'였다. 그런데 지금 시점에서, '우리가 어떻게 하다가 공론회위원회에 승복할 수밖에 없는 상황에 휘말려 들어갔는지, 중앙시민행동과 보조를 맞추게 된 것이 잘못한 것이 아니었나'하는 의문이 울산시민운동본부 내부에서 제기되고 있다. 울산시민운동본부가 독자 노선으로 오로지 '백지화'를 주장하며 신고리공론화를 거부하고 대선 공약 이행을 촉구했다면, 신고리 공론회 결과가 '건설 재개'로 나오더라도 다시 싸울 수 있는 근거가 훨씬 더 쉽게 마련될 수 있었을 것이다.

이헌석 사실 이것은 현재 한국 탈핵운동 네트워크의 한계다. 신고리공론화를 받아들이겠다는 결정은 탈핵공동행동에서 했는데, 그 회의에 부산과 울산이 적극적으로 참여하지는 않았다.

강양구 사후적으로 이야기하면 왜곡될 여지가 있어 조심스럽다. 당시 문재인 정권으로 바뀌고, 대통령에 대한 압도적인 지지 분위기가 있었다. 그리고 대통령으로서 탈핵에 나선 사람은 처음이었다는 것을 염두에 두면, 탈핵운동 진영이 문재인 정부가 내놓은 신고리공론화를 외면하기는 쉽지 않았을 것이라는 생각이 든다. 그런 전제 하에서 당시 대응을 다음 3가지 핵심어로 지적해 볼 수 있다.

먼저, 문재인 정부의 탈핵 의지에 대한 '오해'가 있었다. 사실 2012년 대선 후보 때부터 박근혜 정부 4년 동안, 문재인 대통령과 그의 핵심그룹 그리고 더불어민주당 내부에서 환경이나 에너지 쪽으로 관심이 아주 높지 않았다. 추세를 따라 탈핵을 선언했지만 확고한 탈핵의지는 아니었다. 따라서 사회적으로 첨예하게 이해관계가 엇갈리는 대목에서는 언제든지 후퇴할 수 있는 여지가 있었다. 그것이 신고리 5·6호기 문제에서 드러났다.

그리고 중앙의 환경단체를 중심으로 '과신'이 있었던 것 같다. 우리가 국민들 앞에서 핵마피아들과 싸우게 되면, 당연히 국민들은 우리의 목소리에 더 귀를 기울일 것이라는 자기 실력에 대한 과신이다. 그리고 능력에 대한 '과한 신뢰'가 있다 보니, 당연히 '방심'을 할 수 밖에 없었다. 그 방심이 신고리공론화 과정에서 여러 가지로 표출됐고, 그 결과가 이런 식의 참사를 빚었다고 생각한다.

Q. 신고리공론화 과정에서 우리가 주요하게 평가해야 할 점은?

강양구 기본적으로 탈핵그룹이 신고리공론화에 임하는 전략·전술에 문제가 있지는 않았는지 평가해봐야 한다. 예를 들어, '건설

재개 쪽에서 경제를 강조하니까 우리도 경제를 강조해야 한다'
는 것이 과연 적절한 대응 방법이었는지 의문이 든다. 왜냐면, 신
재생에너지가 보여주는 경제는 '미래가치'이다. 이미 눈앞에 보
이는 '현재가치'를, 눈앞에 보이지 않는 '미래가치'가 절대로 이
길 수 없다. 아무리 세련된 프리젠테이션을 하고 외국 사례를 갖
다 놔도, 시민참여단을 설득할 수 없었다고 본다. 안전문제도 마
찬가지다. 그 자리에서 인근 지역 주민들을 놓고 신고리공론화를
했다면 안전문제가 먹혔을 수도 있겠지만 불특정 다수의 사람들
앞에서 안전 프레임을 거는 것은 효과적이지 않다. 우리가 위험
하다고 주장하면 저쪽은 안전장치를 더 보강하겠다고 하면 그만
이다.

오히려 탈핵의 근본적 가치를 강조했어야 했다. 눈에 보이지 않
는 가치, 예를 들면 핵폐기물을 처리할 수 있는 방법이 없어 미래
세대에게 엄청난 부담을 준다, 전 세계적인 동향이 환경 · 지속가
능성을 강조하고 있는데, 핵발전은 거꾸로 가는 것이다, 핵발전
이야말로 박정희 · 박근혜 시대 부산물이다, 핵마피아들을 둘러
싼 부정부패와 비리 등등. 그리고, 핵발전은 왜 부산 · 울산 · 경
남에 집중되어 있는지, 전기를 많이 쓰는 것은 수도권인데 왜 수
도권에는 못 짓는지 등. 결국 핵발전은 태생적으로 불공정 · 불평
등 에너지원이라는 점을 더 강조해야 했다.

결과적으로 어떻게 하면 공론화에 참여하는 시민들에게 탈핵을
매력 있게 호소하고 그들의 마음을 사로잡을 수 있는지에 대한
고민이 필요했는데, 잘못된 프레임을 선택하지 않았나 싶다. 냉
정한 평가가 필요하다고 생각한다.

용석록 관련 자료집을 만들 때 시민행동 상황실 내에서 재생에너지와 경제 이야기, 국가 경제 프레임으로 기울어진 것에 대해 비판적인 지적이 있었다. 이후 평가했을 때, '왜 그런 과정에 당사자 지역인 울산이 적극 목소리를 내지 못했나' 하는 아쉬움이 있다. '우리들 스스로의 목소리를 내려고 하지 않고, 중앙과 탈핵진영의 전문가에게 맡겨버리지 않았나' 하는 생각이 든다.

강양구 하나만 더 예를 들면, 건설 재개 쪽 발표자 중에서 '세일즈맨의 하루'라는 꼭지로 체코에 핵발전소를 수출하려는 사람의 하루를 연출한 것이 있었다. 핵발전소와 직접적인 이해관계가 있는 당사자가 이것이 없어졌을 때 어떤 피해가 있는지를 호소한 것이다. 쉽게 딱 그림이 그려지는 내용이다. 그런 것처럼 우리는 밀양 할머니의 이야기, 부산과 울산 시민들의 피해, 불안감, 공포가 무엇인지를 시민들에게 직접적으로 호소할 수 있는 방법을 선택했었어야 했다.

이헌석 2박 3일 합숙토론에서의 의제 설정과 관련하여서, 중앙시민행동 내부에서 많은 논쟁이 있었다. 전통적으로 탈핵진영이 핵발전에 반대하는 주요 논리가 안전문제, 지역의 피해 문제, 그리고 핵폐기물 문제였다. 그런데 집토끼와 산토끼가 있다면, '어차피 집토끼는 지킬 수 있으니, 저쪽에 있는 산토끼를 빼서 와야 한다'고 생각했는데, 그런데 50대 이상의 남성들을 뺏어오기는커녕 결국 20~30대를 뺏긴 꼴이 되고 말았다.

용석록 위험성을 강조할 때 직접적인 피해에 대한 주장이 더 필요했다고 본다. 예를 들어, 백도명 교수의 주민 역학조사에서 알 수 있는 것처럼 저선량피폭이 우리 몸에 미치는 영향을 비롯해, 지진으로 인한 사고위험성 등은 일상생활에도 스트레스를 주는 등 지역주민은 핵발전소로 인한 피해를 볼 수밖에 없는 상황을 가지고 접근했으면 더 좋았을 거라는 생각이 들었다. 울산시청 반경 30km 이내에 16기의 핵발전소는 말이 되지 않는데, 이게 이번 공론과정의 결과다.

박정연 안전 문제를 강조하는 것은 그 상황에서 한계가 있었을 수도 있다. 그런데 그것을 보완할 수 있는 방법은 지역주민들의 목소리를 직접 들려주는 것이었다. 그런 과정들이 있었다면 조금 더 사람들에게 와 닿는 이야기를 할 수 있었을 것 같다.

용석록 이번에 제일 큰 문제는 두 가지라고 본다. 하나는 프레임을 잘못 짠 거 아닌가 하는 생각이 든다. 당사자지역 목소리를 생생하게 전달하고 핵발전의 위험성을 강조했어야 했다. 또 후쿠시마에서 유전자 변형 조사결과라든가, 후쿠시마 공동진료소에서 나온 주민들의 질병 관련 자료들이 하나도 제시되지 않았다. 또 하나는 2박 3일 종합토론회를 단 1회만 진행한 것이다. 종합토론을 단 한번 잘못 기획한 것으로 그냥 져버렸다. 시민참여단에게도 단 한 차례로 종결되는 종합토론으로는 양측 주장에 대한 사실관계를 검증할 시간도 없고, 전혀 숙의할 수 있는 기회가 없게 된 것이다.

강양구 최소한 공론화위원회를 설계할 때 여러 가지 상황을 고려해야 했다. 공론화 과정에서 숙의모델에 대한 숙고가 없었다는 점이 그 중 하나다. 당연히 의사를 묻는 것은 좋은데, 공론화라는 방식이 과연 이 문제를 푸는데 맞는 것인지, 적절성에 대한 검토가 더 있었어야 했다. 과학기술의 숙의 모델은 신기술 등 이해 당사자가 별로 없고, 아직 공론화가 되지 않은 것에 적용되는 것이다. 그에 비해 핵발전 문제는 이미 이해 당사자도 많고 공론화가 어느 정도 진행된 사안이다. 사람들은 한번 생각을 가지면 쉽게 바꾸지 않는다. 그 동안 핵발전이 미래 에너지라고 생각했던 사람들이 갑자기 3개월 동안 학습한다고 그 생각을 바꾸리라는 것은 보장할 수 없다. 그러기 위해서는 훨씬 더 긴 시간, 더 효과적인 교육이 필요했다고 본다. 그리고 안타깝게도 건설 재개 쪽에서 나온 발표자들이 탈핵 쪽 발표자들보다 훨씬 더 합리적 모습으로 보여졌다고 한다. 기본적인 태도 점검이나, 내부 훈련 등이 필요했다.

박정연 언제나 우리의 적은 한수원이나 핵산업계였는데 그들은 항상 강자였다. 그런데 이번 판에서는 상대가 우리와 손을 잡고 함께 경기를 치르는 파트너였다. 이것을 제대로 인식하지 못한 것 같다. 전체의 흐름을 짜는 전문적인 컨설턴트 내지 코디네이트가 부족하지 않았나 싶다.

Q. 중간에 신고리공론화 보이콧(거부)도 검토되었다는데…

이헌석 '9월 9일 울산에서 열리는 대규모 탈핵 집회에 더불어민주당이 적극 참여해달라'고 추미애 대표와 면담을 가졌다. 그런데 그 과정에서 우리는 '멘붕'에 빠졌다. 더불어민주당의 입장은 '신고리공론화 문제는 정치권에서 이슈로 삼아서는 안 된다. 청와대에서 당과 협의하지 않고 단독으로 결정했던 것이라 당과는 상관없다'는 것이었다. 더불어민주당 정책위 차원에서 신고리공론화와 관련해 당내 직함을 갖고 있는 사람은 어떤 발언도 하지 마라는 함구령이 내려졌다. 자유한국당이 신고리공론화에 대해 맹공을 하고 있을 때, 정작 함께해야 할 여당에서는 손을 놔 버렸다. 문재인 대통령과 더불어민주당은 서로 다른 스펙트럼을 갖고 있었다. 그런 면에서 정말 우리들의 오해, 오판일 수도 있었다. 보이콧 이야기가 나온 직접적인 요인은 시민참여단에 제공될 자료집 내용과 관련된 것이었지만, 사실은 그런 다양한 악순환과 불리한 상황 속에서 제기된 것이었다.

강양구 하지만, 그 시점에서 보이콧을 강행하기에는 너무나 위험요소가 컸다.

이헌석 사실 보이콧은 포괄적으로 기울어진 운동장을 바로 잡을 것을 요구하기 위해 내걸었던 카드였는데, 결과적으로 하나도 수용되지 않았다. 사실, 신고리공론화 외부에서 환경을 개선시켜내기 위한 전략적 싸움들이 필요했었는데 협업을 못한 측면도 있다. 예를 들어, 울산이나 부산 등에서 확실히 중심을 잡고 보이콧 전술을 썼으면 좋았을 거라는 생각이 들었다.

강양구 이번 신고리공론회를 계기로, 향후 탈핵운동의 분화가 불가피한 것 같다. 어쩌면 향후 운동에도 바람직할 수도 있다. 특히 현재의 문재인 정부 지형 속에서는 때로는 정부랑 밀월 관계를 가질 수도 있고, 때로는 견제 내지 반대를 할 수도 있어야 하는데, 그런 것들이 한 울타리 안에 묶여져 있는 것 자체가 불가능한 상황이다. 그래서 지역단체, 서울 단체, 재생에너지 등 각 단체들이 서로 역할분담하고, 어떤 단체는 밀월하고, 또 어떤 단체는 견제하는 식으로. 이번 기점으로 이런 분화가 필요하지 않을까라고 생각한다.

Q. 신고리공론화 결론이 나왔다. 이 결과를 어떻게 받아들이고, 향후 어떻게 대응해 가야 할까?

용석록 10월 24일(화) 울산에서 내부적으로 평가 토론회를 가졌다. '신고리공론화 과정에 참여했기 때문에 우리는 그 결과를 거부할 수 없다'고 말하는 사람도 있었지만, '그렇다고, 재개를 인정할 수 없다'는 주장도 있다. 또, '처음부터 이것은 백지화 투쟁을 위한 것이었기 때문에 건설에 대해서는 계속해서 반대해야 한다'는 주장도 있다. 다양한 의견이지만, 신고리 5·6호기 건설 반대 흐름은 울산에서 이어지지 않을까라고 생각한다.

박정연 이것은 '수용이냐, 불복이냐'의 문제는 아닐 것 같다. 신고리 5·6호기 공론화 과정에 우리는 대응한 것뿐이다. 부산 내에서도 다양한 단체들이 같이 하다 보니 다양한 의견이 나올 수 있다. 그 과정에서 분화될 수도 있고, 또 다른 운동방향이 나올 수도 있다. 그래서 앞으로 좀 더 지역으로, 좀 더 기본으로 돌아가 우리의 한계를 인정하면서 다시 시작해야 한다고 생각한다. 우리가 설득하고 만나야 하는 것은 시민이라는 인식 하에 조금 더 바닥으로 들어가서 새로운 탈핵운동을 시작해야 할 것이다.

강양구 내년에 지방선거가 있고 또 총선이 있기 때문에 탈핵이슈를 끊임없이 제기하는데 정치적인 지형은 불리하지 않을 것 같다. 그리고 지역 정치인들도 이 문제에 대해 목소리를 낼 수밖에 없다. 그리고 대통령이 안전한 대한민국을 만들겠다는 약속을 했기 때문에, '적어도 임기 중에 핵발전소 개수를 줄여야 하는 것 아니냐', '신고리 5·6호기를 짓는 만큼, 안전이 걱정되는 노후 핵발전소를 수명과 상관없이 조기 폐쇄하라' 등의 요구들을 주장해 나갈 수 있다고 본다.

용석록 울산에서 신고리 5·6호기 백지화 투쟁을 어떤 식으로 지속적으로 해나갈 수 있을지 알 수 없는 상황이지만, 일단은 건설을 지연시킬 수는 있다고 생각한다. 예를 들어, 대피소나 보호장치 없이 핵발전소를 가동시키는 것에 반대하는 방식도 있다. 시민 안전과 관련해서 내년 선거에서 후보들한테 요구할 수도 있다. 더 원칙적으로는 세계최대 핵발전소 밀집지역이라는 것인데, 사실 울산에서 지적했던 요소들이 하나도 해결되지 않은 채 시민참여단의 결정 때문에 결국 건설한다는 것은 울산시민 입장에서는 받아들이기 쉽지 않다. 그래서 우리 스스로를 반성하면서, 신고리 5·6호기 백지화를 앞으로도 계속 말할 수 있어야 한다고 생각한다.

이헌석 부산과 울산보다 사실 문제는 서울이다. 그 동안 후쿠시마 사고 이후 탈핵운동은 몸집을 키워왔다. 그런데 이번에 그 지도력에 큰 타격을 입었다. 그래서 중앙은 자연스럽게 분화될 수밖에 없다고 본다. 과거처럼 한 덩어리로 모든 것을 받아 안기에는 힘든 상태가 되었다. 오히려 지역은 더 분명하게 싸워나가면 된다. 이번에 드러난 한계는 탈핵운동 네트워크의 한계다. 서울에 있는 단체를 암묵적으로 중앙으로 인정하고 그 논의결과에 대해 그냥 암묵적으로 동의해주는 형태, 즉 '중앙이 알아서 하겠지' 하는 방식이 이번에 무너져버렸다고 본다.

Q. 이제, 문재인 정부의 탈핵 정책을 어떻게 바라보고, 어떻게 대응해 나아가야 할지?

강양구 문재인 정부의 탈핵정책·환경정책 중 눈여겨봐야 할 지점은 문재인 대통령, 측근 그룹, 더불어민주당 의원들 면면을 보면, 환경문제나 탈핵문제에 직·간접적으로 연결되거나 이해관계가 있는 사람들이 거의 없다는 점이다. 그러니 앞으로도 항상 흔들릴 수밖에 없을 것이다. 예를 들어, '신고리 5·6호기를 그렇게 해서는 안 된다'고 강하게 문제제기 할 수 있는 사람이 한두 명이라도 있었다면 달라졌을 것이다. 그게 지금 문재인 정부의 수준이나 실제를 명확하게 보여준다. 아주 강하게 탈핵에 대해 반대하는 이해관계자들의 목소리가 나오고, 찬반 논란이 격렬하게 되면 또 이런 방식을 선택해서 문제를 회피하듯이 슬쩍 넘어가려고 할 거라고 생각한다. 최악의 상황까지 고려하면서 문재인 정부 하의 탈핵운동을 고민해야 한다. 결국 이것으로 밥을 먹고 사는 사람들, 탈핵에 목숨 거는 사람들, 정치인들, 관료들 이런 사람들을 어떻게 만들 수 있을지, 이런 사람들을 자꾸 만들어갈 수 있을 때 설사 문재인 정부가 더 엉터리로 바뀐다고 하더라도 쉽게 역전할 수 있을 거라고 생각한다.

이헌석 그 동안 탈핵운동은 객관적 역량에 비해 부풀려져 있었다. 신고리 5·6호기 공론화 과정에서 일어난 여러 가지 일들을 통해 거품이 빠졌다고 본다. 우리의 진짜 역량을 확인하게 되었다. 이 시점에서 탈핵운동의 분화에 대해 진지하게 고민해봐야 한다. 사이가 좋지 않아 분화하는 것이 아니라, 목소리를 다양하게 내기 위해 필요하다. 예를 들어, 사용후핵연료 이야기가 나오면 지역의 목소리가 더 커질 것이고, 8차 전력수급기본계획이나 3차 에너지기본계획 등 관련 각종 위원회에 들어갈 사람들도 있을 것이다. 자연스럽게 이후 구성에서는 사안별로 분화가 있어야 한다. 탈핵진영 내부에서 다양한 논의가 진행되면서 앞으로 어떤 방향으로 나아갈지 논의를 해야 할 시점이 온 것 같다. 그런 과정 속에서 투쟁과제 등이 잡혀야 할 것이다.

박정연 우리의 다양한 목소리를 긍정적으로 모으는 방법들을 이야기를 해야 한다. 그것을 비판의 형태로 내보내는 것이 아니라 긍정적으로 모아 넘어가야 할 것이다.

용석록 문재인 정부 들어서고 나서, 현 시점에서 봤을 때 신고리공론화 과정의 내부 평가 이외에 그냥 객관적인 상황은 아주 부정적인 것만은 아니라고 본다. 탈핵운동을 하는 입장에서 이런 상황을 '성과'라고 봐야 할지, '후퇴'라고 봐야 할지 아직까지 판단과 평가를 내리지 못하겠다. 그러나 핵발전소의 문제를 언론에서 공개적으로 다루고, 아주 많은 사람들이 접할 수 있는 기회가 되었다는 점에서는, 우리가 우리끼리 싸우는 것보다 훨씬 더 많은 문제의식을 시민들과 형성했다는 긍정적 측면은 확실히 있었다고 본다. 울산에서도 앞으로 다양한 형태의 참여를 통해 지역의 탈핵운동 역량을 계속해서 강화시켜 나갈 것이다.

정리 오하라 츠나키 편집위원

탈핵신문 2017년 11월호 (제57호)

출처: http://nonukesnews.kr/1259 [탈핵신문]

2부.
탈핵 한국을 향해 한걸음 더 나아가기

반핵에서 탈핵까지,
한국탈핵운동 약사

이헌석

미국 원조로 만든 연구용원자로

핵무기를 개발했던 선진국에서 반핵운동은 핵무기 반대운동에서 시작했다. 1945년 일본 히로시마와 나가사키에 원자폭탄이 투하되고, 핵무기 개발 열기는 세계 각국으로 퍼져나갔다. 1949년 소련, 1952년 영국이 원자폭탄 개발에 성공했고, 같은 해 미국은 원자폭탄보다 강력한 수소폭탄 개발에 성공했다. 핵무기 개발 경쟁에 대한 우려의 목소리는 실천으로 이어져 1957년 미국에서 열린 퍼그워시 회의는 이후 전 세계에서 벌어진 반핵무기 운동의 시초가 되었다.

안타깝게도 이 시기 우리나라에선 반핵무기 운동이 벌어지지 못했다. 히로시마와 나가사키에 핵무기가 투하될 당시 많은 동포들이 현장에 있어 우리나라는 일본에 이어 두 번째로 원폭 피해자가 많은 나라였지만, 당시 정치경제적인 상황은 반핵문제를 다루기에 너무나 힘들었다.

반면 이 때 우리나라 정부는 핵에너지에 대한 관심을 쏟는다.

1957년 이승만 정부는 연구용 원자로를 도입했다. 미국은 핵무기가 아닌 '원자력의 평화적 이용(atoms for peace)'을 위해 핵에너지를 사용하자고 주장하고 나설 때였다. 미국은 한편에선 핵무기 개발을 계속 하면서 다른 한편으론 당시 한국과 같은 저개발국가에 연구용 원자로를 보급하는 것을 통해 '평화적 이용'을 홍보하고 싶었다. 그 결과 연구용 원자로를 어디에 사용할 것인지에 대한 상세 계획은 뒤로하고 공사비를 원조 받아 우리나라 최초의 연구용 원자로 '트리가마크2'가 서울 공릉동에 건설되었다.

연구용 원자로 도입 이후 신설된 문교부 원자력과는 1959년 원자력원으로 확대 재편되었다. 원자력원 원장은 장관급이었으며, 대통령 직속기관인 원자력위원회 위원장은 국무위원 급이었다. 원자력위원회 위원조차 1급 공무원이었다. 지금은 물론이고 당시로서도 파격적인 조치였다. 이 땅에 처음 소개된 핵에너지는 도입되는 순간부터 정부의 전폭적인 지지를 받았던 것이다.

고리 주민들의 반대 운동

1960년대에 들어서면서 핵에너지 이용 정책은 핵발전소 도입으로 방향을 확대해 나갔다. 서구 선진국들이 하나 둘 핵발전소를 건설하던 때이지만, 빈곤국가 대한민국에 핵발전소는 여전히 비싼 발전소였다. 당시엔 수력이나 화력발전소가 더 경제성이 있었고, 핵발전소는 경제성도 떨어지고 기술도 검증되지 않은 발전소였다. '왜 이렇게 비싼 발전소를 건설하려고 하는가?'라는 질타가 국회에서 이어지기도 했지만, 당시 박정희 정부의 핵발전소 건설 의지는 확고했다.

첫 번째 핵발전소 부지는 경기도 행주산성 일대와 부산 기장군 등 총 3곳의 후보지 중 경남 양산군 장안면 고리(지금은 부산광역시로 편입됨)로 결정되었다. 당시 고리는 162세대 1,250명이 살고 있었던 평범한 어촌마을이었다. 고리 1호기 건설이 추진되면서 이곳 주민들은 두 곳으로 나눠 집단 이주되는데, 이 과정에서 지역주민들은 정부의 이주 계획에 적극 반대했다. 집단 이주에 대한 법적 규정조차 없던 시절, 제대로 된 설명이나 보상조차 받지 못한 채 삶의 터전을 빼앗기고 싶지 않은 마음은 너무나 강했다. 불도저 등 공사 장비를 가로막고 앉아 있는 동네 아주머니들과 공사 인부들과 싸우고 있는 몇 장의 사진만이 당시 분위기를 전해 줄 뿐이다. 우리나라 최초의 핵발전소 시위로 기록될 이 모습은 사회적으로 널리 알려지지 못했다. 군사정권 시절 정부 정책에 반대하는 흐름은 언론에 보도되지 못했고, 사회운동이 활성화되지 못했던 시절이었기 때문이다.

영광지역 '무뇌아 출산 사건'으로 촉발된 반핵운동

본격적으로 반핵운동이라 불릴 만한 흐름이 만들어진 것은 1980년대 후반이다. 1987년 6월 민주화 항쟁으로 우리 사회 곳곳에서 민주화의 열망이 높아진다. 군사독재에 맞서 민주주의와 자신의 권리를 지키기 위한 목소리가 봇물 터지듯 나오면서 핵발전소 피해주민들의 운동이 시작된 것이다.

처음 목소리가 터져나온 곳은 전남 영광이었다. 영광엔 1986년 영광 핵발전소 1호기가 준공되었고, 이듬해인 1987년 2호기도 가동되면서 핵발전소로 인한 피해가 가시화되기 시작했다. 이에 따라 온배

수 피해에 대한 어민들의 문제제기가 본격적으로 시작되는데, 1987년 영광 어업피해 보상투쟁이 대표적이다.

이후 영광에서는 크고 작은 사건사고가 벌어지면서 우리나라 반핵운동의 중심지가 된다. 1988년 핵발전소 직원이던 박신우씨 임파선암 사망사건, 1989년 무뇌아 출산 사건 등은 영광지역뿐만 아니라 전국적으로 핵발전소 반대운동이 알려지는 계기가 되었다. 1989년엔 정부의 영광 핵발전소 3,4호기와 핵폐기장 건설 계획에 맞선 반대운동이 전국적으로 확산되기도 했다. 그해 결성된 '전국핵발전소추방운동본부(전핵추본)'은 핵발전소에 반대하는 지역대책위는 물론, 환경, 보건의료, 사회단체, 학생단체가 망라된 우리나라 최초의 반핵운동 연대체였다. 전핵추본은 핵발전소와 핵폐기장의 위험성을 전국적으로 알리는 활동을 벌였다. 이 활동의 일환으로 진행된 '핵발전소 11,12호기[25] 건설반대 100만인 서명운동'을 통해 전국적으로 12만 명의 호응을 이끌어 내기도 했다.

핵폐기장 건설 반대한 영덕군민들의 첫 승리

핵발전소 가동에 따라 정부는 늘어나는 핵폐기물 문제를 고민하기 시작한다. 이에 따라 비밀리에 핵폐기장 부지를 물색하고 있었다. 1988년 11월, 한겨레신문이 동해안 3곳을 핵폐기장 후보지로 물색하고 있다는 사실을 폭로하면서 핵폐기장의 실체가 조금씩 드러났

---

25 핵발전소 11,12호기는 지금의 영광 3,4호기에 해당한다. 당시 정부에서는 고리 1호기를 시작으로 발전소 건설 순서에 따라 번호를 매겼다. 즉 우리나라 11번째와 12번째 핵발전소란 뜻이다.

다. 1989년 2월, 국회를 통해 이 동해안 3곳이 경북 울진군, 영일군 (포항), 영덕군이라는 사실이 알려지면서 해당지역에선 반대운동이 시작되었다. 우리나라 최초의 핵폐기장 반대운동이었다. 특히 후보 지 1순위였던 영덕군의 반대운동이 매우 격렬했다. 면단위의 집회였 음에도 3천여 명의 주민들이 집회에 참석했고 이후 국도 점거 등 강 도 높은 투쟁을 진행했다. 이전에 핵발전소를 건설하던 때와는 전혀 다른 모습이었다. 주민들의 강력한 반발에 정부는 결국 1989년 말 동해안 핵폐기장 건설 계획을 전면 백지화했다.

1년 남짓한 투쟁이었지만, 한국 반핵운동에겐 소중한 승리였다. 하지만 정부의 핵폐기장 건설 계획은 이것으로 끝나지 않았다. 1990 년 안면도, 1991년 고성, 양양, 울진, 안면도, 1993년 영일, 양산, 울 진, 1994년 굴업도, 2000년 영광, 고창, 울진, 2003년 부안, 2004년 영 광, 울진, 2005년 경주, 군산 등 20여 년 동안 해안선에 접하고 있는 거의 모든 지역이 핵폐기장 건설 문제로 몸살을 앓았다.

그 중에서도 1990년 안면도와 1994년 굴업도, 2003년 부안의 핵 폐기장 반대운동은 대규모 시위와 소중한 승리를 통해 우리나라 반 핵운동의 기본 틀을 만들었다. 1990년 11월, 신문 보도를 통해 핵폐 기장 건설 계획을 알게 된 안면도 주민들은 적극적인 반핵운동에 나 섰다. 이장단 총사퇴, 초중고 학생들의 등교거부, 경찰서 방화와 연 육교 봉쇄, 2만여 명 주민의 동시 집회 등 민란 수준의 반대운동이 벌 어지자, 정부는 핵폐기장 건설 계획을 급히 수정했다. 주무부처였던 과학기술처 장관은 경질되었고, 핵폐기장 후보지를 처음부터 다시 찾겠다는 내용의 대책을 발표했다. 이후 안면도는 몇 차례 후보지로 언급되어 지역주민들의 반대운동이 이어지기도 하지만, 결국 후보지에서 완전히 삭제되었다.

1994년 12월, 정부는 안면도에서의 실패를 교훈 삼아 인구가 채 10명도 살지 않는 인천 앞바다 굴업도를 핵폐기장 후보지로 선정했다. 안면도와 마찬가지로 기본적인 주민설명회 조차 없이 언론 보도를 통해 이 사실이 알려지자, 굴업도 인근 덕적도 주민들은 분노했다. 반핵운동진영은 정부의 굴업도 핵폐기장 이전에 있던 전핵추본과 1993년 만들어진 전국반핵운동연락협의회 등을 재편하여 새로운 반핵운동 연대체인 전국반핵운동본부를 창립하고 핵폐기장 반대운동을 준비하던 중이었다. 분노한 덕적도 주민들과 전국반핵운동본부의 연대 투쟁은 자연스럽게 이어졌고, 그 흐름은 인천시내와 서울로까지 확대되었다. 하지만 이번엔 정부 역시 완강했다. 안면도 핵폐기장 반대운동을 겪으면서 정부는 미디어의 중요성을 절감했고, 1992년 한전을 중심으로 15개 유관기관이 공동 출연한 전문적인 홍보기구 – 한국원자력문화재단(현 한국에너지정보문화재단)을 설립시켜놓은 상태였다. "더 이상 늦출 수 없습니다"라는 슬로건을 중심으로 TV와 신문 광고가 이어졌고, 여기에는 유명 연예인들이 출연하여 국민들을 설득했다.

하지만 정작 문제는 굴업도 자체에 있었다. 덕적도 주민들과 반핵운동진영의 적극적인 반대운동에도 불구하고 정부의 굴업도 핵폐기장 강행의지는 강했다. 그러나 핵폐기장 건설을 위해 부지조사를 하던 중 활성단층이 발견되면서 정부 스스로 핵폐기장 건설 계획을 전면 백지화하는 일이 발생했다. 10만년 이상 고준위핵폐기물을 보관해야 하기 때문에 활성단층이 있는 곳은 애초 후보지가 될 수 없었던 것이다. 부실한 핵폐기장 건설 추진이란 비판이 이어지면서 정부는 핵폐기장 건설 주체를 원자력연구소에서 한전으로 옮겼다. 연이은 핵폐기장 건설계획 실패에 대한 문책성 지시였다. 그리고 몇 년 간 핵폐기장 문제는 수면 밑으로 가라앉았다.

안면도와 굴업도 핵폐기장 반대운동은 반핵운동이 국민들에게 본격적으로 인식된 계기가 되었다. 핵폐기물의 위험성과 핵발전소의 문제점, 그리고 이에 대한 지역주민들의 저항은 곳곳에서 벌어졌다. 그리고 그 문제는 해당 지역주민들만의 문제가 아니라, 온 국민의 문제이며 결국 우리나라 에너지 정책의 문제라는 인식이 조금씩 확산되었다.

양날의 칼 주민투표, 부안의 승리와 경주의 패배

굴업도 핵폐기장 반대운동 이후 한동안 정부의 핵폐기장 건설 계획은 잠잠해졌지만 핵발전소 건설계획은 계속 추진되었다. 1996년 영광 5 · 6호기 준공을 둘러싼 지역주민들의 반대운동, 1999년 울산 핵발전소[26] 건설 반대운동과 울진 핵발전 단지(신울진 핵발전소) 반대운동 등 신규 핵발전소 반대운동이 이어졌다.

이들 신규 핵발전소 반대운동은 안타깝게도 결국 핵발전소 건설을 막아내지는 못했지만, 신규 핵발전소를 둘러싼 사회적 인식을 변화시키는 데 큰 기여를 했다. 정부는 핵발전소 건설이 지역경제 활성

---

26 신고리 5 · 6호기를 말한다. 2000년 당시 정부는 '신고리 5 · 6호기'라는 명칭을 사용하지 않았고, 이 계획을 부산 기장군 효암리와 울산 울주군 신암리 일대에 핵발전소 4기를 짓는 '효암 · 신암 마을 신규 원전 건설계획'이라고 불렀다. 정부의 이러한 계획을 반핵운동에선 행정구역을 따서 '울산핵발전소 건설 계획'이라고 불렀으며, 울산지역 환경단체와 노동운동진영, 정치권 등이 적극 반대운동에 나섰다.

화에 큰 힘이 된다고 지역주민들을 설득했지만, 이는 매우 일시적이며 온배수 피해와 방사능 누출과 사고 우려, 지역 농수산물 판매 어려움 등 피해가 적지 않음을 지역주민들이 자각하기 시작한 것이다.

2000년대로 접어들면서 한동안 주춤했던 핵폐기장 건설 문제가 다시 쟁점으로 부각되었다. 영광, 울진, 고창, 영덕 등 핵폐기장 후보지에서 다시 시작된 핵폐기장 반대운동은 2003년 부안군수의 갑작스런 유치 선언으로 급물살을 타게 된다. 당시 부안군수는 얼마 전까지 핵폐기장 유치를 하지 않겠다고 약속했었기에 부안군민들의 분노는 컸다. 수백일 동안 계속된 촛불집회, 대규모 시위와 상가철시, 등교거부 등 부안군민들의 반대 열기는 뜨거웠다. 부안군민들의 핵폐기장 반대 열기는 2004년 2월, 군민들의 독자적인 주민투표를 통해 재확인되었다. 전체 투표권자의 72%인 3만 7540명이 투표한 부안주민투표는 투표자의 91.8%(3만 4472명)이 반대해 압도적인 표차로 부안군민들의 반대의사를 확인했다. 당시 정부는 이 주민투표는 법적 강제력이 없다며 투표 결과를 부정했지만 주민들의 반대에도 불구하고 핵폐기장을 건설할 수는 없었다. 부안의 주민투표 사례는 한국반핵운동의 첫 번째 주민투표 사례로 그간 국책사업이라는 이름으로 주민들의 의사를 무시하고 추진되던 핵폐기장 문제에 제동을 건 중요한 사건이었다. 이렇게 부안은 핵폐기장 건설 계획에서 멀어졌지만, 주민투표는 '양날의 검'이 되어 다시 돌아왔다.

이번엔 정부가 주민투표를 무기로 핵폐기장 건설을 추진한 것이다. 2005년 정부는 부안의 실패를 평가하여, 고준위 핵폐기장과 중저준위 핵폐기장 건설 계획을 분리하고 중저준위 핵폐기장을 먼저 건설하는 것으로 계획을 수정했다. 또한 핵폐기장 부지 선정이 확정되면 3천억 원의 지원금과 3대 국책사업, 그리고 추가 지원 사업 등 엄청난 지원을 할 것을 약속하고 이를 법제화하였다. 이에 경주, 군산, 영덕, 포항 등 4개 지자체를 대상으로 주민투표가 진행되었다. 가장 많은 찬성률을 얻는 지역이 핵폐기장 부지로 결정되는 구조였다. 정부와 핵산업계는 주민투표법의 허점 등을 이용해 지역 행정조직을 동원하고 금품을 제공하는 방식으로 주민투표에 매진했다. 이듬해 선거를 앞둔 지자체장들은 자신들의 조직을 총동원하여 핵폐기장 유치 운동을 벌였다. 지역별로 각종 기념품과 선심성 관광과 식사제공이 이어졌고, 공무원이 직접 핵폐기장 유치활동을 펼치면서 주민투표는 과열되었다. 주민투표 과정에서 경주와 군산은 영호남 지역감정을 자극하는 현수막을 거는 일까지 벌어졌다. 또한 부재자 투표의 허점을 이용해 사망자를 부재자 투표 명부에 올리는 가하면, 부재자 투표 명부를 대리 작성하는 일까지 벌어지면서 부재자 투표율이 40%에 육박하는 일이 벌어졌다.

이런 과정을 거쳐 2005년 11월, 결국 89.5%의 찬성률을 얻은 경주가 핵폐기장 부지로 결정되었다. 부안의 승리가 있은 지 채 2년이 지나지 않은 시점이었다. 반핵운동으로서는 한 번의 큰 승리와 또 한 번의 큰 패배를 겪은 셈이다. 이후 몇 년간 반핵운동은 암흑기에 접어들었다. 이후 경주 핵폐기장 건설과정에서 지질 문제와 지하수 누출 같은 문제제기가 나오지만 이미 결정된 경주 핵폐기장을 돌이키기는 불가능했다. 파이로프로세싱 같은 핵연료 재처리 연구개발계획이나 핵발전소 수출 계획 등 핵산업계는 핵산업 진흥계획을 계속 수립했지만, 이에 대한 반핵운동의 대응은 미약했다. 2009년 이명박 정부의 UAE 핵발전소 수출 성공까지 겹치며, 우리나라 반핵운동은 '반대를 위한 반대', '수출까지 반대하는 이들'이란 비판에 직면하였다.

후쿠시마 사고 이후 대중화되고 급성장한 국내 탈핵운동

2011년 3월, 동일본대지진과 함께 일어난 후쿠시마 핵발전소 사고는 인류 전체에게 충격을 안겨주었다. 연이어 폭발하는 후쿠시마 핵발전소의 모습이 생중계되면서 핵발전소의 위험성이 퍼져나갔고, 이는 우리나라 반핵운동에 큰 변화를 낳았다. 그동안 반핵운동은 지역주민과 환경단체 활동가로 국한된 운동이었다. 대규모 반대운동이 있으면 농민운동이나 종교계 등이 연대하기는 했으나, 상시적인 연대는 부족했다. 하지만 후쿠시마 핵발전소 사고 이후 핵발전소에 반대하는 흐름이 대중화되었다. 그리고 자연스럽게 '반핵'운동이란 이름이 '탈핵'운동으로 이름을 바꾸었다. 핵발전소에 반대한다는 뜻의 '반핵'보다 핵발전소에서 벗어난다는 뜻의 '탈핵'이 더 대중적이었고, '반대를 위한 반대'라는 핵산업계의 논리에서 자유로웠다.

의사, 대학교수, 법률가, 교사 등 전문인들이 탈핵을 내걸고 단체를 만들기 시작했고, 종교계, 노동계, 생협, 사회운동 단체 등이 조직적으로 탈핵운동에 결합했다. 2011년 결성된 '핵없는 사회를 위한 공동행동(이하 탈핵공동행동)'은 2005년 핵폐기장 주민투표 이후 6년 만에 재결성된 탈핵운동 연대체였다. 후쿠시마 핵발전소 사고 이후 국민들의 핵발전소에 대한 관심이 높아지자, 그간 은폐되었던 핵발전소의 진실이 하나씩 드러나기 시작했다. 2012년 고리1호기 정전은폐사고와 한수원의 각종 비리사건은 핵산업계의 어두운 민낯을 그대로 보여준 사건이었다. 이를 계기로 탈핵운동은 이전까지와는 전혀 다른 방식으로 적극적인 탈핵활동을 펼쳤다. 고리 1호기와 월성 1호기 등 노후핵발전소 폐쇄운동 등을 통해 낡고 불안한 핵발전소를 폐쇄시키기 위한 운동이 벌어졌다. 삼척과 영덕에서는 자발적인 주민투표가 벌어져 신규 핵발전소 건설 반대라는 지역주민의 뜻을 분명히 했다. 월성 핵발전소 인근 삼중수소 오염과 주민들의 이주대책위 활동, 핵발전소 인근 주민들의 갑상선암 소송, 서울 월계동의 방사능 아스팔트 사건, 일본산 수산물 반대운동과 방사능안전 급식 조례제정운동, 고리 핵발전소 인근 해수담수화시설 반대운동, 라돈 침대 사건 등 이전에 핵폐기장과 핵발전소 중심의 반대활동은 방사성 물질을 둘러싼 운동으로 확대되어 갔다. 또한 대전에 있는 한전원자력연료 증설반대운동, 핵연료 재처리 반대운동, 하나로 연구용원자로 문제 등 핵에너지 연구시설에 대한 반대운동도 후쿠시마 핵발전소 사고 이전에 없던 일이었다.

후쿠시마 핵발전소 사고 이후 한국탈핵운동의 힘은 2017년 잘가라 핵발전소 100만 서명운동(이하 100만 서명운동)으로 이어졌다. 2017년 12월로 예정되어 있던 대통령 선거를 겨냥해 2016년 여름부터 준비를 시작한 100만 서명운동은 기존 탈핵공동행동의 연대 틀을 넓혀 전국 각지로 흩어져있던 탈핵운동을 하나로 모은 활동이었다. 100만 서명운동 진행과정에 벌어진 박근혜 대통령의 국정농단 사태와 조기대선으로 2017년 12월이던 서명운동 마감시점을 앞당겨 100만 서명운동본부는 2017년 6월까지 33만8천여 명의 서명을 받았다. 이는 애초 목표했던 100만 명 서명에는 미치지 못하지만, 전국적인 탈핵운동 흐름을 모으고 정치권에 탈핵의제를 명확히 인식시켰다는 점에서 큰 의미를 가졌다.

한국탈핵운동의 분수령이 된 신고리 5·6호기 공론화 대응

2017년 6월, 문재인 대통령은 고리1호기 영구정지행사에서 신규 핵발전소 건설 중단, 노후핵발전소 수명연장 금지, 원안위 승격 등을 발표했다. 대통령 선거 당시 있었던 공약을 당선 이후 재확인하고 그동안 진행되어 오던 핵발전 확대 정책을 중단하겠다는 선언이었다. 하지만 쟁점 사안이던 신고리 5·6호기 문제에서는 안전성과 공정률 등을 고려해서 사회적 합의를 도출하겠다고 밝혔다. 선거 당시 신고리 5·6호기 백지화를 수차례 확인했던 문재인 대통령이었기에 분명한 공약후퇴였다.

그러나 문재인 대통령의 이날 선언을 둘러싼 탈핵운동 진영의 견해차는 매우 컸다. 부족하지만 과거의 정책방향을 바꾸었다는 점에서 긍정적인 평가를 하는 이들과 공약후퇴에 적극 항의하고 싸워야 한다는 의견이 나왔다. 정부의 신고리 5·6호기 공론화 계획에 대해서도 적극 대응부터 보이콧까지 다양한 의견이 나왔다. 2017년 7월, 탈핵공동행동은 2차례 대표자-집행위원회 연석회의를 열며 긴 토론을 거쳐 '신고리 5·6호기 공론화에 적극 대응'하기로 입장을 정리했다. 이후 탈핵진영은 탈핵공동행동 소속 단체들을 중심으로 1천여 개 단체가 참여하는 '신고리 5·6호기 백지화 시민행동(이하 신고리시민행동)'을 결성하여 전국적인 신고리 5·6호기 백지화운동을 펼쳤다.

신고리시민행동은 이전까지 탈핵운동 진영이 만든 연대체 중 가장 크고 많은 이들이 참여한 연대체였으나, 보수언론과 보수야당의 집중 공세에는 취약했다. 탈핵정책에 대한 가짜뉴스가 연일 보도되었다. 탈핵을 하면 전기요금이 폭등한다거나 태양광 패널이 중금속

덩어리라는 등 확인되지 않거나 과장된 뉴스는 계속 퍼져나갔다. 신고리 5 · 6호기 건설 문제가 문재인 정부에 대한 찬/반 문제로 확대되면서 그동안 신고리 5 · 6호기 건설에 부정적이었던 일부 야당도 건설 재개로 입장은 선회했다. 반면 정부와 여당은 '공론화 과정에서 중립을 지켜야 한다'는 이유로 신고리 5 · 6호기 관련 발언을 일체 삼가면서 '기울어진 운동장'에 탈핵운동진영만 형국이 신고리 5 · 6호기 공론화 내내 지속되었다.

결국 신고리 5 · 6호기 공론화에 참여한 시민배심원단 59.5%가 공사재개를 결정하고 문재인 대통령이 이 결과를 그대로 수용함으로써 신고리 5 · 6호기는 건설 재개되었다. 신고리 5 · 6호기 공론화가 가져온 탈핵운동 내부 혼란은 매우 컸다. 단지 결과에 대한 평가와 분석에 그치지 않고 주요 구성원간의 신뢰나 연대 틀마저 무너졌다. 기본적인 입장조차 모아내지 못해 성명서 한 장 내지 못하는 상황이 1년 가까이 반복되었다. 결국 2017년 5월, 탈핵공동행동은 그간 활동을 평가하고 공식 해산하였다. 외견상 탈핵공동행동의 해산은 탈핵운동의 큰 타격으로 볼 수도 있을 것이다.

하지만 탈핵공동행동 해산에 즈음해 각 사안별 연대체는 더욱 활발하게 구성되어 움직이고 있다. 정부의 고준위핵폐기물 정책 대응을 위한 '고준위핵폐기물 정책대응 전국회의'가 만들어졌고, 일본산 수산물 수입 반대를 위한 연대체와 핵재처리 실험 반대 연대체 등이 활동 중에 있다. 탈핵을 넘어 에너지 전환 정책이나 지역에너지자립을 위한 각종 포럼과 연대체도 전국적으로 만들어져 활동하고 있다. 이런 면에서 과거 단일한 체계로 목소리를 내던 탈핵운동진영은 사안별로 확대된 대응을 펼치는 방향으로 조금씩 나아가고 있다. 탈핵운동의 이슈는 설사 모든 핵발전소가 사라진다고 해도 여전히 남아 있다. 핵폐기물 문제와 방사선 문제, 에너지 전환을 둘러싼 과제는 여전히 남아 있기 때문이다. 과거 핵발전소와 핵폐기장 중심의 반핵운동이 다양한 핵시설과 방사능 문제 전체로 확대되었던 것처럼 앞으로 탈핵운동 역시 다양한 이합집산을 통해 더욱 새로운 모습으로 변화 발전해 나갈 것이다.

핵 마피아와
적폐청산의 과제[27]

이강준

마피아(mafia)는 보호세 갈취, 범죄자간의 분쟁 중재, 불법적 합의 및 거래의 조직과 감독을 주요 사업으로 하는 신디케이트[28]형 조직 범죄이다. '마피아'라는 말은 본래 시칠리아 마피아를 가리키는 말이었으나, 시칠리아 마피아와 유사한 방법과 목적으로 활동하는 다른 조직들까지 포괄하는 의미로 확장되었다(위키백과).

핵발전을 통해 사적 이익을 공유하고 있는 세력을 '핵 마피아'라 부를 수 있을까? 핵발전 이익공동체는 오랜 기간 동안 폐쇄적인 시장에서, 천문학적인 이권을 둘러싸고, 권력과의 담합을 통해, 국가정책(계획 · 법제도 · 예산 · 조직)에 초법적 개입을 자행해 가면서까지, 국가와 시민의 이익을 침해하면서, 자신들의 이익만을 추구해 왔다

---

27 이 글은 신고리 5 · 6호기 백지화 시민행동 주최 토론회에서 발표한 '핵 마피아와 원자력 프로파간다(2017.8.28.)'와 프레시안에 기고한 '핵마피아의 실체, 한수원 적폐청산 TF가 필요하다(2017.8.4.)를 재구성한 것이다.

28 동일 시장 내의 여러 기업이 출자하여 공동판매회사를 설립, 일원적으로 판매하는 조직. 카르텔(가장 강한 형태의 기업담합 형태) 중 가장 발달한 형태.

는 점에서 '마피아'의 확장된 사전적 정의에 정확히 부합한다.

적폐(積弊)의 사전적 뜻은 "오랫동안 쌓이고 쌓인 관행, 부패, 비리 등의 폐단(네이버 지식백과)"이다. 이를 뿌리 뽑으려면 조직, 사회, 국가 전반의 전방위적 개조와 혁신적인 노력이 필요하다. 관련 책임자에 대한 문책과 처벌이 뒤따를 수밖에 없다.

핵 마피아를 적폐라 부를 수 있을까? 그렇다면 '핵발전 이익공동체'가 오랫동안 형성해 온 관행, 부패, 비리 등의 폐단을 증명하거나, 최소한 '합리적인 의혹'을 제기할 수 있어야 한다. 핵발전 시장의 특징은 무엇이고, 이익을 보는 세력, 혹은 집단은 누구인지에서부터 논의를 시작할 필요가 있다.

국내 경기불황에도 불구하고 핵발전 산업은 호황

후쿠시마 핵발전소 사고 이후 우리 사회에서 핵발전소가 갖는 윤리적, 정치적, 경제적 문제와 방사능의 파괴적 속성에 대한 문제제기가 확산되고 있으나, 실제 우리나라 핵발전 산업의 실태에 대한 접근은 매우 취약하다. 핵발전 산업의 실체를 드러낸다는 것은 핵발전을 둘러싼 정책결정 과정, 그리고 이를 움직이는 핵심 '인물'과 그 역할, 즉 이해관계 구조와 관계(정치·산업·언론·지식·관료의 이익공동체)를 추적하는 것에서 출발할 수 있다. 또한, 핵발전 산업과 관련한 '돈'의 흐름을 파악하는 것도 중요한데, 지난 10년 동안의 원자력 공급 산업체의 매출액 추이는 중요한 단서를 제공한다. 단적으로 이명박 정부 이전 시기인 2007년까지 '원자력공급산업체'의 매출액은 연간 2조 5천억원 미만이었는데, 집권 5년 만인 2012년도에는 5조

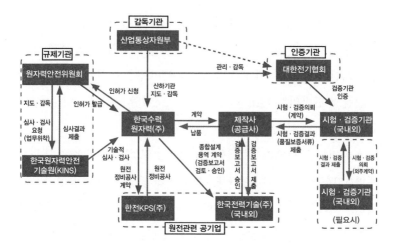

〈그림〉 핵발전 산업계 구조

자료 : 감사원(2013)

https://www.bai.go.kr/bai/cop/bbs/detailBoardArticle.do?mdex=bai20&bbsId=BBSMSTR_1000000000
09&nttId=1563 p.6

2,500억 원으로 매출액이 두 배 이상 늘었다(이강준, 2014).

핵발전 산업계는 위 그림과 같이 한수원을 중심으로 감독기관(산업통상자원부), 규제기관(원자력안전위원회, 한국원자력안전기술원), 핵발전 관련 공기업(한국전력기술주식회사, 한전KPS주식회사 등), 인증기관(대한전기협회 등), 국내외 시험·검증기관, 납품업체(제작·공급사) 등으로 구성된다.

지난 2015년도 국내 핵발전 산업분야 총 매출액은 26.6조 원으로 전년의 25.1조 원 대비 6.0% 증가하였다. 이 중 '원자력발전사업자'는 20조 원(75.1%), '원자력공급산업체'는 5.4조 원(20.1%), '연구·공공기관'은 1.3조 원(4.8%)을 차지하고 있는 것으로 조사되었다(원자력산업회의 2017).

지난 2013년 현재, 핵 발전 매출이 1,000억 원 이상을 기록한 업체는 ①건설업의 현대건설, 삼성물산, GS건설, SK건설, ②제조업의 두산중공업, 한전원자력연료, 효성, ③서비스업의 한전KPS, ④설계업의 한국전력기술, ⑤공공 기관의 한국원자력연구원, 한국연구재단, 한국원자력환경공단 등 모두 12개였다. 또 100억 원 이상 1000억 원 이하의 매출을 기록한 업체로는 현대중공업㈜, ㈜대우건설, ㈜코센, 현대엔지니어링㈜, 한전KDN㈜, 한국원자력통제기술원, 한국원자력문화재단 등 33개 업체 또는 기관이었다(원자력산업회의 2015).

특히, 현대건설은 국내 운영 중인 핵발전소 23기 중 14기 건설에 참여했고, 2017년 현재 건설 중인 국내외 9기 중에도 8기에 시공 대표사로 참여하고 있고, 두산중공업은 신고리 1, 2, 3, 4호기, 신월성 1, 2호기, 신울진 1, 2호기를 수주하는 등 국내 유일의 주기기 공급자 및 주 계약자로서의 위치를 공고히 해 왔다. 핵발전소 신규 건설 계획은 국가 예산과 세금으로 현대건설 · 삼성물산 · 두산중공업 등 소수의 핵 발전 산업체의 이익을 확실하게 보장해 주는 정책이다.

핵발전의 역사는 비리의 역사

1978년 첫 상업운전을 시작한 우리나라 최초의 핵발전소인 고리 1호기의 건설 당시부터 핵발전 비리 문제는 커다란 사회적 논란이었다. 박익수 전 국가과학기술자문회 위원장은 "당시 웨스팅하우스 사의 한국 대리점은 화신산업(주) 아닙니까? 특히 (웨스팅하우스의) PWR, (제너럴일렉트릭의) BWR, (영국에서 개발한) AGR의 판매교섭과 경쟁이 치열한 무렵에 '만일 PWR을 선정해 주면 커미션 750만 불을 준다'는 소문이 퍼졌습니다. 당시 원전 계약금액이 약 1억 5천만 불이었으니까, 그것의 약 5%가 커미션이라고 할 수 있지요."라고 증언한다(박익수, 1999).

〈월간경향〉의 보도에 따르면, 박정희-정주영의 '밀월' 시절에 발주됐던 핵발전소 5·6·7·8호기에서는 현대가 에이전트로 뛰면서 토건공사 부분까지 스스로가 독점하기도 했다. 프랑스로 넘어간 9·10호기는 당시 한불친선협회장이던 조중훈 한진그룹회장이 나서서 플라마톰에 낙찰되는 데 기여한 것으로 알려져 있다(월간경향, 1988; p.120).

〈신동아〉의 보도에 따르면, 한전의 5대 사장인 김영준씨(재임 76년 1월~81년 12월)는 민간 출신으로 고 박정희대통령의 신임이 두터웠다고 하는데, 1977년의 어느날 그는 박대통령을 찾아가 커미션에 관한 보고를 했다.

『각하, 원전시공을 맡은 ××회사에서 제게 2백만달라를 리베이트로 가져왔습니다. 이 돈을 어떻게 할까요』

『당장 돌려주시오. 그런 돈은 필요 없소』

『각하, 이 돈은 관례입니다. 우리가 받지 않더라도 외국회사들이 그만큼 공사비를 깎아주지는 않습니다. 돌려주면 그들 좋은 일 시키는 겁니다』

『알았오. 그러면 김사장이 한전을 위해 알아서 쓰시오』.

박정희 대통령과 한전사장이 나눴다는 이 대화는 발전소 건설을 둘러싸고 이루어지는 커미션(수수료)과 리베이트(공사수주대가로 지불

되는 사례금)의 실상을 일부나마 보여준다(신동아, 1994; p.443).

또한, 프레이저보고서[29]에는 박정희대통령 시절 핵발전소 커미션을 둘러싼 갈등으로 당시 김종필 국무총리가 해임됐다는 언급이 있다.

"박정희의 지시는 한국정부가 캐나다 산 CANDU 핵반응로 구매를 결정하는 데 한 역할을 했을 것이고, 아이젠버그는 그 회사의 대리인으로 봉사했다. 그는 후에 CANDU 판매로부터 수수료와 비용으로 200만 달러를 받았다. 본 소위에서 청취한 한국 기업인의 진술과 전직 대사관 관리의 진술에 의하면, 그 후 청와대 조사에서 민충식과 김종필이 아이젠버그의 수수료에서 뒷돈을 받았다는 증거가 튀어나왔다고 한다. 계속해서 그 기업인이 언급하기를, 이러한 증거들과 캐나다정부가 CANDU 판매에 대해 자체 조사한 결과로, 1975년 당시 국무총리였던 김종필과 한국전력 사장이었던 민충식이 해임되었다고 했다(하원 국제관계위원회 국제기구소위원회, 2014; p.376~377)."

전두환 군사정부 시절인 1987년 4월 현대건설은 총공사비 3조 3,230억 원(44억 달러)의 영광 3,4호기의 토건 및 기전공사를 수의계약으로 체결했다. 이명박 전 대통령은 권력형 비리 의혹에 따라, 현대건설 회장 신분으로 1988년 국감장에 소환되었다. 영광핵발전소

---

29 1976년 코리아게이트 사건(대한민국 중앙정보부가 박동선을 통해 미국 정치인들에게 뇌물을 주어 미국 정부에 영향을 끼친 사건)이 터진 뒤 조직된 국제관계위원회 산하 국제기구 소위원회가 1978년 미국 의회에 제출한 보고서

(한빛원전) 3,4호기는 당시 단일 공사 기준으로 국내 최대 규모였다. 건설 공사의 수주가 덤핑 가격으로 이루어지는 관행 속에서 예정가의 90%가 넘는 좋은 가격으로 공사를 수주했으니, 관례에 따라 정치자금으로도 상당한 액수가 쓰였을 것이라는 항간의 소문이었고, 게다가 전두환 군사정부 시절임을 감안하면 합리적인 의혹이었다(신동아, 1994). 그래서인지 이 문제에 대한 신문이나 국회에서의 뜨거운 논쟁이 있었다. 참고로 현대건설은 고리1호기 건설에 웨스팅하우스의 하청으로 참여하여, 현재는 국내 핵발전 시장의 맹주로 성장했다.

노태우 정부 시절인 1992년 2월 대우가 2,940억 원에 수주한 월성 3,4호기 주설비공사도 '경기커넥션'과 이를 통한 정치자금 조성의 의혹을 받았다(신동아, 1994). 안병화 전 한전사장의 수뢰사건을 수사한 검찰은 안씨에게 2억원씩 준 김우중 대우그룹회장과 최원석 동아그룹회장을 불구속하면서 「이들이 준 돈은 공사사례비라 할 수 없고 의례적인 떡값이므로...」 운운했다(신동아, 1994; p.446).

이명박정부 시절 UAE 핵발전소 수출과 관련해, 한수원의 기술능력평가업무를 총괄하던 송모 부장은 지인에게 '현대중공업의 C부장을 만나서 현대중공업이 낙찰을 받게 되면 얼마를 줄 수 있는지를 알아봐 달라'는 취지로 부탁했다. 실재 현대중공업이 '비상용 디젤발전기 8대 및 대체교류 발전기 1대'를 합계 1,127억 원에 납품계약을 체결하였고, 현대중공업은 형식적인 자료만 만든 후 용역대금 명목으로 박모씨에 10억 원을 송금하였는데, 이중 합계 3억 원을 송모 부장에게 전달하였다(녹색당 외, 2015). 또한, 이명박 정부의 왕차관으로 군림하던 박영준 전 지식경제부(현 산업통상자원부) 차관은 핵발전 비리에 연루돼 기소되어 유죄판결을 받았다(연합뉴스, 2015).

‘2013년 원전비리 사건’은 핵발전소에 필요한 부품을 공급하는 업체가 기준에 미치지 못하는 부품을 준비했음에도, 부품의 시험 성적표를 조작했다가 적발된 사건이다. 당시 부품을 공급한 JS전선에서 부터, 부품의 성능이 기준에 맞는지를 검사한 새한티이피, 이 모든 것을 관리·감독하고 최종 승인한 한국전력기술에 이르기까지, 모두가 함께 벌인 일이었다. 그리고 수사과정에서 산업부 차관에서부터 한수원과 대기업 간부에 이르기까지 비리혐의로 기소되어 사법 심판을 받았다. 참고로 핵발전 비리 1심 판결문 189건에 등장하는 피고인은 총 226명이다. 한수원 직원이 57명, 한수원 납품업체와 용역업체 임직원은 152명이고, 한수원의 기기검증 업무를 주로 담당하는 한국전력기술 직원도 7명 있다. 정치인, 브로커 등 기타 인물은 10명이었다. 또한, 판결문에서 등장한 핵발전 비리 기업 89곳은 2008년부터 2014년 초까지 한수원과 4,679건의 계약을 따낸 것으로 집계됐다. 계약 총액은 1조 9485억 원, 거의 2조 원에 육박하는 금액이다. 당시 적발된 것만 그렇다는 것이다.

　핵발전 비리는 과거의 흘러간 노래가 아니다. 2017년에는 영광핵발전소(한빛원전) 4호기 돔 건물 콘크리트 외벽 곳곳에 구멍이 난 사실이 밝혀져 사회적 논란이 일었다. 게다가 녹슬고 구멍 난 영광 한빛 4호기가 25년 전 건설 때부터 부실시공을 했다는 제보가 끊임없이 있었음에도 한국수력원자력 측에서는 이를 묵살하고 공사를 강행한 것으로 확인됐다. 공교롭게도 이명박 전 현대건설회장이 비리의혹으로 국감장까지 불려 나왔던 그 영광 4호기에서 문제가 드러났다. 진실을 밝히려면, 이명박 전 회장에 대한 조사가 필요할지도 모르겠다(이강준, 2017).

역대 정권의 주요 핵발전 관련 사건

	핵발전소 (착공일기준)	공급회사 (원자로)	특기사항 (비리사건 등)
박정희 (63~79)	고리1,2,3,4	Westinghouse	고리1 : 박흥식(화신그룹), 　　　 아이젠버그(에이전트) 월성1 : 조중훈(한진그룹), 박병찬, 　　　 김종필
	한울1,2	FRA	
	월성1	AECL(CANDU)	
전두환 (80~88)	한빛1,2	Westinghouse	한빛3,4 : 존 싱글러브(주한미군참 모장), 박정기(한전사장), 전경환/ 전기환, 이명박(현대건설)
	한빛3,4	C/E	
노태우 (88~93)	월성2,3,4	AECL(CANDU)	월성3,4 & 한울3,4 : 안병화(한전 사장), 김우중(대우)
	한울3,4	두산중공업	
김영삼 (93~98)	한빛5,6	두산중공업	'94.12.22. 굴업도 핵폐기장 선정 (특별지원금)
김대중 (98~03)	한울5,6	두산중공업	'89.11.28. 목포선언 (원전 건설 불가피론) '01. 경수로 건설공사(KEDO)
노무현 (03~08)	신고리1,2	두산중공업	부안 방폐장과 V2 프로젝트 (여론조작 사건)
	신월성1,2	두산중공업	
	신고리3,4	두산중공업	
이명박 (08~13)	신한울1,2	두산중공업	2013 원전비리: 박영준(산업부차 관),김종신(한전사장), 고리원전 고 장은폐 사건 원자력 블랙리스트(JTBC 2017.08.24.)
박근혜 (13~17)	신고리5,6	두산중공업	시험성작서 조작 등 원전비리사건

핵발전의 역사는 비리의 역사라 해도 과언이 아니다. 그 적폐의 핵심에는 핵발전소의 건설-유지·관리-사후처리 전 과정에서 사적 이익을 추구하는 정치, 관료, 산업, 학계, 언론의 이익공동체, 즉 핵발전 마피아가 똬리를 틀고 있다.

핵 마피아가 적폐인 이유

그렇다면, 지난 2013년 핵발전 비리 사건 당시의 재판으로 적폐는 청산되었는가? 당시 기소되지는 않았지만, 핵발전 정책 결정에 참여하는 한 핵공학자는 제자가 운영하는 회사의 주식을 선물로 받고, 납품편의를 제공했다는 의혹이 있었다. 또 핵발전소 안전을 관리하는 방사선안전관리 업체가 가족명의로 편법적으로 용역계약을 체결했다는 의혹이 있었다. 그리고 한수원에서 최소한 조달과 관련한 업무를 담당한 임직원의 비정상적인 재산증식을 검증한다면? 한수원 출신 임직원의 납품업체 재취업 전수조사와 부당한 거래내역을 추적한다면? 정책결정과정에 참여한, 정치인-관료-학계-산업의 인적네트워크와 전관예우라 볼 만한 수상한 결정을 검증한다면? 무엇보다 핵발전의 건설과 운영의 최 일선에 팽배한 부패문제이다. 이는 핵발전소 안전과 직결되는 문제이고, 노동자의 기본권을 침해하는 생존권의 문제이기 때문이다.

에너지기후정책연구소와 투명사회를 위한 정보공개센터는 핵발전소 하청업체 비정규직 노동자 인터뷰를 진행해 왔는데, 영광핵발전소의 한 비정규직 노동자의 증언이다. "한 번은 회사에서 복지비를 받아 왔다고 해서 체육복을 다 지급했어요. 그 명세서를 보니 한

벌에 20만원. 똑같은 걸 인터넷에서 검색하니 78,000원에 파는 거예요. 어디로 갔을까? 그런 식으로 회사에서 노조하고 돈을 나누어 먹는 거예요."

그는 또 다른 사례를 얘기한다. "한 달에 보통 22.5일을 근무하는데, 회사에서 식당에 지급하는 밥 개수는 25일치에요. 그러면 2.5개가 남는데, 이건 노조위원장이 가져가요. 그리고 노조 위원장의 누나가 식당을 운영하고. 어떻게 회사가 먹지도 않은 밥값을 내느냐 말이죠. 한 달에 2백만 원 이상 챙겨가는 거예요. 이 사람이 노조 위원장을 15년째 하고 있어요." 물론 모든 노조가 이렇다는 것은 아니지만, 부패는 자본가의 전유물이 아니라는 것 또한 현실이다. 핵발전에서 나오는 돈은 눈먼 돈이라는 인식이 팽배하다. 부패의 피해는 직접적으로는 핵발전소 최하층 노동자의 착취로 이어지고, 종국에는 시민 안전을 위협한다. 정상적인 노조라면 부패를 감시하고 견제해야 하지만, 현실은 그 반대이다.

한편, JTBC '이규연의 스포트라이트'는 이명박 정부 시절에 '원자력 블랙리스트'가 존재했다는 증언과 정황을 보도했다. 이명박 정부 시절인 2011년 일본에서 발생한 후쿠시마 원전 사고 이후 국내에서도 방사능 피해를 우려하는 의견과 조치가 뒤따랐다. 후쿠시마 사고 이후 한국에도 방사능 비 피해가 있을 수 있다는 여론을 수렴해 노천 정수시설에 가림막 설치를 지시한 당시 환경부 상하수도정책관이 국정원의 개입에 의해 억울하게 강제 퇴직 당했다. 이명박 정부 시절 강력하게 추진됐던 저탄소 녹색성장 정책 기조의 중심이었던 원자력 사업의 이면과 원자력 블랙리스트의 실체가 드러났다(JTBC, 2017).

핵발전 마피아는 왜 문제인가? 우선, 이들은 국가적 이익과 지속 가능한 미래보다 그들 자신의 이익을 좇는다는 측면에서 우리 사회를 파국으로 몰아가는 암적 존재이다. 둘째, 자신의 이익을 위해 정책결정 과정에 개입하고 정부예산을 특정 소수의 기업과 개인에게 부당하게 편성함으로써 스스로에게 특혜를 부여한다. 셋째, 직접적이고 잠재적인 위험으로 국민의 생명과 안전을 해칠 수 있다. 결론적으로 '핵발전 마피아'는 자신의 이익을 추구하는 과정에서 민주주의, 인권, 안전, 평화에 직접적인 위협을 가할 뿐만 아니라, 국가정책과 재정의 왜곡을 초래해 독성경제를 지속시키고 지속가능한 발전을 저해한다.

새 정부의 탈핵 의지는 핵발전 적폐청산으로 확인

핵발전 정책의 결정권자들과 수혜자들의 폐쇄적이고, 비민주적이며, 감시받지 않는 관계를 주목할 필요가 있다. 한수원과 원자력문화재단을 위시한 원자력업계의 광고 공세와 언론과의 공생 관계, 원자력정책과 정치 후원금을 둘러싼 정치인과 이들 기업의 관계, R&D와 원자력 이데올로기를 만드는 사람들과의 관계, 퇴직 관료의 재취업과 그들의 역할 등을 있는 그대로 드러내는 작업이 중요하다. 게다가 우리사회의 고질적인 병폐인 정책과 사업의 결정과정의 비공식성, 즉 학연, 지역, 혈연까지 미세혈관이 연결되기도 한다. 일례로 정우택 자유한국당 원내대표는 "원전 중단은 백년대계 자해행위"라고 했는데, 그의 셋째 형이 부회장으로 있는 두산중공업은 신고리 5 · 6호기 건설의 일시적 중단으로 2017년 3분기부터 실적에 직접적인 영향을 받을 것으로 예상됐다. 진심으로 단순한 우연이기를 바란다.

핵발전소는 천문학적인 규모의 정부발주 사업이고, 참여기업이 매우 제한적이며, 소수의 이해당사자가 폐쇄적으로 관련 정책을 결정한다. 또한 감시와 견제의 사각지대에 있으며, 이를 가능케 하는 정치-관료-산업-학계-언론의 이익공동체가 똬리를 틀고 있다. 조달과 계약의 투명성을 확보한다고 하더라도 구조적으로 특혜와 부패에 취약할 수밖에 없다.

더군다나 수많은 비정규직 노동자들이 핵발전소를 건설 · 운영하는 과정에서 차별과 위험에 노출돼 있고, 고용불안에 시달리고 있다. 특히 핵발전 비리는 핵발전소의 고장과 사고의 위험을 높일 뿐만 아니라, 노동자의 안전 · 사고 · 피폭의 가능성을 높이고, 구조적으로 최하층 노동자의 임금 · 후생복지의 질을 저하시킨다. 그리고 핵발전소의 건설부터 유지 · 관리, 나아가 피폭의 위험에 노출되는 노동현장은 우리사회의 또 다른 적폐인 '안전의 외주화'로 인해 노동기본권 침해와 치명적인 위험을 초래한다. 핵발전 마피아가 적폐가 아니라면, 무엇이 적폐란 말인가?

적폐가 적폐인 이유는 청산하지 않았기 때문이다. 문재인 정부는 '원전비리와 한수원 적폐청산 테스크포스'를 구성하여 적폐청산에 나서야 한다. 에너지 전환을 위해서는 적폐의 청산과 함께 새로운 질서를 만드는, 즉 청산과 창조의 양 날개 전략이 필요하다. 새 정부의 탈핵의지는 적폐청산으로부터 진정성이 확인될 것이다.

참고문헌

JTBC(2017), "'스포트라이트' MB 정부 시절 '원자력 블랙리스트' 단독 발굴", 2017.8.24.

감사원(2013), 『원전 부품 안전성 확보 추진실태』, 감사결과보고서, 2013.12

녹색당 외(2015), 『핵마피아 보고서』

박익수(1999), 『한국원자력창업사 1955-1980』, 과학문화사

신동아(1994), "박정희 전두환 노태우의 정치자금 젖줄 「원전떡고물」의 정체", 1994.9.

연합뉴스(2015), "대법, '원전비리' 박영준 前차관 징역 6월 확정", 2015.1.29.

원자력산업회의(2015), "2013년도 제19회 원자력산업실태조사"

원자력산업회의(2016), "2014년도 제20회 원자력산업실태조사"

원자력산업회의(2017), "2015년도 제21회 원자력산업실태조사"

월간경향(1988), "전 한전사장 박정기와 원전", 1988.6.

월간조선(1988), "추적 원전도입 의혹", 1988.6.

이강준(2014), "우리나라 핵발전 산업의 현황과 쟁점", 『에너진포커스 57호』, 에너지기후정책연구소, 2014.10.6.

이강준(2017), "'핵마피아'의 실체, 한수원 적폐청산 TF가 필요하다!", 프레시안 2017.8.4.

하원 국제관계위원회 국제기구소위원회(2017), 『프레이저보고서』, 레드북

시민참여 관점에서 본
한국의 에너지정책 과제

김현우 · 한재각

공론화의 기대와 좌절을 보며

1990년 영화 〈볼륨을 높여라〉의 주인공 해리는 소출력라디오, 일종의 개인 해적방송을 운영하며 학교의 비리를 폭로하고 비난하여 급우들의 큰 호응을 얻는다. 영화의 마지막 장면에서 해리는 학교와 통신 당국의 포위망을 피하지 못하고 잡혀가지만, 수많은 다른 해리들이 독립 주파수를 활용하는 해적방송 채널을 우후죽순처럼 열어젖히면서 변화의 시작을 예고한다. 오랜 권위주의 정부 시절을 막 지나보낸 한국에서 이 영화의 장치들은 민주와 해방을 상징하는 코드로 읽혔고, 마침 당시 개화하기 시작한 인터넷 사회운동은 그 본격적인 현장이 되는 듯 여겨졌다.

많은 채널과 많은 목소리는 더 많은 민주주의와 더 좋은 방향으로의 사회 변화를 약속할 것 같았지만 그렇지만도 않았다. 핵마피아의 정보 독점과 기만에 분개해 온 탈핵운동에게 핵발전과 핵산업에 대한 세세한 정보가 대중적으로 공개되고 목소리를 전할 많은 채널을 얻는다는 것은 적지 않은 의미가 있었고, 신고리 5 · 6호기 공론화 과정에 거는 기대 중 상당 부분도 이런 측면이었을 것이다. 실제로 종편 채널을 포함해서 SNS까지 너무나 많은 채널이 열려 있었다. 그러나 지난 공론화 과정을 돌아보면 진지한 토론 보다는 데이터스모그 속에 악플과 가짜뉴스들이 넘쳐났고, 종편과 인터넷이 없던 시절의 공중파 심야토론 한번이나 국회 청문회 중계에 비해서도 대중적 관심과 영향력이 크지 않았다.

채널과 정보의 양만으로는 부족하다면 깊은 토론과 설득, 즉 '숙의'라면 다르지 않을까 하는 기대도 마찬가지다. 2004년에 시범적으로 시행되었던 전력정책 미래에 관한 시민합의회의의 경험은 그러한 방식이 더 넓은 인적 구성, 더 충분한 정보와 더 많은 시간을 두고 진행된다면 한국의 탈핵과 에너지 민주주의가 성큼 다가올 것 같은 기대를 남겼다. 그러나 이번 공론화의 결과는 익히 아는 대로다. 숙의의 룰은 2박 3일의 합숙에 참여했던 471명 시민참여단과 지역 또는 전국 사이의 토론을 차단했고, 결론은 건설 중단과 재개 사이의 택일로 강제되었다. 공론조사라는 방식이 숙의 민주주의를 대표하고, 숙의 민주주의의 한(특정한) 사례와 경험이 탈핵 정책 논의와 에너지 민주주의를 대체하는듯한 모습은 일견 우려스럽기도 하다.

에너지정책에서 다른, 더 좋은 구성과 방식의, 덜 기울어진 운동장에서 이루어지는, 개방형 논의와 결론을 요청하는 것은 중요하다. 그러나 최선의 공론화를 통하더라도 그 자체로 탈핵이 이루어지지는 않는다. 역으로, 대통령 개인의 의지나 국회의 의결이나 법안이나 정당의 활약이나 수만 명의 집회 시위를 통해서만 탈핵이 이루어지는 것도 아닐 터다. 이번 공론화 과정과 결과는 대체로 시민사회의 탈핵-에너지정치 현재 역량을 일정하게 반영하는 것이며, 찬핵과 탈핵 진영 모두의 윤곽과 실력을 드러내었다는 점에 더 주목할 필요가 있다.

따라서 지난 공론화 과정과 그 대응을 비판적으로 평가하는 것 못지않게 중요한 것은 에너지정치(찬핵정치, 탈핵정치 모두)가 다층적이고 맥락적이라는 것을 상기하는 것이다. 그렇다면 지금 요구되는 바는 탈핵과 에너지 전환을 이루거나 이루지 못하게 만들 수단이자 결과로서 '에너지정치'를, 그리고 이를 뒷받침하고 채워서 에너지 전환을 완성할 에너지시민과 에너지 시민사회를 다시 이야기하는 것이며, 이러한 긴 호흡의 논의 위에서 기술적이고 제도적인 시민참여의 의미와 방향을 검토해보아야 한다.

에너지 정치의 리캐스팅

에너지 정치의 구성과 심급

일반적으로 에너지정치는 에너지를 둘러싼 다양한 이해관계를 조정하고 결정하는 과정으로 정의할 수 있다. 예를 들어 석유, 가스, 석탄, 원자력, 재생가능에너지 등의 수요와 공급을 어떤 기준과 목표 아래 에너지기본계획에 반영할지, 이 계획을 집행할 제도와 예산, 세제, 가격 정책은 어떻게 수립할지 등을 다루면서 다양한 가치와 이해관계를 조정하고 결정하는 과정이다.

하지만 이러한 정의는 다분히 제도화된 정치 내에서의 자원 배분을 중심으로 보는 것이고, 현실의 에너지정치는 훨씬 넓게 논의되어야 마땅하다. 경제적 토대, 제도, 조직, 운동, 담론들이 결합되는 게

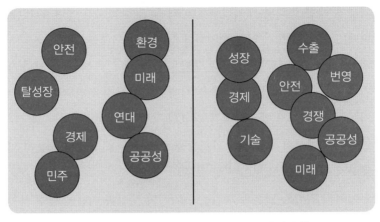

건설중단 측　　　　　　**건설재개 측**

〈그림〉 신고리 5·6호기 공론화 과정에서 찬반 양측의 담론 구성

모두 에너지정치이며, 그만큼 다양한 구성과 심급을 갖는다. 물론 이 순서나 관계는 단선적이지 않다. 에너지정치의 물적 토대와 제도 및 조직 사이의 주요한 관계는 한국 핵발전 레짐의 다차원성과 지역 성장연합이라는 틀거리를 통해 살펴진 바 있다(김현우, 이정필, 2017). 이제는 에너지정치의 다른 심급들, 예를 들어 '양측' 또는 보다 많은 측들의 운동과 담론들이 실제로 어떻게 구성되는지도 파악해 볼 필요가 있다. 이번 공론화 과정에서 엿보인 담론 구성을 비교해 보면 어떨까?

　양측은 매우 대립적인 논리를 가지고 맞붙었지만, '안전', '경제', '미래' 같은 개념들을, 심지어 '공공성'이나 '민주주의'의 어휘도 공히 활용했다. 물론 그 논거와 맥락은 상당히 차이가 있지만, 현실의 경제 및 정치 조직과 주체들을 매개로 이러한 담론들은 상호 충돌하면서도 또 한편으로는 연결된다. 이런 면들을 놓고 볼 때에도, 상반되는 뚜렷한 논리와 데이터를 접하게 되면 잠재적인 에너지시민들이 신고리 5·6호기 건설 백지화를 선택할 것이라는 기대가 지나치게 일면적임을 짐작할 수 있다. '탈성장', '연대', '녹색' 같은 보다 층위가 깊고 함의가 넓은 가치들은 제대로 다가가지 못한 것으로 여겨지는데, 이는 단지 발표와 토론 자료의 구성 문제만이 아니라 한국의 현실 에너지정치가 이러한 가치들을 조직과 운동 속에서 충분히 담보하지 못한 탓으로 보아야 할 것 같다.

에너지 전환의 담론과 논리는 에너지의 생산과 이용에 관한 복합적인 가치와 실체를 놓고 벌이는, 미래를 예시하는(prefigurative) 성격을 지닌다. 신고리 5·6호기 공론화 논의 과정에서 부분적 논리의 정합성이나 설득력에 매달려서는 안 되었던 이유이기도 하다. 에너지 전환은 정치권력과 경제권력이 결합된 현재와 미래의 에너지 권력의 문제이며, 이런 점에서 에너지 민주주의는 에너지 전환 보다 포괄 범위가 넓다.

에너지 '민주주의'조차 그 의미는 자명하지 않다. 찬핵과 탈핵 양측에서 안전, 미래, 민주를 공히 외쳤던 것처럼, 수많은 에너지 민주주의들이 경쟁할 수 있다. 민주주의는 형식(일반) 민주주의, 민주주의의 민주화 및 급진화, 사회경제적 민주주의의 심화, 직접/참여 민주주의 등으로 경합과 발전을 거듭하고 있다. 에너지 민주주의 역시 에너지 공론장과 에너지의 물적 자원에 대한 권리와 권력을 둘러싸고 구체적인 경합이 전개되고 있으며, 이번 공론화 및 그 이후의 과정도 이러한 조망 속에서 이해될 필요가 있다.

따라서 에너지 민주주의는 주요한 에너지 입법이나 몇 가지 숙의 기제의 도입 같은 형식이나 제도로 국한되어선 안 되며, 맥락을 갖는

에너지 전환의 다차원성 (에너지기후정책연구소, 2016)

	현재의 경성에너지시스템	미래의 연성에너지시스템
에너지원의 전환	핵·화석에너지 중심의 환경·사회·경제적으로 지속불가능한 에너지원 사용	재생가능에너지 중심의 환경·사회·경제적으로 지속 가능한 에너지원 사용
에너지 이용의 의미 전환	에너지 자체에 주목해 에너지 공급을 우선하는 태도, 그러나 에너지 빈곤은 지속	필요한 것은 에너지가 아니라 '에너지 서비스'(따뜻함, 쾌적함, 조명, 조리, 이동), 적정 에너지 서비스를 제공·개선하는 다양한 방법(소득, 건축, 교통)에 주목, 에너지 수요 절감과 에너지 복지 실현
에너지 이용자의 행동규범의 전환	단순한 수동적인 소비자(Plug-in and Forget), 에너지 거버넌스에서 시민 참여보다는 시민동원의 성격	에너지 절약은 물론 에너지 생산에 참여하는 능동적 '에너지 시민', 에너지 거버넌스에서 적극적인 참여 구현
에너지 생산소비의 공간적 배치의 전환	중앙집중적인 대규모 에너지 생산·소비로 인한 지역간 불균형	지역분산적인 적정규모의 에너지 생산·소비로 인한 지역간 균형
생태환경과 건조환경의 전환	생태환경과 건조환경(토지, 산림, 물, 해양, 도시 등)의 지속불가능한 이용 및 변형	생태환경과 건조환경(토지, 산림, 물, 해양, 도시 등)의 지속가능한 이용 및 변형
에너지 생산공급의 소유운영 관리 주체의 전환	해당 지역 밖의 자본에 의한 소유·운영·관리 시스템, 수익률과 전문성의 원칙	해당 지역 내의 지자체·공동체가 소유·운영·관리 시스템(지역에너지공사, 에너지협동조합), 민주성과 형평성의 원칙
에너지-사회시스템의 전환	에너지시스템의 개선·관리에 한정, 자연과 사회의 분리, 자연은 원자재, 에너지와 생명은 자본주의의 노동력으로 간주, 제한적 변화만 가능	에너지와 동시에 사회시스템의 전환 추구, 자연과 사회의 대화, 사회적·환경적 가치를 추구하는 경제활동, 적정생활이 유지되면서 인간의 자율적 생활 지향

구성 요소로서 파악되고 동적으로 이해되어야 한다. 현재의 경성 에너지시스템이 미래의 연성에너지시스템으로 바뀐다는 것은 에너지원의 전환 뿐 아니라 에너지 이용의 의미, 이용자의 행동규범, 공간 배치, 생태 및 건조 환경, 소유와 운영 방식, 그리고 더 넓은 사회 문화 체제의 변화를 의미한다고 볼 때, 에너지 민주주의는 에너지 대항권력의 조직화와 구체적인 실천 전략을 둘러싼 다층적인 투쟁의 공간으로 이해할 수 있다는 것을 환기한다.

에너지 전환은 에너지 산업과 경제 체제의 변화이다

'탈핵'은 에너지 전환의 일부이며, 에너지 전환은 에너지 공급원의 변화와 에너지 이용 방식의 변화 그리고 이와 관련한 물리적 기반 시설과 제도의 변화, 나아가서는 에너지와 관련된 경제와 주체의 변화까지를 포함한다.

이필렬 교수는 에너지 전환의 성패를 좌우할 요소를 크게 네 가지로 제시한다. 첫째는 정부의 의지와 구상, 그리고 이를 바탕으로 하는 에너지 전환 절차의 시작이다. 하지만 이것만으로는 수십 년 이상이 걸리는 에너지 전환을 보장할 수 없고, 중간에 탈핵 경로를 이탈하거나 지지부진한 모습을 보이는 나라들도 있다. 때문에 둘째, 전력 수요 자체의 감소 또는 정체, 그리고 셋째, 재생가능에너지 보급의 급격한 증가가 함께 달성되지 않으면 안 된다. 넷째, 에너지 전환에 대한 높은 국민적 공감대와 이러한 인식의 세대 전승도 필요하다.

한국의 경우, 문재인 정부의 의지는 분명해 보이지만, 핵발전 총량의 절대적 감소와 탈핵의 페이스 또는 시점은 열린 문제로 남아 있다. 탈핵 정책을 보완할 로드맵과 전력요금 제도와 조세제도, 전력산업 구조 개편 같은 과제들이 산적해 있다. 대통령의 의지만으로는 에너지 전환은 가능하지도 않고, 일시적이고 부분적인 탈핵과 재생가능에너지 보급이 이루어진다 하더라도 그것은 언제든 퇴행할 수 있다.

탈핵과 에너지 전환은 에너지원뿐 아니라 대량 생산과 대량 소비를 마땅히 여겨온 거대 에너지 시대를 마감하고 그것이 억압했던 민주주의마저 해방하고 갱신하는 계기가 되어야 한다. 즉 탈핵이라는 입구로 들어가는 전환은 사회경제 체제의 민주화라는 더 넓은 출구로 나오도록 해야 한다는 것이다. 이를 위해서는 더 많은 대안적 경제 담론과 정치 기획(정의로운 전환, 탈성장, 좋은 삶, 에너지 민주주의, 연대와 공유의 정치 경제, 공통자원(commons와 commoning) 등)을 제시하고 풍부하게 만드는 노력이 더욱 중요해 질 것이다.

탈핵과 에너지 정치 지도

에너지 전환에는 시민(사회), 정치(사회), 경제적 조직, 여론, 시장 상황 등이 모두 개입되지만, 따지고 보면 우리는 전환의 당위성과 주체 형성의 당위성만을 주로 언급해 온 것이 사실이다. 신고리 5·6 호기 공론화 과정과 결과를 놓고 보면서, 이제는 에너지 전환의 주체 전략을 매우 구체적으로 이야기하지 않으면 안 되게 되었다. 당위론과 도덕론을 넘어서, 에너지 민주주의의 주체 측면에서 각 집단의 입장 차이와 연대의 물질적 근거와 조직 및 행동을 논의해야 할 시점이라는 것이다. 또한 이제까지 정부-시장-시민사회라는 삼각 구도로 단순화했던 것을, 좀 더 세분화하여 입장과 기반을 파악할 필요도 있다. 이에 따라 각 집단의 입장과 이해관계가 드러나며, 이를 기반으

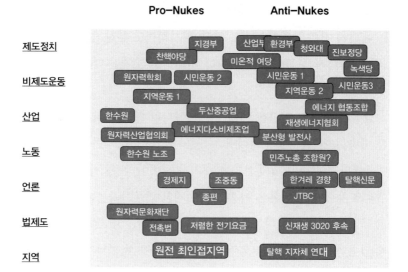

〈그림〉 탈핵-에너지정치의 맵핑mapping (평면적 예시)

로 전환의 주체적 정치 전략을 모색할 수 있을 것이다. 예를 들어 아래의 매우 자의적인 그림으로 예시한 '탈핵-에너지정치의 지도'의 주체들은 그 위치와 외연을 특정하기 쉽지 않다. 그러나 이들의 관계와 맥락을 파악할 때, 동맹, 단절/대립, 전술적 제휴 등의 방법을 강구할 수 있고, 또 그것이 일상화되어야 한다.

신고리 5·6호기 공론화 과정에서 전략적 혼선과 평가의 곤란함은 이러한 지도 그리기와 전략 논의가 평소에 부재했던 것과 무관하지 않다. 우리가 관습적으로 언급해왔던 '정의로운 전환'의 두 주체, 즉 환경운동과 노동운동의 제휴(적록동맹)의 실체도 결코 당연하게 드러나지 않는다. 시민운동 모두가 탈핵의 입장인 것도 아니고, 지역운동 모두가 찬핵인 것도 아님을 우리는 뚜렷하게 목도했다.

에너지 시민의 백캐스팅[30]

이러한 견지에서 대안적 에너지연합(탈핵연합)의 구성과 성장/발전/분화/성숙을 구상해 볼 때다. 에너지시민의 성장과 성숙을 그저 바라보고 평가하는 것이 아니라, 에너지시민과 탈핵 시민사회의 바람직한(그려볼 수 있는) 모습을 상정하고 그 위에서 지금의 에너지시민 형성을 고민한다는 점에서 이를 '에너지시민의 백캐스팅'이라 불러볼 수도 있겠다.

거칠게 표현하여 현재의 좌표를 '미약한 에너지시민성'이라고 불러 보자. 다수의 시민들은 플러그를 꽂고 편하게 전기를 쓰는 데에만 익숙해있고, 가정용 전기의 누진요금을 비판하는 기사에 에어컨 좀 빵빵 틀고 살자고 호응하고, 에너지 인권을 지키려는 투쟁은 고립되어 있고, 재생가능에너지 생산과 나눔에 직접 참여하려 해도 제도적 장벽이 수두룩한 상태 말이다. 그리고 탈핵을 위해 노력하는 시민단체들은 선수들만의 각개전투로 고통스러워하는 상황이다.

이 반대편에는 '바람직한' 탈핵 시민사회가 있다. 그 모습과 크기는 하나일 수도 있고 셋 또는 넷일 수도 있으며 어느 한 측면(예를 들어 기술적 대안)이 두드러지거나 다른 측면(예를 들어 사회문화적 요소들이) 미흡한 그림들일 수 있다. 어쨌든 공통적으로, 에너지시민이

---

30 백캐스팅(backcasting)은 '후방예측'으로 번역되는데, 에너지 정책에서는 미래 일정 시점의 에너지 수요 추세를 예측하고 이를 토대로 에너지 계획을 세우는 전방예측(forecasting) 기법과는 반대로, 미래 일정 시점의 바람직한 에너지 수요 목표를 설정한 다음 이를 달성하기 위한 에너지 계획을 수립하는 기법을 말한다. 백캐스팅은 규범적인 에너지 목표를 전제하고 과감하고 적극적인 에너지 정책을 유도하는 효과를 갖기 때문에 에너지기후정책연구소에서는 수년 전부터 이 기법을 소개하고 연구와 정책에 적용하고 있다. '에너지시민의 백캐스팅'은 미래 시점의 바람직한 에너지시민의 상을 염두에 두고 이러한 에너지시민을 양성하기 위한 기획과 노력이 필요하다는 점을 강조하기 위한 조어다.

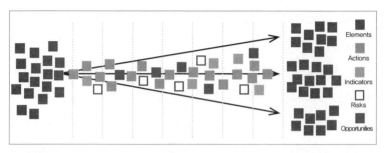

	Elements
	Actions
	Indicators
	Risks
	Opportunities

미약한 에너지 시민성
· Plug-in and Forget
· 에어컨 좀 빵빵 틀자
· 고립된 저항, 제도적 장벽들
· 시민 없는 에너지 운동

에너지 시민참여의 영역과 계기들
· 에너지계획/에너지 시나리오
· 전환실험(Living Lab)
· 에너지협동조합
· 시민합의회의 등 숙의적 기제

탈핵 시민사회
· 에너지시민의 보편화
· 에너지자립 마을/사회
· 좋은 삶(Vivir Bien)
· 정치사회로 상승

〈그림〉 에너지시민과 탈핵—에너지 전환의 백캐스팅

특수한 용어가 아니게 되고, 에너지 자립 마을을 넘어서 사회 전체가 에너지를 적절히 생산하고 조절하는 방법을 개발하고 익히며, 좋은 삶(Vivir Bien)이 무엇인지를 사회 성원들이 숙고하고 체현하며, 이러한 가치와 움직임들이 제도와 정치세력들에게도 반영되는 것이다.

에너지 시민참여를 이러한 백캐스팅의 징검다리가 되는 중요한 영역과 계기들로 적극적으로 자리매김해보면 어떨까? 아래에서는 에너지민주주의와 에너지정치의 '리얼리티'를 채우는 요소이자 행동 프로그램으로서 최근 주목받는 에너지 시민참여의 모델과 방식들의 특징과 의미, 그리고 나아갈 방향을 논의해 본다.

에너지 전환에서 시민참여의 의미와 방식

에너지 전환에서의 시민참여는 다양한 차원과 의미를 가진다. 우선 정치적으로는 에너지정책의 변화를 요구하는 적극적인 시민의 목소리로서 주목할 수 있으며, 에너지 정책의 공론장과 의사결정 과정에 대한 일반적인 시민들의 참여로서 의미를 부여할 수도 있다. 둘째, 에너지 전환이라는 사회기술 시스템의 전환 과정에서 능동적인 시민성을 발휘하는 에너지 사용자로서 혁신 활동의 참여에 주목해 볼 수 있다. 셋째, 에너지 전환 정책을 통해서 새롭게 등장하게 될 재생에너지산업 등에 참여하면서 이익을 공유한다는 의미에서의 시민 참여도 생각해볼 수 있다. 물론 이러한 방식들 외의 일반적인 활동들, 즉 일상적 대중 교육과 홍보, 시위, 제도정치 참여를 통한 활동들도 시민의 에너지 역량 확대와 에너지시민성의 고양에 필수적이며, 아래의 모델들에 적절히 결합 및 병행되어야 할 것들이다.

정치적 의사결정 과정에서의 시민

현 정부의 탈핵/탈석탄 에너지 전환 정책은 후쿠시마 핵사고 이후에 활성화된 한국의 에너지운동의 성과가 일정하게 반영된 것이라고 할 수 있다. 후쿠시마 핵사고를 목격하면서 핵발전의 위험성에 대해서 자각하고 그간 침체되었던 반핵운동이 재고양되면서, 일부 환경단체 및 핵발전 지역의 주민운동에서부터 폭넓은 대중운동으로 탈핵운동이 확대되고 여러 분야의 전문가들도 합류하고 있다. 밀양과 청도로 대표되는 초고압송전탑 주변 주민들의 비타협적인 반대 운동이 도시 지역의 대중운동을 자극하는 큰 계기가 되었다. 또한 대도시 지역 주민들이 경험한 미세먼지 등의 대기오염 문제와 관련된 불만과 그에 따른 여론은 (특히 충남 지역의) 석탄발전소 반대운동과도 연결되면서 확산되었다.

아울러 이명박-박근혜 정권 하에서 돋보였던 몇몇 개혁적인 지방자치단체장들이 에너지 전환을 위한 대중운동의 주장을 수용하고 에너지자립운동 등을 자극·지원하는 혁신적인 에너지정책들을 수립·실행하면서, 차기 정부의 보다 과감한 에너지 전환 정책의 가능성을 예고했다. 현 정부에 들어서면서 대통령이 직접 탈핵/탈석탄 에너지 전환 정책을 천명하였을 뿐만 아니라, 환경시민운동 진영으로부터 충원된 공직자들이 에너지정책에 직접 관여하면서 대중운동의 주장을 대변하고 있다. 게다가 (여러 평가들이 존재하지만) 신고리 5·6호기 건설/중단과 관련한 사회적 공론화 방침에 따라서 일반 시민들이 의사결정이 진지하게 개입할 새로운 기회를 얻기도 했다.

물론 이전에도 에너지정책의 의사결정 과정에 '시민참여'가 없었던 것은 아니다. 그러나 대개의 경우 대결적인 방식이거나 일부 시민단체 대표 및 그들이 추천한 전문가들의 제한적인 참여로 국한되었다. 방사성폐기물 처리장 입지 선정에 대한 정부 결정은 지속적으로 주민들의 저항에 직면하였으며, 특히 2003-4년의 부안 주민들이 보여준 격렬한 저항과 자발적인 주민투표는 정부의 태도를 일부 바꿔 놓았다.

정부는 국가에너지위원회를 구성하면서 여기에 시민단체 대표 및 추천 전문가들을 참여시키면서 환경시민운동의 목소리를 대변하는 구조를 마련하기 시작하였다. 그러나 공식적인 정부기구에 대한 '엘리트 시민'들의 참여 효과는 제한적이었으며, 밀양과 청도, 삼척과 영덕, 당진 등에서 보았듯이 초고압송전선로, 핵발전소, 석탄발전소 등의 에너지 시설 입지와 관련된 정부의 일방적인 정책 결정과 그에 대한 지역 주민들의 반대와 저항은 반복되었다. 저준위방폐장 입지 선정과 사용후핵연료 처리 방안 등의 몇몇 이슈에 대해서 정부는 일부 시민참여적 방법(주민투표와 공론조사 등)을 도입·활용하였지만, 기존 에너지정책 기조를 유지하려는 기술관료적 접근에서 벗어나지 않으면서 허구적이라는 비판을 피할 수 없었다.

한편 사회운동은 정부의 공식기구에 대한 제한적인 시민참여를 넘어서 여러 갈등 현장에서 집회와 시위 등의 방법뿐만 아니라 주민투표와 같은 직접 민주주의적 의사결정 방식을 시도하고 실험해왔다. 부안에서 지역주민들의 의지를 집결시키고 정치적 승리로 실물화했던 주민투표의 실험과 그 전환적 가능성은 곧이어 저준위방폐장 입지에 대한 경제적 지원을 연계하면서 각 지역을 경쟁시킨 정부의 공식적인 주민투표에 의해서 봉쇄되기도 했다. 기존 에너지체제에 포섭된 주민투표의 결과는 한 동안 반핵운동에 긴 침체기를 안겨주기도 했다. 그러나 부안의 실험은 2014년 신규 핵발전소 입지 선정을 거부하는 삼척 주민들에 의해서 다시 부활되었고, 이어서 영덕 주민들에 의해서 추진되었다. 후쿠시마 핵사고 이후로 재활성화된 탈핵운동과 이명박-박근혜 정부의 민주주의 후퇴와 제약의 조건 속에서 주민투표가 성공적으로 추진되었고, 비록 법적 효과는 없지만 상당한 정치적 효과를 만들어내었다. 정부는 이를 무시하기는 했지만 기존 결정을 일방적으로 강행하기도 어려웠으며, 지역주민들과 탈핵운동은 정치사회적 정당성을 확보하고 자신감을 얻을 수 있었다. 그러나 대부분의 에너지정책의 의사결정은 중앙정부 소관 하에 있기 때문에, 이와 관련된 주민투표의 제도적 기반은 여전히 그리고 대단히 취약한 상태에 머물러 있다는 점은 분명히 지적될 필요가 있다.

또한 숙의 민주주의 방식의 시민참여 방법론도 도입되고 실험되였다. 과학기술과 관련된 정책결정 과정에 숙의적 참여 모델을 소개하고 실험했던 시민과학센터는 2004년에 전력정책의 미래에 대한 시민합의회의를 실험하였다. 찬반 전문가/활동가들 사이의 논쟁이나 이해관계자들 사이의 쟁투로 국한되지 않고, 에너지정책에 의해서 직간접적인 영향을 받는(또 그 책임도 일부 공유하게 되는) '일반시민'들을 논쟁 과정에서 참여시킴으로써 폐쇄적인 의사결정 과정을 개방하여 참여 범위를 넓히려는 시도였다. 시민합의회의는 성공적으로 추진되면서 그 가능성을 확인했지만, 시민운동 영역을 넘어서는 정치적 관심도 부족했고 제도적 기반도 존재하지 않았기 때문에 한동안 잊혀졌다.

거의 십 년이 지난 후 대안적인 에너지 시나리오를 개발하려는 시민운동 진영의 여러 시도 중에서 에너지기후정책연구소에 의해서 다시 실험된 숙의적 방법론도 있다. 에너지기후정책연구소는 전주, 전북, 광명, 그리고 충남 등에서 공식적인 지역에너지계획 및 에너지 비전을 수립하는 과정에서 광역/기초지자체의 시민/주민들이 참여하는 실험을 지속적으로 추진하면서, 그 적용 대상과 범위를 확대할 수 있는 가능성을 점검하고 있다.

법적으로 의무화된 광역 지자체의 지역에너지계획과 다르게 자발적으로 수립되고 있는 이 계획들은 소규모 지역분산적인 에너지 시스템으로 나아가는 에너지 전환과 자립의 중요한 계기이자 도구가 될 것이다. 그런데 이 계획들은 내용뿐만 아니라 수립되는 과정과 방법에서도 주목할 만한 점들이 있다. 즉, 지역 주민들이 다양한 차원과 수준에서 참여하며 지역에너지계획을 수립하고 있기 때문이다. 참여의 수준과 강도는 정보를 공개하고 의견을 수렴하는 것에서부터 에너지 비전과 목표를 설정하는 핵심적인 의사결정에의 참여까지 다양하다.

최근의 신고리 5·6호기 공론화 활동도 이런 흐름을 연장선에 있는 것이라고 할 수 있다. 하지만 이는 중앙정부에 의해서 첨예한 이해관계 갈등 속에서 이루어지면서, 숙의적 참여 자체를 둘러싼 사회적 논쟁(전문가-시민 논쟁)을 야기했을 뿐만 아니라, 의미 있는 시민참여를 가능하게 하는 참여 방식의 설계, 제도적 기반의 정비, 그 결과의 정치사회적 해석/수용 관행의 마련 등 여러 과제도 안게 되었다.

에너지 전환 혁신 과정에서의 시민

폐쇄적인 의사결정 과정이 개방되고 시민들이 참여하여 지금까지 지속되었던 에너지정책의 기조를 바꾼다는 의사결정이 이루어진다고 하더라도, 공급 중심의 대규모 중앙집중적인 에너지 시스템을 바꾸는 것은 간단한 일이 아니다. 이미 투자·건설되어 운영 중인 에너지설비가 만들어내는 정치·경제적인 경직성에서부터 사회 각 부문의 에너지 수요를 안정적으로 공급하여 사회적 기능을 유지해야 하는 책무 부담까지, 현재의 에너지 시스템을 빠르게 다른 시스템으로 바꾸는 것을 거의 불가능하게 만드는 요인들은 많이 있다. 한번 자리 잡은 에너지 시스템의 경로 의존성 혹은 관성(모멘텀)을 만드는 요인 중에는 에너지 시스템 내에서 시민들에게 부여/제한되는 역할과 그에 조응하는 에너지 이용자들의 소비 관행도 포함되어 있다.

현행 에너지 시스템에서는 에너지 소비자들은 값싸고 안정적인 공급에 최우선적인 관심을 가지고 있으며 에너지 생산과 공급에 따른 사회적, 환경적 비용에 무관심하고 이를 반영하는 것을 반대할 것이라고 가정되고 있다. 또한 "더 많은 에너지의 사용은 더 나은 삶"이라는 전제 아래에서 더 많은 에너지를 사용하도록 부추겨지고 있고, 실제로 많은 소비자들은 그런 가정이 타당하다는 것을 입증하는 소비 관행을 유지하고 있다(더 큰 냉장고, 더 선명한 TV, 더 빠른 자동차, 더 따뜻하고 시원한 실내 공간 등). 게다가 현재 시스템은 에너지 생산/공급과 소비 영역을 엄격히 구분하고(기업 vs 개별 소비자), 시민들을 조직화된 무책임이 체화된 소비자로만 국한하면서 에너지 생산/공급의 역량을 갖춘 주체로 등장할 가능성을 봉쇄하고 있다.

서울을 비롯해서 여러 지역에서 나타나고 있는 에너지자립마을이나 에너지협동조합 운동 등은 시민들이 에너지 소비 관행을 바꾸며 관련된 새로운 에너지 기술과 서비스─예를 들어, (미니)태양광, LED 조명, 절전탭, ESS, 우리집솔라론, 스마트미터, 수요반응시장 참여 ─ 를 만들어내거나 능동적으로 수용·활용하는데 적극적인 에너지 시민성을 발현할 수 있다는 점을 보여주고 있다. 특히 서울 동작구 성대골에서 최근에 진행된 '도시지역 미니태양광 리빙랩' 활동은 에너지 전환을 위한 혁신 활동에 시민/주민들이 참여하여 주도적인 역할을 할 수 있다는 점을 보여주었다.

성대골 미니태양광 리빙랩은 마을 활동가들이 주도적 역할을 하면서 지역 주민들이 도시 지역에서 미니태양광의 보급 확산에 장애물이 되는 이유를 발견하고 이를 해결하기 위한 해결책을 발견하고 개발하는 과정에 참여했다. 마을 주민들은 기술/서비스 혁신에 필요한 일상의 경험/정보를 제공할 뿐만 아니라, 그 과정에서 미니태양광을 매개하는 지역사회 내 연계를 형성·강화하였으며 일부는 그 제품의 설치 등에 필요한 기술을 습득하여 지역 내에서 서비스를 제공할 역량과 경험을 쌓을 수 있었다. 이런 활동은 – 전환 연구의 언어로 이야기할 경우에 – 전략적 틈새에서 이루어지는 '전환실험'으로 간주할 수 있으며, 이 실험의 경험과 성과들이 복제 · 확산되면서 에너지 사회기술 시스템의 전환의 구체적인 경로를 만들어내고 가속화시킬 가능성이 있는 것이다.

시민들의 에너지 전환 혁신 활동 참여는 앞서 살펴 본 에너지정책의 의사결정에 대한 정치적 참여나 이어서 살펴보게 될 새로운 에너지 시스템 안에서의 경제적 참여를 상호 연계하고 강화하는 역할을 할 것으로 기대된다. 예를 들어서 서울시의 에너지자립마을운동에 참여하는 주민들은 탈핵 에너지 전환을 요구하는 정치적 행동에 동참하고 있다. 한편 에너지 소비자에서 에너지 생산자로서 변화를 가능하게 해주는 에너지협동조합들은 경제적 이익뿐만 아니라 시민/주민들 사이에서 태양광을 비롯한 새로운 에너지 기술을 소개하고 이해를 확대하는데 중요한 기여를 하고 있다.

경제적 이해관계 속에서의 시민

에너지 전환은 에너지 생산과 공급 설비/인프라와 그것을 운영하는 사업체를 누가 소유, 통제, 관리하며 그로부터 얻어지는 이익을 누가 전유하는지에 관한 문제까지도 재조정하는 과정을 포함한다. 그 이유는 한 가지 실용적인 주장과 다른 두 가지의 규범적/정치적 측면에서 이야기될 수 있다.

우선 실용적인 주장부터 살펴보도록 하자. 에너지 전환은 기존의 더럽고 위험한 에너지원(핵에너지와 화석연료) 사용 기술을 버리고 깨끗하고 안전한 재생에너지를 사용하는 기술을 폭넓게 사용하는 것이다. 그러나 재생에너지 설비도 규모와 강도는 다르겠지만 다른 에너지 기술과 비슷하게 환경적 퇴락과 사회적 위험 요소를 가지고 있기 때문에, 이를 둘러싼 갈등도 심심치 않게 일어나고 있다. 이에 대응하여 재생에너지 시설 입지와 관련된 합리적인 기준을 마련하고 계획 수립과 인허가 그리고 건설·운영 과정에서 해당 지역 주민들에게 정보를 충분히 공개하고 의사결정 과정에 적절히 참여할 수 있도록 있도록 해야 한다는 주장이 널리 인정받고 있다. 그러나 그것에 국한되지 않고 재생에너지 시설에서 얻어질 수 있는 경제적 이익을 지역 주민들과 공유할 수 있도록 해야 한다는 보다 적극적인 제안도 호응을 얻고 있다. 실제로 정부도 재생에너지 지역 갈등 해결책의 하나로 다양한 방식의 '이익공유제'를 제안하고 있다(예를 들어, 재생에너지사업 지분 참여 및 채권/펀드투자 모형 개발).

한편 지금까지의 에너지 시스템에서는 주요한 에너지 자원이 지리적으로 몇몇 지역에 몰려 있으며 이를 개발하는 과정에서 대규모 기술과 막대한 자본이 필요하다는 이유로 에너지의 생산과 공급 사업을 특정 대기업이 독·과점하면서 그로부터 나오는 이익을 소수가 차지하곤 했다. 국유/공기업들의 경우에는 민간 기업들과는 양상이 다른 점이 있었지만, 에너지 민영화 흐름을 통해서 점차 민간 기업과 점점 비슷한 모습을 보여주고 있다. 그러나 새로운 에너지 시스템에서 중심적인 역할을 부여받게 될 재생에너지는 모든 곳에 존재하며 상대적으로 소규모 기술과 적은 자본을 가지고 이를 활용할 수 있기 때문에, 재생에너지의 생산과 공급은 개인과 중소 규모의 사업체를 통해서 이루어질 수 있다. 그 결과 많은 사람들이 이익을 폭넓게 공유할 가능성과 기회가 상대적으로 크다

게다가 태양빛과 바람과 같은 재생에너지원은 누구의 것도 아닌 우리 모두의 공유물로 받아들여지기 쉽다는 점에서 이익 공유 주장은 더 호응을 받을 수 있을 것이다(이와 관련하여 제주도의 풍력 공개념 주장과 이를 제도화한 조례와 기금 등의 사례를 참조할 수 있다(김동주, 2017)). 또한 시민들의 재생에너지 이익 향유는 꼭 투자자/생산자로서 뿐만 아니라, 재생에너지산업 등에서 창출되는 일자리를 통해서 이루어질 수 있다. 이러한 주장은 부는 평등하게 분배되어야 하며, 특히 공유물에서 비롯된 것은 더욱 그렇다는 규범과 부합한다.

이러한 규범적 주장은 에너지 전환을 위한 정치적 동맹을 형성하는데 있어서도 도움이 된다. 에너지 전환을 선도하는 유럽의 여러 국가들은 재생에너지 생산/공급 시설의 상당수가 개인이나 협동조합에 의해서 소유되어 있으며, 그로부터 나오는 경제적 이익도 역시 폭넓게 공유되고 있다. 덴마크에서 풍력터빈의 상당수를 협동조합이 소유하고 있으며, 독일에서 태양광 발전설비의 50%를 개인이나 협동조합 등이 소유하고 있고 에너지 협동조합도 2006년 이래 급속히 성장하고 있다. 또한 독일에서 재생에너지는 자동차산업보다도 더 많은 일자리를 창출하고 있다(박진희, 2015; 한재각·김준한, 근간). 이와 같이 시민들이 재생에너지산업에 직간접적으로 관여하면서 경제적/직업적 이해관계를 형성하고 이를 공고히 하는 것은 에너지 전환 정책을 지속적으로 추진하며 정권 교체에 따른 정책 후퇴 가능성을 차단할 수 있는 토대를 다지는데 큰 도움이 될 것이다.

현재 한국에서 시민들이 재생에너지사업에 참여할 수 있는 방식은 소규모 태양광발전사업자로 나서거나 에너지협동조합에 조합원으로 나서는 것이 대부분이며, 그 외에 일부 지자체(서울시) 등에서

덴마크, 독일 및 독일의 재생에너지 이용 비중 및 에너지협동조합 현황

구분	덴마크	독일	한국
발전량 중 재생에너지 비중	48.5% (2014년 현재) *자료: REN21(2016)	28.2% (2014년 현재) *자료: REN21(2016)	6.61% (2015년 현재, 신재생에너지) *자료: 한국에너지공단(2016)
에너지 협동조합	풍력터빈 3,200대 설비용량 비중, 23% 조합원수 100,000명 (2004년 현재) * 자료: 박진희 (2015)	822개의 에너지협동조합 15만 명의 조합원 6억 9,300만 유로 자본금 16만명 가구에 에너지 공급 (2012년 현재) *자료: 박진희 (2015)	64개의 태양광협동조합 60개의 태양광발전소 설비용량 3,667MW *자료: 손은숙 (2017)

주관하는 태양광 시민펀드에 참여하는 방식도 개발·실험되고 있다. 그런데 소규모 태양광발전사업자들은 비교적 많은 수로 추정되지만 자신들의 이해관계를 대변하기에는 아직 조직화되고 충분하지 않은 상태이다. 에너지협동조합의 경우도 상황이 크지 다르지 않다. 60여개의 태양광 협동조합 중에서 MW급 태양광 발전시설을 갖춘 곳은 2개에 불과하며, 배당(대략 3%)을 실시하고 있는 곳도 그리 많지 않은 상황이다(손은숙, 2017). 많은 연구자들이 에너지협동조합을 능동적인 '에너지시민성'의 발현과 배양하는 공간으로 평가하면서 결사체의 속성을 강조하면서, 사업체로의 성과에 대해서는 아직 상대적으로 평가를 유보하는 것은 이런 상황을 반영한 것이라 할 수 있다.

에너지 전환의 리얼리티를 위하여

이 글은 에너지정치와 에너지 전환의 다차원성이라는 문제의식 속에서 에너지의 정치적 의사결정, 기술적 혁신, 경제적 이해관계에의 시민참여로 측면과 방식을 구분하여 각각의 특징과 의미를 살펴보았다. 이상의 논의에 기초해서 에너지 전환운동 진영의 전략적 과제와 에너지 전환에서 시민 참여를 확대하기 위한 몇 가지 정책 과제를 제시한다. 이 모든 것이 에너지시민의 백캐스팅과 에너지정치의 리캐스팅이 전개되어야 할 지반임을 확인하고, 그 리얼리티를 채워가야 할 것이다.

우선 에너지 전환을 주체 형성과 강화 전략을 재점검할 필요가 있다. 대안적 에너지 시민사회와 공동의 경제적 이해관계를 함께 구성할 동맹 세력을 확인하고 키우는 그림을 그려야 한다. 이번 공론화 과정에서 우리는 기존의 환경운동, 노동운동, 시민사회운동 등이 새롭게 배열되고 목소리를 내는 모습들을 접했다. 정부 부문과 산업의 부문들도 복잡한 이해관계와 전망 속에 움직이는 것도 파악되었다. 이들 사이에서 공동의 사회적 · 경제적 비전을 형성하고 상호 연계 · 강화할 수 있는 전략을 구체적으로 마련해야 한다. 예컨대 에너지기후정책연구소가 지속적으로 주장해왔던 탈핵운동-재생에너지산업-노동운동 등이 연계되는 '재생에너지동맹'도 그 중에 하나가 될 것이다.

또한 에너지 전환운동은 다른 대안적 운동과 담론과 보다 적극적으로 연계를 시도해야 한다. 예를 들어서 에너지 전환에 있어서 중요한 에너지수요 증가를 제어 · 관리하는 노력은 탈성장 담론과 대안적인 생산 · 소비 시스템을 구축하는 시도와 연계되어야 할 것이다. 또한 소규모 분산적인 에너지 시스템으로 전환은 지역 분권과 자치 그리고 지역 순환경제 관한 담론과 실험들로부터 보다 큰 힘을 얻을 수 있으며, 경제민주화 및 사회적경제에 관한 담론과 운동들은 재생에너지 산업의 이익을 공유하자는 주장과 연결될 수 있다. 또한 '좋은 일자리'를 목표로 하는 노동운동과 탈핵운동이 '정의로운 전환'과 '녹색일자리' 담론을 중심으로 연대를 형성할 수 있다.

이런 방향에서 다음과 같은 신정부의 정책 과제를 생각해볼 수 있다. 첫째, 시민참여를 에너지 전환 정책의 분명한 원칙으로 삼고 구체적인 실행방안을 마련해야 한다. 에너지 전환의 일 주체로서의 시민참여 범위와 참여 수준, 시간 범위를 재검토하고 상향할 필요하다. 시민참여를 정책원리화 하고, 에너지계획 수립과 실행에 있어 시민참여의 폭을 확대해야 한다. 구체적인 정책 결정에서는 위원회 구성·참여 방식을 넘어서서 숙의적인 참여 방식을 확대할 필요가 있으며, 나아가 국민투표(레퍼렌덤)과 주민투표 등으로 시민참여의 방식을 더욱 다변화하고 다층화하는 노력이 필요하다. 숙의적 참여 방식도 공론조사 외에도 합의회의, 시나리오워크샵, 시민배심원 제도 등의 방식들을 도입하고 혼용/병행할 수 있다.

둘째, 에너지 전환은 새로운 사회-기술 시스템을 위해서 혁신적인 기술적, 사회적, 문화적, 제도적 요소들을 실험하고 이를 연결하는 과정이 필수적이며, 이때 일상의 삶을 사는 시민들은 정보 제공자이자 새로운 요소들의 수용자로서 주요한 행위자로 참여시키는 것이 중요하다. 이를 위해서 유럽에서 개발된 리빙랩이나 ESTEEM[31]'과

---

31 Engage STakeholdErs through a systEmatic toolbox to Manage new energy project 의 약자. 유럽연합의 지원을 받아서 개발된 시민참여 방법론으로 재생에너지 기술의 수용

같은 방법론을 적극적으로 도입해서 실험해볼 필요가 있다. 이는 에너지 산업과 에너지 행정을 에너지 시민과 함께 만나게 함으로써 구체적인 문제를 해결하면서 새로운 에너지 주체와 수단을 발굴하는 효과를 발휘할 수 있다.

셋째, 에너지생산 협동조합 등 시민의 경제적 참여 기회와 통로를 확대하는 것이다. 이를 가로막는 장애 요인에 대한 분석과 극복하기 위한 제안들은 이미 충분히 나와 있다. 문재인 정부의 신재생에너지 3020 정책이 준비되고 있거니와, 이 역시 하향식/예산투입형 사업으로만 진행되어서는 양적으로나 질적으로나 충분한 전환적 성과를 만들기 어렵다. 재생가능에너지의 산업 생태계를 조성하는 것과 함께 에너지시민이 참여하고 넓게 자리를 잡을 수 있는 프로그램과 전략을 정부와 시민사회가 함께 논의해야 한다.

성을 높이기 위한 프로그램. 자세한 내용은 박진희 · 이정필(2012)를 참조할 것.

참고문헌

REN21 (2016), 「2016 재생에너지현황보고서」, 녹색에너지전략연구소 옮김

김동주 (2017), 「바람은 우리 모두의 것이다: 제주도 풍력발전의 개발과 풍력자원 공유화운동사」, 경인문화사

김준한 (2017), 『에너지 전환 리빙랩의 경험 – 성대골 도시지역 미니태양광 리빙랩』, 〈에너진포머스〉 80호

김현우 (2015), 『한국 에너지 거버넌스의 진단과 과제』 (창립심포 발표문)

김현우, 이정필 (2017), 『한국 핵발전 레짐의 구성과 동학』, 서울대학교 SSK 동아시아도시연구단 기획, 「위험도시를 살다」, 알트

박진희 (2015), 『재생에너지협동조합의 현황과 과제: 에너지 시티즌십의 관점에서』, 『환경사회연구 ECO』, 19권 1호.

박진희 · 이정필(2012), 『제3장 사회문제 해결형 혁신에서의 시민사회 참여 방안: ESTEEM 모델을 활용한 한국형 참여모델 설계』, 송위진 외, 『사회문제 해결형 혁신정책의 주요 이슈와 대응』, 과학기술정책연구원, 32-60.

손은숙 (2017), 『2016년 한국 에너지협동조합의 현황과 과제』, 〈에너진포커스〉 81호

에너지기후정책연구소 (2016), 「에너지 전환과 에너지 시민을 위한 에너지 민주주의 강의」, 이매진

에너지기후정책연구소 (2017), 「시민참여 에너지 시나리오」, 이매진

한국에너지공단 (2016), 「2015년 신재생에너지 보급 통계」

한재각 · 이정필 (2017), 『기초지자체의 시민참여형 지역에너지계획 수립_전주와 광명의 사례에서 시민참여 방법론을 중심으로』, 〈에너진포커스〉 77호

한재각 · 김준한 (근간), 『시스템 전환을 위한 지속가능한 산업혁신: 덴마크의 풍력산업을 중심으로』, 과학기술정책연구원

탈핵을 맞는
네 나라 노동조합의 풍경들[32]

김현우

문재인 정부의 탈핵 정책, 정확히는 60여년에 걸친 점진적인 핵발전소 퇴출 정책을 두고 논란이 뜨겁다. 특히 울주군 서생면에 건설 중인 신고리 5·6호기의 운명을 공론화위원회와 시민참여단을 통해 결정토록 한 것에 대해 한수원 노동조합 등 에너지 부문 노동조합들이 강력히 반발하면서 이들의 태도도 입길에 오르고 있다. 에너지 노동조합들의 입장은 일견 이해할만한 것이기도 하지만 과도한 것으로 비판받을 여지도 충분하다. 단지 탈핵 정책에 대한 입장 문제로만 이야기할 것이 아닌 것이, 그동안 에너지 부문 공기업 노조들이 정부와 가져왔던 관계, 노사 간의 관행, 그리고 노동조합의 전략과 내부 상태도 두루 작용하고 있는 것이 현재의 모습이기 때문이다.

여기서 문득, 탈핵을 전면적으로 또는 부분적으로 먼저 경험한 다른 나라의 노동조합들은 어떠할까 궁금해진다. 이미 탈핵을 대면한 나라의 에너지 노동조합들을 몇 가지 장면들을 통해 얼마간의 힌트

---

32 평등사회노동교육원 발행 〈연대와 소통〉 45호에 수록된 글임을 밝힌다.

를 얻어 보면 좋겠다.

독일 : 압도적 탈핵지지 그러나 석탄발전 가교론 등장

잘 알려져 있듯이, 독일은 사민당과 녹색당 연정의 '탈핵 합의' 이후 다소의 우여곡절이 있었지만 2021년까지 질서있는 탈핵 경로를 밟아가고 있고 사민당과 긴밀한 총연맹과 산별노조 대부분이 이에 동의하고 있다. 그러나 처음부터 그런 것은 아니었고, 핵발전 축소나 퇴출이 일자리에 위협이 될 것이라는 우려가 더 많았다.

독일 뷜(Wyhl)의 신규 핵발전소 반대 운동 속에서 지금은 대세가 된 '에너지 전환(Energiewende)' 운동이 태동하고 있던 1976년에 독일의 노동조합원 4만 여명은 도르트문트의 경기장에 모여 찬핵 시위를 벌였다. 핵발전 반대 시위에 참가하는 조합원은 노조에서 쫓겨날 것이라는 경고를 들었을 정도였고, 시민사회와 노동조합의 간극은 컸다.

그럼에도 불구하고, 1978년이 되자 노동조합원들 중 반핵 캠페인에 참가하는 이들이 처음 생겨났고, 1981년에는 수천명의 조합원들이 독일 북부 브록도르프 핵발전소 건설에 반대하는 시위에 결합했다. IG Metall(금속산별노조)을 위시하여 독일 노동조합들의 찬핵 입장은 1986년 체르노빌 이후 완전히 붕괴했고, 2001년 사민당과 녹색당의 탈핵 합의를 지지하게 되었다. 후쿠시마 사고 직후 12만명이 참여했던 반핵 인간띠잇기에는 IG Metall을 포함하여 여러 노동조합들이 함께 할 정도로 독일의 산별노조들은 탈핵 운동의 주역 중 하나가 되었다.

이제 총연맹(DGB) 차원의 입장을 포함하여 다수의 독일 노동조합들은 탈핵과 재생에너지가 더 많고 더 좋은 일자리를 만들 수 있다는 것에 동의하고 있다. 실제로 IG Metall과 IG BAU(건설산별노조)에는 재생가능에너지 생산과 설치, 그리고 건물 에너지 개선 사업에 참여하는 조합원들이 크게 늘어났다.

독일 노동조합에서 탈핵 입장은 구체적인 논리로 자리잡았다. 기민당 연정에서 일부 핵발전소를 수명 연장하기로 하면서 탈핵 정책이 일부 후퇴했지만, 후쿠시마 사고를 계기로 2011년에 다시 탈핵 과정이 시작되자 8개의 핵발전소가 즉시 발전을 멈췄고 2016년까지 15,000명의 일자리 감축이 발표되었다. 노조들은 이 감축에 저항했지만 원칙적으로 탈핵을 지지했고 회사의 비즈니스 모델을 재조정하여 일자리 상실을 최소화해야 한다고 주문했다. 2011년에 IG BCE(광산화학에너지산별노조)의 미카엘 바실리아디스 의장은 핵발전이 미래가 될 수 없다고 선언했고, 핵발전의 노동자들을 포함하여 2백만 명의 조합원을 가진 서비스 노동조합 Ver.di는 탈핵이 가능한 한 빨리 진행되어야 한다고 말했다.

그런데 여기서 석탄화력 발전에 대한 입장이 함정으로 등장한다. 바실리아디스 의장은 2011년 3월 22일 독일 수상이 설립한 "에너지 공급안정에 관한 윤리위원회"의 14인 중 한 명이기도 한데, 그는 핵발전은 재생가능에너지로의 실제 전환을 가져오지 않는다는 생각이 분명하지만 또한 "에너지 정책은 재생가능에너지 생산 전력에 우선순위를 부여하면서도 현대적 석탄 및 가스 발전소에도 의지하는 새 출발을 할 필요가 있다"고 주장한다. 기후변화와 경쟁력 상실을 모두 최소화하려면 당분간 석탄과 가스를 에너지 가교의 주요 기둥으로 유지해야 한다는 것이다. 연장선상에서 CCS(탄소포집저장) 기술 연구와 투자가 중요하며 이를 가로막는 법률적 장벽이 해결되어야 하며, 낡은 석탄 화력은 신규 화력으로 대체되어야 한다고 본다. 결국 에너지 전환은 단계적이어야 하며 IG BCE는 그러한 전제에서 정부 정책을 지지한다는 것이다.

2014년 후반 독일 에너지 논쟁의 초점은 이미 핵발전에서 석탄의 미래로 옮겨 갔고, 노조들은 석탄화력 발전의 빠른 퇴출에 반대하는 사민당 소속 에너지장관을 지지하고 나섰으며, 독일이 2020년 기후 목표 달성에 실패하는 것도 받아들여야 할 것이라고까지 얘기했다. 노동조합들은 전통적으로 사민당과 긴밀한 관계였고 독일의 석탄 산지들은 둘 다의 강력한 지지기반이기 때문이다.

프랑스 : 페센하임의 폐쇄갈등, 에너지 공공성 요구의 문제

프랑스는 전력의 80%를 핵발전으로 공급하고 핵연료 재처리 등 여러 핵발전 수출산업까지 육성하고 잇는 '핵강국'이다. 프랑스에서 핵에너지를 대하는 노동조합의 태도는 조심스럽고 양가적인 것이었다. 예를 들어 양대 내셔널센터 중 하나인 CFDT(민주노동조합연맹)는 에너지 노동자의 고용과 에너지산업의 공공성에 대한 입장이 확고했고, 위험한 노동조건에 매우 비판적인 자세를 가졌으며 조합원들이 핵산업에 관한 더 나은 정보를 찾도록 기꺼이 돕고자 했다. 전통적으로 공산당과 가까웠던 또 하나의 내셔널센터 CGT(노동총연맹)에는 EDF(국영전력회사)와 AREVA(에너지기업)에 다수의 조합원이 있기도 하거니와, 공산당과 더불어 핵에너지에 우호적인 입장을 가져왔다.

그런데 2012년에 올랑드 대통령 후보가 페센하임에 소재한 프랑스에서 가장 오래된 핵발전소 2기를 2017년에 운전 종료하겠다고 공약했고, 한걸음 더 나가서 "녹색성장을 위한 에너지 전환" 법안이 2014년 10월에 프랑스 하원을 통과하면서 핵산업은 직접적 영향을 받게 되었다. 법안의 주요 내용은 핵발전 비중을 2025년까지 50% 수준으로 낮추고 핵발전의 최대설비용량을 63.2GW로 제한한다는 것으로, 이와 함께 풍력 발전소를 현재의 2배로 늘리고 태양광 발전량은 3배로 끌어올리겠다는 로드맵도 제출되었다. 이를 계기로 페센하임 핵발전소 폐쇄 문제는 정치권뿐 아니라 노동조합의 격렬한 반응을 불러오게 되었다.

페센하임은 라인강을 끼고 독일과 접경한 프랑스 북동부 알사스 지방의 작은 도시로 18.4㎢ 면적에 인구 2천300여 명에 불과하다. 이곳에 1977년에 900MW 규모 핵발전소 2기가 건설되어 가동 중인데, 지금의 도시와 지역경제도 핵발전소 덕분에 생겨난 것이라 할 수 있다. 이 발전소는 지어진지 40년이 지나서 프랑스에서 가장 노후한 핵발전소이며 크고 작은 고장도 빈발해왔다. 이 지역의 지진 단층대가 갖는 위험성과 함께 사고 시 라인강의 치명적 오염 우려가 제기되었고, 발전소 바로 옆에서 국경을 끼고 있는 독일 시민들의 폐쇄 요구 시위도 이어졌다.

핵발전소가 폐쇄되면 여기에 의존하던 지역경제가 붕괴할 수 있다는 위기감이 팽배했다. 2015년의 한 기사에 따르면 페센하임 지역 주민의 90%가 핵발전소가 계속 가동되기를 바라며, 클로드 브렌데르 시장도 핵발전소가 문을 닫으면 당분간 다른 산업도 들어올 수 없고 상당수 주민들이 일자리를 잃게 된다며 원전에서 나오는 지역 발전기금도 끊겨 도시는 쇠락의 길을 걷게 될 것이라고 우려했다. 지역의 노동자들은 페센하임 폐쇄 반대 시위를 벌이기 시작했는데, EDF에 많은 조합원을 갖고 있는 CGT가 주도적이었다.

페센하임 핵발전소 폐쇄 안건을 다룰 예정이던 지난 4월 6일의 EDF 이사회를 앞두고, CGT는 이사회에 파견한 노동조합의 대표들에게 페센하임 폐쇄를 반대하도록 요청했고, 조합원들에게는 이사회가 열리는 동안 본사건물 앞에 피켓 라인을 만들도록 촉구했다. CGT는 성명서에서 "페센하임은 안전하며, 원자력안전위원회에서도 그렇게 인정되었다"고 말하고, 이 발전소가 프랑스의 에너지 안보에 기여한다고 덧붙였다. CGT의 EDF 지부에게 전기라 불리는 필수재를 생산하는, 공공 서비스를 위해 가동되는 "지켜야 할 공장" 중 하나라는 것이다.

결국 정부는 페센하임 폐쇄를 기정사실화하기 위한 조처를 진행했고, 페센하임 핵발전소를 2020년 4월을 마지막으로 완전 폐쇄하기로 한 공고문을 게재했다. 환경장관은 페센하임 폐쇄가 EDF가 에너지 전환에 더욱 적극 나서도록 할 것이라는 점과 일자리의 상실을 막을 필요성도 함께 언급했다. 이보다 앞서 노동조합의 페센하임 폐쇄 반대 시위가 한창이던 2016년 4월, 루아얄 환경장관은 페센하임 지역에 미국 전기자동차업체 테슬라 공장을 유치하는 아이디어를 밝힌 바도 있다. 루아얄은 프랑스와 독일 양국이 페센하임 부지를 어떻게 활용할지 협력하기로 했으며, 독일 정부가 발전소 부지를 재개발, 테슬라의 전기차 조립공장 또는 제3세대 배터리 공장을 건설하는 방안을 제시했다고 말했다.

프랑스에서 상대적으로 작지만 급진적인 내셔널센터인 SUD(연대단결민주노동조합)의 에너지 부문에 해당하는 조직인 SUD에너지(SUD Énergie)는 올랑드 정부의 페센하임 폐쇄 방침에 비판적인 입장을 냈지만 그 배경은 CGT와 다른 것이어서 언급할만하다. SUD에너지는 핵발전소 폐쇄 결정은 장기적 측면에서 세계의 에너지 정책이라는 맥락에서 취해져야 한다고 주장했다. 즉 핵발전을 지속해야 하는지, 핵에너지의 비중을 줄여야 하는지, 적절한 미래의 에너지 믹스는 무엇이 되어야 하는지에 관한 질문이 우선되어야 하며, 이를 위한 민주적 논쟁과 국민투표가 필요하다는 것이다. 따라서 핵에너지 비중을 낮추고 핵발전소 운전을 중단하는 결정이 민주적인 방식으로 이루어졌다면, 전력 이용의 안정성과 페센하임 노동자들 전체를 만족시키는 전환을 가능케 하는 최선의 방책이 준비되었을 것이지만 이를 간과한 정치적 타협의 결과로 나온 폐쇄 결정은 받아들일 수 없다는 뜻을 밝혔다.

동시에, SUD에너지는 일부 사람들이 핵발전소 폐쇄가 에너지 산업과 일자리 축소의 위협을 가져올 것이라는 카드를 흔들어대는 것에도 반대했다. 핵발전소 경영진은 사원들에게 보낸 편지에서 "일자리가 염려된다"는 식으로 이야기하며 노동자들을 자극했지만, 이 경영진은 그 동안 무책임하게 운영비를 줄이고 고용을 방치하는 조치들을 취해왔다는 것이다.

SUD에너지는 노동자들의 전환 문제를 미리 고려하고 민주적으로 결정되는 장기적 에너지 정책의 수립을 주장하며, 이를 위해 프랑스의 에너지 미래를 함께 결정하기 위한 광범한 대중적 토론과 국민투표가 필수적임을 다시 한번 강조하고, 에너지 전환을 효과적이고 일관성 있게 실현하기 위한 공적 에너지 서비스 기구를 요청했다.

또한 SUD는 에너지 전환은 전력 및 가스 산업 노동자의 상대적으로 좋은 지위를 모든 에너지 생산 부문으로 확장하고, 외주하청된 업무들을 다시 직영화하고, 시장 논리로부터 벗어나서 좋은 고용의 장기적인 재구조화 계획을 세우는 사회적 환경 없이는 달성될 수 없다고 주장한다.

미국 : 디아블로캐넌 핵발전소의 정의로운 전환 합의

미국 캘리포니아의 디아블로캐넌(Diablo Canyon) 핵발전소 폐쇄와 전환 합의는 캘리포니아 주정부의 적극적인 기후와 에너지 정책, 그리고 운영사인 퍼시픽가스앤드일렉트릭(PG&E)의 규모와 재정 능력이 배경이 되었지만, 성공적인 사회적 대화와 정의로운 에너지 전환 사례로 주목받고 있다.

1985년에 가동을 시작한 디아블로캐넌은 연간 1,8000GWh의 전기를 생산하고 캘리포니아 전력 수요의 8.6%를 담당한다. 캘리포니아에서는 2013년에 서던캘리포니아에디슨(SCE)이 샌오노프레 핵발전소 폐로를 결정해서 캘리포니아에서 유일하게 남은 원전이다. 이 발전소를 운영하는 PG&E는 1,200명의 노동자를 고용하고 있으며 협력업에도 200명의 노동자가 있다.

환경 단체들은 디아블로캐넌 건설 시기부터 끊임없이 반대운동을 벌였고, 1981년에는 2주간의 봉쇄투쟁 끝에 2천여 명이 연행되는 격렬한 대립도 일어났다. 이 운동에서 환경보전에 치중하는 기존 시에라클럽과의 의견 차이가 계기가 되어 미국의 유력한 환경단체인 '지구의 벗'이 창립되기도 했거니와, 지구의 벗은 이후로도 디아블로캐년에 대해 문제제기를 계속했다. 특히 디아블로캐년은 '샌 안드레아스' 활성 단층의 영향권에 자리해 지진이 일어날 경우 큰 피해를 입을 것이라는 우려가 제기되었고 법률 소송도 이어졌다. 현재 세계에서 내진설계 규모 7.5 이상으로 상업 운전하고 있는 핵발전소는 일본 하마오카와 미국 디아블로캐년 이렇게 두 곳 뿐인데, 이는 역으로 이 지역이 얼마나 지진 우려를 받고 있는지를 알려준다.

그런데 2016년에 디아블로캐년의 운영면허 갱신 전망이 불투명해지면서 해당 노동조합인 IBEW Local 1245는 대응에 고심하기 시작했는데, 2018년에 운전이 정지될 경우 600명의 조합원 고용과 지역 경제가 위협받게 될 것이기 때문이었다. 하지만 미국 지구의 벗 등 환경단체들은 핵발전소를 퇴출할 것과 함께, PG&E가 재생가능에너지와 에너지 효율 및 저장 설비로 투자를 전환할 것을 요구했다.

사측에서는 연장 운전시의 경제성 하락과 주 정부의 에너지 정책 변화를 예상하며, 면허 갱신에 부정적인 전망을 보였고 이를 인지한 노동조합은 대화에 나섰다. 그 결과 디아블로캐년의 가동을 8-9년 연장한 뒤 폐쇄하고, 조합원들은 발전소 가동 중단에 따른 보너스 등 보상을 받으며 지역사회도 줄어드는 세수만큼을 사측이 보전해주는 합의에 도달했다. 동시에 사측은 재생가능에너지와 에너지 효율 설비를 구축하여 일자리를 창출하고, 노동자들은 직업 훈련을 통한 전환을 준비하며, 지역사회는 경제와 세수를 다변화하는 과제를 안게 되었다.

2016년 6월 21일, PG&E는 디아블로캐년을 2025년까지 가동 정지하고 폐쇄하겠다고 공식 발표했고, 2031년까지 자사 총 발전량의

55%를 태양광, 풍력 등 재생가능에너지가 담당하도록 하는 구체적인 계획도 내놓았다. 이는 재생에너지 공급비중을 2030년까지 50%로 정한 캘리포니아 기준보다 더 나아가겠다는 자발적 선언이다.

이러한 합의와 계획에는 지구의 벗이 펴낸 기술경제성 보고서가 중요한 역할을 했다. 이 보고서는 디아블로캐년을 어떻게 값싸고 온실가스를 배출하지 않는 재생에너지와 에너지 효율 및 저장설비로 대체 가능한지에 대한 상세한 분석을 제시했고, 이를 근거로 환경단체와 경영진 그리고 노동조합은 핵발전소의 단계적 폐쇄와 전환을 위한 세부 방안을 논의했고 공동의 제안서를 작성했다.

지구의 벗은 이 합의에 대해 핵과 화석연료를 안전하고, 깨끗하고, 경제적인 재생에너지로 대체하면서 기후변화 대응의 명확한 청사진을 제시했다고 평가했다. 앞으로 몇 가지 법률적 절차를 남겨두고 있지만, 디아블로캐년의 전망에 대해 반신반의하며 염려하던 지역사회도 제안의 구체성을 보면서 점차 긍정적인 분위기로 바뀌고 있다고 전해진다.

한국 : 노사정의 신뢰결핍과 전환 전략의 부재

한국의 에너지 노동조합 다수는 핵발전과 석탄화력발전을 친환경 재생에너지 발전원으로 바꾸는 '정의로운 전환'에 원칙적으로 동의한다는 입장을 견지해왔지만, 구체적인 현실 앞에서는 다른 반응을 보이고 있다. 예를 들어 문재인 정부가 탈석탄화력 정책을 밝힌 직후 민주노총 공공운수노조와 에너지노동사회네트워크는 이러한 정책 방향을 적극 지지한다고 밝혔는데, 석탄화력 발전사들을 포함하는 노동조합 조직으로서는 전향적인 입장이라 할 수 있다.

한편 양대 노총 소속 노조 그리고 한수원 노조 등 상급단체가 없는 독립 노조를 망라하는 36개 에너지산업 노조가 참여하는 네트워크인 에너지정책연대는 에너지 전환에 동의하는 입장으로 출발했지만, 최근 내부적으로 어려운 상황에 처해 있다. 정책연대 내에서 한수원 노조뿐 아니라 전국전력노조, 한전KPS노조, 한국전력기술노조, 한전원자력연료노조, 한국원자력연구노조 등이 문재인 정부의 탈핵 정책에 가시적으로 반발하고 있기 때문이다. 이들은 지난 7월 19일, 신고리 원전 5·6호기 일시중단을 의결한 한수원 이사회에 대한 효력정지 가처분 신청 내면서, 충분한 시간을 둔 공론화를 거치지 않는 3개월 짜리 공론화 과정에는 동의할 수 없다고 밝혔다. 민주노총 소속의 노동조합들은 탈핵 정책에 대한 반대의사 표현을 자제하고 있지만, 한수원 노조는 지난 9월 9일에 태화강역 광장에서 대규모 집회를 여는 등 신고리 5·6호기 건설중단 반대 목소리를 높이고 있다.

하지만 다른 목소리를 내는 노동조합들도 있다. 민주노총 공공운수노조 산하의 전국공공연구노조는 7월 13일, '"책임성 있는 에너지"운운하는 원자력 학계 교수들은 국민들에 대한 협박을 멈추라!'는 성명을 통해 무엇보다 중요한 것은 국민의 안전이며 공공기관 연구자들은 이를 명심해야 한다고 지적했다. 이는 탈핵 논쟁 국면에서 원자력공학자 등 이해관계자들의 집단적 반발 이후 과학기술연구자 그룹에서 정반대의 목소리를 처음 낸 것이어서 눈길을 끌었다.

이러한 혼란스러운 상황을 어떻게 이해해야 할까? 엄밀히 말하자면 신고리 5·6호기 건설 여부와 한수원의 기존 조합원들 고용 사이에는 직접적인 관계가 없다. 고리1호기 폐로는 일정한 영향이 있지만, 이 역시 10년 이상의 시간이 소요되고 그동안 관리 및 폐로 작업에 조합원들을 투입하거나 다른 본부로 전환 배치하는 등 여러 방안을 강구할 수 있다. 한전원자력연료노조나 한전KPS노조 역시 점진적인 탈핵 과정 속에서 최소한 수십년 동안 핵발전소 연료 제조와 유지보수 수요가 있기 때문에 단기적인 고용 영향을 받지는 않을 것이다. 한국전력기술노조는 핵발전 증설이나 수출에 상대적으로 더 많은 이해관계를 갖고 있지만 목소리를 자제하고 있다. 오히려 민주노총 금속노조의 주력 사업장 중 하나인 두산중공업이야말로 원전의 주요 설비와 부품을 공급하는 곳이다.

한수원 노조의 적극적 행동은 우선 신고리 5·6호기가 핵발전산업 전체의 규모와 전망을 좌우하는 상징적인 의미가 있다는 점에서 대리 투쟁에 앞장서고 있는 것으로 해석할 수 있다. 다음으로는 전력산업 분할로 한전에서 한수원이 분리한 이후 노동조합이 상급단체를 결정하기 위해 수 차례 시도를 했지만 실패한 끝에, 현재 딱히 우산으로 삼을 곳이 없는 상태에서 불안감이 더 큰 것도 일정하게 작용하고 있는 것으로 보인다. 민주노총은 공공운수노조뿐 아니라 총연맹 지도부에 적극적으로 탈핵 정책을 지지하고 있기도 하거니와, 민주노총 산하의 에너지 노동조합들은 정부의 구조조정 정책에 맞서 싸우고 내부적으로 대응 논리를 만들어 온 경험을 가진 차이가 있다.

어쨌든 한국에서는 노사정 사이의 사회적 신뢰도 부족하고, 환경운동 진영이나 노동조합 모두 구체적인 전략과 청사진을 가지고 논의할 준비가 되어 있지 않은 형편이다. 다른 나라의 사례를 그대로 수입해서 바로 써먹을 수 있는 일이 아닌 것이다. 하지만 독일이나 지금도 대립이 끝나지 않은 프랑스, 그리고 미국 노동조합의 사례들은 대립과 격론을 직시할 때 비로소 해답을 찾아갈 수 있었음을 보여준다. 10년, 20년, 30년 뒤 한국의 에너지 상황과 바람직한 에너지 민주주의 체제를 상상해보고 거기에 다가갈 수 있는 조건과 경로들을 생각해본다면 적어도 생산적인 대화를 시작할 수 있지 않을까? 과감한 제안과 모색 속에 에너지 노동조합이 더 많은 사회적 지지를 얻고 조합원들도 늘릴 수 있는 방법을 찾기를 기대한다.

에너지 전환과 에너지 자치분권[33]

이정필

탈핵, 탈석탄, 재생에너지 3020이 논의되고 있는 지금, 에너지 전환과 에너지 자치분권을 실현하기 위해서 우리는 무엇을 해야 할까? 에너지 자치분권 없이 재생에너지 양적 확대만 추진된다면, 국가와 시장이 주도하는 방식으로 전환 경로가 설정된다면, 그렇다면 에너지 전환의 미래는 어떻게 될까? 갈수록 에너지 자치분권에 대한 기대가 커지고 있다. 그러나 아직까지 정부의 에너지 전환은 재생에너지 증가, 시민 참여 확대, 지역 상생, 지방자치단체 역량 강화 정도에 그치고 있는 것으로 보이며, 자치와 분권 측면은 중요하게 고려하지 않고 있는 것 같다. 더 이상 기다리지 말고, 이번에도 우리가 먼저 에너지 자치분권의 큰 그림을 그려보자.

---

33 이 글은 에너지기후정책연구소가 프리드리히에버트재단 한국사무소의 후원을 받아 진행한 〈한국에너지전환포럼〉 4회 세미나 "지역 에너지 전환과 에너지분권의 과제 분석과 제언"(2017년 10월 18일)에서 발표한 "지역에너지 전환과 에너지분권의 필요성과 중점 과제"를 이 책의 취지에 맞게 수정·보완한 것임을 밝힌다.

일란성 쌍둥이, 에너지 전환과 자치분권

에너지 전환과 에너지 자치분권은 어떤 관계일까? 우선 에너지 전환은 시민과 지역과 생태가 중심이 되는 에너지시스템으로의 전환을 의미하며, 이 전환 과정에서의 기준과 원칙은 넓게 말해서 에너지 민주화 혹은 에너지 민주주의라 할 수 있다. 국내에서 에너지 전환은 (지역) 시민사회의 선도적 투쟁과 실험으로 촉발되었고, 몇몇 지방지치단체가 이를 받아들여 에너지 전환 흐름에 동참하였으며, 아래로부터의 이런 압력에 대응한 정부에 의해 탄력을 받고 있다고 요약할 수 있다.

다음으로 에너지 전환은 에너지원의 전환, 에너지 이용의 의미 전환, 에너지 이용자의 행동·규범의 전환, 에너지 생산·소비의 공간적 배치의 전환, 생태환경과 건조환경의 전환, 에너지 생산·공급의 소유·운영·관리 주체의 전환, 에너지-사회시스템의 전환에 이르기까지 다양한 측면에서 논의된다. 이런 점에서 에너지 전환은 경제, 정치, 공간, 문화 등 사회 전반이 녹색사회로 정의롭게 전환하는 시스템 전환을 지향하는 것으로 이해할 수 있으며, 에너지에 초점을 맞추면 곳곳의 지역에너지나 공동체에너지가 국가에너지시스템에서 중요한 구실을 하는 것으로 상정해볼 수 있다. 국제에너지기구(IEA)가 도시는 "에너지 전환의 심장"이 되어야 한다고 주장했을 정도로 도시와 지역에서의 에너지 전환은 시대적 과제가 되고 있다. 따라서 에너지 전환과 자립을 위해서는 에너지 자치와 분권의 원리가 전환 과정을 관통해야 함은 논리적 귀결이다.

에너지 전환을 연구하는 학자들은 전환 과정을 비행기 운항 단계로 묘사하기도 하는데, 이륙 준비(1단계), 이륙(2단계), 상승(3단계), 안정(4단계)로 설명할 수 있다는 것이다. 현재 한국의 에너지 전환은 어느 단계에 있을까? 이제 2단계에 진입할 준비를 하고 있는 것으로 진단할 수 있는데, 문재인 정부가 에너지 전환을 표방함으로써 앞으로의 전환 전략과 전환 경로가 어떤 식으로든지 마련될 것으로 보인다. 그러나 아직까지 강한 국가 에너지와 약한 지역 에너지의 관계가 지속되고 있으며, 에너지 분권을 위한 정부 정책과 인프라는 미흡한 수준이다. 이는 에너지 전환과 에너지 자치분권을 실현하려면 우리가 해결해야 할 과제가 그만큼 많고 매우 어렵다는 것을 의미한다.

이런 배경에서 우리 사회에서도 에너지 전환을 말하면서 에너지 자치분권을 말하지 않는 사람은 없는 것 같다. '자치분권 없이 전환 없다' 혹은 '권한과 책임이 배분돼야 전환이 가능하다'고 요약할 수 있는 주장들이 적극적으로 표출되고 있는 것이다. 분권과 자치는 에너지 전환을 실현하기 위한 선결 조건이자, 에너지 전환을 구성하는 기본 요소라는 것이다. 2016년부터 2017년 사이에 에너지 자치분권을 다룬 토론회와 포럼의 제목만 보더라도 이런 흐름을 쉽게 파악할 수 있다. "지역 분권과 에너지 전환: 발전주의 에너지 패러다임을 넘어서", "지역에너지 전환 선언 1년, 에너지분권 어디까지 왔나", "에너지분권화시대, 서울에너지공사의 역할", "새로운 대한민국, 에너지정책 전환을 위한 토론회, 에너지 분권과 지역에너지 전환을 중심으로", "에너지 전환과 지방정부의 역할", "에너지 전환의 시대, 에너지 분권 확대를 위한 지자체의 제안" 등.

그렇다고 에너지 자치분권 주장이 최근에 등장한 것은 아니다. 2000년대 초중반부터 재생가능에너지의 지역 분산적 특징을 강조하면서 지방분권과 연결시켜 재생에너지 확대의 필요성이 제기되었으며, 지역에너지나 에너지 전환에 대한 사회적 관심이 선거공약이나 정책 제안으로 이어지기도 했다. 그러나 당시에는 에너지 자치분권은커녕 에너지 전환에 대한 관심이 부족한 탓에 이에 대한 사회적, 정치적 반응은 약했다. 에너지 전환 운동은 주로 마을이나 동네 단위의 에너지 자립에 초점을 맞추고 있었고, 대구, 광주, 부산 등 일부 지방자치단체는 재생가능에너지 실증과 보급 사업에 집중했다.

2011년에 발생한 후쿠시마 핵발전소 사고는 우리 사회에 커다란 충격을 주었다. 그리고 밀양 송전탑 사건과 원전 스캔들 그리고 경주 지진 등 에너지를 둘러싼 사건과 갈등이 과거와 다른 양상으로 나타나면서 에너지 전환 담론과 운동이 새롭게 조명되기 시작했다. 예컨대, 에너지기후정책연구소는 "국가에너지계획과 녹색성장 5개년 계획 등 중앙 정부(지식경제부)가 일방적으로 에너지 정책 결정과 실행을 담당하고 있기 때문에, 지자체는 수요관리 등 일부 업무에 한정되어 있다. 또한 지자체는 인력부족, 예산부족 등으로 인해 중앙정부의 공모사업에 의존할 수밖에 없는 구조에 놓여 있다. 따라서 지역 에너지 자립을 위한 정책 결정권이 보장되지 않는다면 지역에서의 탈핵 에너지 전환은 불가능할 수밖에 없다"고 진단하고, 지역 에너지 총량제, 지역 재생에너지 자립목표, 지역 에너지공사 및 센터 등의 내용을 포함한 "에너지 분권화"를 제안했다.[34] 그리고 이후 에너지 패러다임 전환과 에너지 분권화, 신균형발전과 지역에너지 전환, 지역에너지 거버넌스 구축 등에 대한 학술적, 정책적 제안들이 꾸준히 제출되었다.

---

34 이정필 · 이진우 · 한재각, "지역 에너지 자립을 모색한다: 지역 에너지 총량제와 지역 재생에너지 자립", 에너지기후정책연구소, 『이슈페이퍼』2, 2012.

에너지 분권화의 방향

안전한 깨끗한 분산형 에너지로 전환	지역사회 참여와 에너지 민주주의 증진
공동체 에너지 확산과 편익의 분산	에너지와 지역경제의 선순환
지역의 에너지 자치권 강화	협력적 거버넌스와 지역 역량배양

* 자료: 고재경, "에너지분권의 의미와 과제", 제7회 서울에너지포럼 〈지역에너지 전환 선언 1년, 에너지분권 어디까지 왔나〉 자료집, 2017.

에너지 자치분권의 서막

2000년 초반부터 시민사회가 주도한 아래로부터의 에너지 전환 운동이 2011년을 경과하면서 지방자치단체가 전면에 등장하기 시작했다. 광역 지방자치단체로는 서울시, 경기도, 충청남도, 제주도, 대구시, 부산시가 눈에 띄며, 기초 지방자치단체로는 노원구, 완주군, 순천시, 성북구, 안산시, 인제군, 전주시, 광명시, 광산구가 대표적이다. 이런 지방자치단체들은 개별 활동을 넘어서 지역 간 연대를 통해 에너지 전환의 행동 공간을 확장하고 있다. 2012년 '탈핵에너지 전환 도시선언', 2015년 '지역에너지 전환 공동선언', 2017년 '에너지 정책 전환을 위한 지방정부 협의회'는 시민사회와 협력하면서 지역은 물론 국가 차원에서 에너지 전환을 추동해오고 있는 것이다. 그리고 2017년 11월에는 '에너지정책 전환을 위한 지방정부협의회', '전국 사회연대경제 지방정부협의회', '자치분권 지방정부협의회'가 함께 '사회적 경제 기반 지역에너지 전환을 위한 지방정부 선언문'을 발표하기도 했다. 3개의 지방정부협의체의 공동 선언은 상당한 의미가 있다. 에너지 전환, 사회연대경제, 자치분권, 이렇게 각기 다른 주체들이 서로의 연결고리를 찾고 공통분모를 확인하여 공유

비전을 형성하는 시도는 지속가능한 사회로 향하는 혁신적 시도로 평가할 수 있다.

이 과정에서 관 주도의 에너지 정책이 아니라 (지역과 사업마다 다르게 나타나긴 하지만) 시민과 주민 참여가 강조되고 있는 것도 특징적이다. 자치와 분권의 주체가 지방정부로 협소하게 이해해서는 곤란하다. 주민 자치와 풀뿌리 민주주의가 뒷받침되지 않고서는 자치와 분권 주장은 공허할 수밖에 없다. 최근 에너지 자치분권을 요구하는 주장이 확산되고 있는 흐름에 대해 지방자치단체의 역할 변화만을 지나치게 강조하는 편향도 발견된다. 이런 식의 분석에 따르면, 과거 강력한 중앙정부 주도의 통제 방식이 잔존하는 가운데 지방정부의 발언권이 증대되어 서로 간의 긴장과 갈등이 발생할 가능성이 높아져 지방분권과 자치의 요구가 정치적, 사회적으로 더욱 커지고 있는 상황을 반영한다는 것이다. 타당한 지적이지만, 에너지 갈등과 투쟁을 조직하고 유지하고, 대안적 모델을 촉발해온 지역사회와 운동조직의 오랜 노력이 지방자치단체를 견인해오고 있다는 점을 떠올리면 불충분한 평가라 할 수 있다. 이들은 화석연료와 핵에너지 개발에 저항하고, 에너지를 공적·사회적 영역에서 되찾고, 그 영역을 민주적으로 통제되고 가용할 수 있는 재생가능에너지 구조로 재구성하는 비전을 갖는다는 점에서 에너지 민주화 투쟁을 전개하고 있는 것이다. 그동안 논의된 지방자치 담론 지형을 감안하면, 지방지차단체의 자치분권과 주민·시민의 자치분권이 갖는 각각의 의미에 대해서는 새롭게 성찰할 필요가 있어 보인다.

에너지 전환을 연구하고 실천하는 국내외 자료들을 살펴보면, 에너지 전환 과정에서 전환 거버넌스의 구성과 역할이 특히 중요한 이

에너지 전환의 시민참여 유형 : 의사결정

구분	전문성	시민성
제도적	위원회 및 거버넌스 참여 (ex. 1,2차 국가에너지계획 수립)	에너지계획 · 개발사업 공론장 참여 (ex. 공청회, 주민투표 등)
대안적	탈핵 에너지 전환 대안 시나리오 (ex. 에너지대안포럼, 그린피스, 에너지기후정책연구소, 환경운동연합, 녹색당, WWF 등)	시민 직접 참여 결정 (ex. 시민합의회의, 에너지시나리오, 지역에너지계획, 공론조사 등)

에너지 전환의 시민참여 유형 : 실천행동

구분	반대	대안
개별적	에너지 쟁점 여론 반영 (ex. 여론조사, SNS 등)	에너지 소비와 생산 실천 (ex. 에너지 절약, 태양광 설치, 적정기술 적용 등)
집단적	에너지 개발사업 직접행동 (ex. 방폐장, 송전탑, 노후 · 신규 핵발전 노후 · 신규 석탄화력발전)	공동체에너지 참여 및 정책 대안 제시 (ex. 에너지자립마을, 전환실험 · 리빙랩, 시민발전 · 협동조합)

슈로 부각된다는 점을 알 수 있다. 정부, 시장, 시민사회가 참여하는 전환 거버넌스가 어떻게 구성되느냐에 따라, 그리고 어떻게 협력하느냐에 따라, 에너지 전환의 경로는 다르게 나타날 수밖에 없는 것이다. 정부 주도나 시장 주도의 경우 자칫 시민 없는 에너지 전환의 함정에 빠질 수도 있다. 하지만 에너지 전환에서 지방자치단체가 주요 행위자가 될 수 있으며, 공동체에너지를 기획하거나 추진하는 과정에서 에너지 시민들의 적극적인 참여도 중요해진다. 결국 에너지 전

환을 위해서는 수직적, 수평적 수준에서의 거버넌스가 핵심적인 이슈로 부상하게 된다. 이를 위해서는 중앙정부-지방정부, 단체자치-주민자치, 국가-시장-시민사회라는 여러 관계들 속에 내재하는 쟁점들을 종합적으로 검토해야 한다. 다시 말해서, 문제는 에너지 권력이다. 따라서 에너지를 둘러싼 투쟁은 지구적 권력 관계 위쪽으로 올라가야 하고, 국가를 경유하여 일상의 리듬 아래쪽으로 내려가야 한다. 에너지를 고립된 어느 하나로 생각해서는 안 된다. 에너지의 생산, 유통, 소비의 패턴이 다양한 스케일과 영역에서 작동하는 권력관계에 의해 어떻게 형성되고 있는지를, 그리고 이와 함께 권력관계가 에너지에 의해 어떻게 형성되고 있는지를 생각해야 한다.

　문재인 정부 들어 에너지 전환 흐름은 급물살을 탈 것으로 예상되며 에너지 자치분권에서도 변화 가능성은 존재한다. 물론 섣부른 낙관은 금물이다. 에너지 전환 진영에서도 새 정부의 에너지 정책 방향에 대해 경계하는 목소리가 없지 않다. 신고리 5 · 6호기 공론화 과정과 그 결과를 놓고 보면, 정부의 에너지 전환에 대한 진정성과 전환전략을 비판적으로 평가하는 것은 지극히 타당하다. 그럼에도 불구하고 정권교체 효과는 일정하게 나타나고 있다. 문재인 정부는 에너지 전환이라는 용어를 공식적으로 채택한 첫 정부이다. 그리고 중앙집권-수도권 일극체제를 지방분권-지역 다극체제로 바꾸기 위해 자치분권과 균형발전을 강화할 계획이다. 그렇다면 에너지 전환과 에너지 자치분권의 기반이 조성될 수 있다는 기대를 해볼 수 있을 것이다. 실제 변화는 시작되고 있다. '국정운영 5개년 계획', 노후 석탄화력발전소 일시 가동중단 및 '미세먼지 관리 종합대책', '신고리 5 · 6호기 공론화' 및 '에너지 전환(탈원전) 로드맵', '재생에너지 3020 이

행계획', 그리고 산업통상자원부의 '에너지 전환 국민소통 TF', '에 너지 전환정보센터', '재생에너지 정책 협의회', 환경부의 '친환경 에너지 전환 자문위원회' 등을 종합하면, 과거 정부와는 분명하게 차 별화된다.

그렇다고 과거에도 무행동으로 일관하지는 않았다. 특히 박근혜 정부 시절인 2016년에 '신재생에너지 보급 활성화 대책'을 통해, 비 록 에너지 전환 관점이 부재했더라도, 재생에너지 주민참여와 수용 성 향상 방안을 도입하기 시작했다. 또한 과거와 다른 행보를 보이기 시작한 지방자치단체의 지역에너지(계획)를 지원 혹은 관리하기 위 해 산업통상자원부는 '지역에너지계획 수립 가이드라인'과 '지역에 너지 비즈니스 모델 발굴 매뉴얼'을 마련했다. 2017년 3월에는 '에 너지정책의 효율적 달성을 위한 지역에너지계획 관리체계 개편 방 안'을 통해국가계획과 지역계획간 연계성 강화, 지역에너지계획 평 가체계 구축, 지역에너지계획 활성화를 위한 기반 구축에 나섰다. 그 리고 기초 지자체 계획 수립 의무화(2019년) 및 공동체 단위로 확장 (2019년)을 향후 계획으로 잡았다.

지역, 공동체 에너지 시스템

이제 국가 차원에서 에너지 전환을 수용하기 시작한 상황에서 앞 으로 어떤 국면이 펼쳐질지 예측하기 어렵지만, 한 가지 확실한 것은 에너지 전환 경로가 어떻게 설정되느냐에 따라 에너지 전환의 과정 과 그 결과는 상이할 수 있다는 점, 그리고 무엇보다 에너지 전환의 헤게모니가 상실될 경우 그 전환의 동력 또한 상실될 것이라는 점이다. 이런 점에서 에너지 전환을 위한 당면 과제가 산적해 있고 에너지 자치분권을 실현하기 위해 법·제도를 개선하는 데 부단히 노력해야 하지만, 에너지 전환과 에너지 자치분권의 큰 그림을 그리고자 한다면 이에 대한 전략적 구상이 선행되어야 한다.

핵심 질문은 에너지 전환에 적합한 지역·공동체에너지시스템은 무엇인가 하는 것이다. 에너지 자치분권의 현실태는 지역·공동체에너지시스템에 있다. 지역·공동체에너지는 지방자치단체와 주민·시민들이 에너지시스템을 새롭게 구축하고 에너지 거버넌스를 형성하는 모든 시도와 과정들을 포괄한다. 그리고 지방자치단체와 시민사회, 이 두 수준에서 에너지 민주주의라는 규범적 목표를 지향하는 시스템으로 구상해볼 수 있다.

첫째, 지방자치단체 수준에서는 자치분권과 지역화·공유화를 핵심 전략으로 상정한다. ① 자치분권은 에너지계획 관련 규제·정책에 대해 정부로부터의 권한 이양을 통해 지방자치단체의 자율적 역할 확대를, 그리고 ② 지역화·공유화는 에너지기업에 대한 지방자치단체·지역사회의 소유·운영·관리 실현을 의미한다.

둘째, 시민사회 수준에서는 공동체 프로젝트와 참여 거버넌스를 핵심 전략으로 삼을 수 있다. ① 공동체 프로젝트는 시민사회와 지역주민들이 직접 수행하는 재생에너지 관련 사업을, 그리고 ② 참여 거버넌스는 에너지와 기후변화 정책 관련 직접 민주주의를 실현하는 다양한 모델과 방법들(참여계획, 참여예산 등)을 의미한다.

편의상 지방자치단체와 시민사회를 구분을 했을 뿐이지 이 둘의 관계는 지속적으로 상호 침투하여 그 경계가 모호해지는 과정을 거치면서 변화해야 한다. 가급적이면 직접적, 참여적, 숙의적, 급진적

지역 · 공동체에너지시스템 재구상

규범	에너지 민주주의
(1) 지방차지단체 전략	① 자치분권, ② 지역화 · 공유화
(2) 시민사회 전략	① 공동체 프로젝트, ② 참여 거버넌스

* 자료: Rüdinger, A., Local Energy Ownership in Europe: An exploratory study of local public initiatives in France, Germany and the United Kingdom, Energy Cities, 2017.

민주주의의 원리가 작동할 수 있는 다양한 시도가 이루어져야 한다는 것이다.

　이상의 지역 · 공동체에너지시스템 재구상은 유럽에서 에너지 전환을 실천하고 있는 지방정부협의체인 Energy Cities의 논의를 바탕으로 작성한 것이다. 하지만 국내에서도 자치분권에 대한 정당성과 필요성이 점점 설득력을 얻고 있으며, 지역화 · 공유화의 실험이 진행되고 있다. 지역에너지공사와 에너지협동조합 형태의 한국형 지역화 · 공유화 주장이 제기되고 있는데, 이는 에너지 전환에서 국가독점-시장경쟁, 중앙집중-지역분산의 쟁점들을 동시에 해결할 수 있는 대안 중 하나로 설명된다. 나아가 제주도의 '풍력 공개념'처럼 재생에너지 개발 이익의 일부를 공적으로 환원으로 하는 논리를 발굴하고 실질적으로 제도화하는 방안을 강구할 필요도 있다. 그러나 지방에너지공사가 에너지 전환과 에너지 자치분권에 긍정적인 역할을 수행하기 위해서는 재생가능에너지 법 · 제도 개선은 물론 에너지(전력)산업구조의 변화가 동반되어야 가능할 것이다. 그리고 공동체 프로젝트는 태양광 중심으로 다양한 방식의 사업 모델이 실행되고 있거나 기획되고 있고, 시민참여형 지역에너지계획 사례에서 확인할 수 있듯이 참여 거버넌스도 구체적으로 나타나고 있는 추세이다.

앞으로 에너지 전환 운동과 전환 실험의 확대 재생산이 필요하고 더 치열한 양질의 사회적 공론화가 요구되지만, 개헌 및 자치분권 관련 법 제정 계기를 살려 에너지 자치분권을 제도적으로도 추진할 수 있을 것이다. 그러나 에너지 전환을 위한 단계적 에너지(전력) 산업 구조개편 방안이 준비되지 않고서는 지금처럼 불균형적인 에너지 거버넌스에서 벗어나기 어려울 것으로 예상된다. 이는 현재와 같은 국가에너지기본계획 틀에서는 해결하기 어려울 수 있으며, 다른 프로세스가 필요한 과제이다. 지역의 에너지 권력 분점과 자율성 확대를 위해서는 단기적으로 달성할 수 있는 법·제도 개선과 함께 분권과 자치가 실제로 작동될 수 있는 전환의 조건을 새롭게 구상해야 한다.

그런데 이 대목에서 유의해야 할 점이 있다. 재생가능에너지를 에너지 민주주의와 동일시하는 주장이 있다. 제레미 리프킨의 '3차 산업혁명'처럼, 분산형 수평적 특성을 갖는 재생가능에너지시스템이 에너지의 민주화와 분권화를 촉발한다는 기술 결정론적 가정이 에너지 자치분권에 영향을 미치고 있다. 최근에는 '4차 산업혁명'이나 '에너지 4.0'으로 논의가 확대되고 있다. 그러나 엄밀하게 말해서 재생가능에너지 민주주의가 반드시 더 민주적일 것이라고 가정할 근거는 없다. 티머시 미첼은 이렇게 논박한다. " … 재생 가능 에너지원의 사용이 증가하는 상황으로 나가면서 우리는 탈탄소 세계가 필연적으로 더 민주적일 것이라는 가정을 하곤 한다. 더 설득력 있는 주장도 있는데, 모든 가정과 산업이 에너지의 생산자와 소규모 잉여 전력의 생산자로 전환하는 방식에 토대를 두는 유럽의 분산 네트워크 재생 가능 에너지 생산 모델이, 대형 발전소에서 생산되는 재생가능에너지가 전통적인 장거리 전력망을 통해 송전되는 미국의 계획보다 더 민주적인 잠재력을 갖는다는 주장이다. 인터넷의 민주적 잠재력은 지역화, 분산화, 지능적 네트워크화의 정치적 이점을 보여주는 모델로 제시된다. … 누구도 사회-기술적 시스템의 구상으로부터 직접적으로 민주주의의 가능성을 예측할 수 없다는 것이다. 오히려 요점은 민주주의를 위한 가능성의 성패가 미래 에너지 시스템의 형성을 둘러싼 전투에 달려 있다는 것이다."[35]

결국, 에너지 전환은 에너지 민주화이다. 에너지 전환으로 향하는 이륙 준비를 하고 있는 현 시점에서(1→2단계) 핵심 과제는 중앙정부, 지방자치단체, 공기업, 사기업, 사회적경제, 시민사회, 각자의 제자리 찾기라 할 수 있다. 판을 다시 짜자.

---

35 티머시 미첼, 『탄소민주주의』, 에너지기후정책연구소 옮김, 생각비행, 2017.

에너지 민주주의를 구성하는 뿌리, 지역에너지 전환

이유진

2019년 1월 기준 우리나라 인구는 약 5,181만 1,167명이다. 지구에서 대한민국에 살고 있는 우리는 17개 광역시도, 226개 시·군·구 중 하나에 속해 있고, 동시에 그것을 이루는 마을에 산다. 한국은 중앙집중적인 시스템이 지배하는 사회라 모든 것이 위계적으로 작동된다. 권한은 정부에 집중되어 있고, 경제·사회·문화의 중심은 서울과 수도권에 몰려 있다.

에너지도 마찬가지여서 시민들은 정부의 정책방향에 따라서 결정한 대로, 주는 대로 받아서 사용하는 소비자일 뿐이다. 수출 중심의 경제성장을 위해 정부는 값싼 에너지의 풍부한 공급을 중심으로 정책을 펼쳤고, 그러다보니 핵에너지와 화석에너지를 중심으로 정책을 펼쳐왔다. 전기만 하더라도 사용하는 전력의 40%를 석탄 화력에서, 30%를 핵발전소에서 공급하고 있다. 우리에게는 선택권이 없는 셈이다.

화석에너지의 고갈, 기후변화, 석탄발전소의 미세먼지, 후쿠시마 핵발전소 사고, 2016년 경주지진에 이은 최근의 포항 지진, 밀양송전탑 갈등 등, 최근의 사건사고들과 일련의 흐름 속에서 에너지 분야에서는 지금처럼 핵에너지와 화석에너지에 의존한 사회를 지속해서는 안 된다는 경고가 울리고 있다. 다행히 문재인 정부는 역사상 최초로 '탈핵, 탈석탄, 에너지 전환' 정책을 표방하면서 출범했다. 하지만 아직까지는 거창한 선언을 뒷받침할 정책과 제도 개선, 정부 조직체계 개편 등의 변화를 느낄 수가 없다. 탈핵시점을 60년 뒤로 설정한 것도 이 정부가 에너지 전환의 의지가 있는지를 반문케 한다.

한편으로 에너지정책은 산업과 경제, 시민들의 생활방식과 에너지 요금, 에너지업계의 이익 등이 복잡하게 얽혀 있는 정책이라 하루아침에 바뀌는 것도 쉽지가 않다. 에너지 전환은 단순히 핵발전소와 석탄발전소를 줄여서 에너지원을 바꾸는 일만이 아니라 경제, 사회, 기술 시스템을 모두 바꾸는 일이라고 할 수 있다. 신고리 5·6호기 공론화를 통해 핵발전소 건설을 재개하기로 결정한 것에서 볼 수 있듯이 기존의 핵발전을 둘러싼 이해관계가 견고해서 전환을 이루기는 쉽지 않다. 그렇다고 해서 에너지 전환이 불가능한 일은 아니다. 특히 후쿠시마 이후에 지자체에서, 마을에서부터 에너지 전환을 위해 실천해온 힘이 있기 때문이다.

서울시 "원전하나 줄이기에서 태양의 도시로"

우리나라에서 본격적으로 지역에너지 시대를 연 지자체는 서울시이다. 2012년 4월, 서울시는 후쿠시마 사고와 대정전 사태를 교훈으로 삼아 원전 1기에 해당하는 200만 TOE의 에너지를 절감하는 정책을 시작했다. 가정 · 상업 · 공공부문에서 에너지소비를 줄이고, 생산을 늘려 서울의 에너지자립률을 높이기 시작했다. 원전하나줄이기 정책이 지향한 것은 '상생'이었다. 서울에서 줄여야 다른 지역에 발전소가 덜 들어선다는 점에서, 서울의 책임을 강조했다.

서울시는 원전하나줄이기 계획을 수립하면서 민 · 관협력 거버넌스 조직을 동시에 구성했다. '원전하나줄이기 실행위원회'는 매달 1회 이상 정기적으로 추진상황을 점검하고 집행과정에서 발생한 문제를 함께 해결하는 역할을 했다. 에너지 행정조직으로 '원전하나줄이기 총괄팀', '녹색에너지과' '에너지시민협력과'를 신설하고 인력과 예산을 투자했다.

서울시는 원전하나줄이기 정책을 통해 LED절전차액지원제도, 건물에너지효율화 지원제도(BRP: Building Retrofit Project),서울형 발전차액지원제도, 미니태양광, 에너지자립마을 사업을 추진했으며, 소규모태양광발전사업자를 돕기 위한 임대료 개선은 타 지자체 조례 개정에도 영향을 미쳤다. '미니태양광, 햇빛펀드 등을 통해 태양광시설이 2011년 기준으로 4배가 증가해 총 101.3MW가 되었으며, 243개 지하철 역사를 포함해 서울시내 970만 개의 조명이 친환경 고효율 LED로 교체되었다. 베란다 태양광을 포함한 태양광 발전에 참여하는 가구는 2만2,000여 가구가 되었다. 시민햇빛펀드, 에너지협동조합, 에너지슈퍼마켓, 에너지자립마을 등 도시에서 '에너지 농부'가 되는 시민들이 등장했다.

2014년 6월, 서울시는 핵발전소 1기분에 맞먹는 200만 TOE의 에너지 절감을 달성했으며, 563만 톤의 온실가스를 줄일 수 있었다. 서울시의 평균 전력자립률은 2011년 2.9%에서 2015년 5.5.%로 끌어

올렸다. 2017년 서울에너지공사가 출범하면서 시의 온실가스 감축과 에너지 자립정책을 실행해 에너지산업과 일자리를 창출하는 역할을 한다. 수익 일부를 에너지복지기금으로 조성해 에너지빈곤층도 지원할 계획이다. 이렇게 지자체와 지자체가 만든 에너지공사, 시민이 한 팀이 되어 에너지 전환을 위해 본격 도전하는 셈이다. 서울시 '원전하나줄이기' 정책과 에너지공사 출범은 지자체가 충분히 에너지정책 집행 능력이 있고 성공할 수 있다는 것을 증명하고 있다.

2017년 11월 서울시는 태양의 도시 프로젝트를 발표했다. 도시에서 전기를 생산하기에 가장 적합한 방법인 태양광을 적극 활용해 2022년까지 원전1기에 달하는 1GW의 태양광발전기를 설치해 전력의 3%를 태양광으로 생산한다는 야심찬 계획이다. 서울시민 380만 가구 중에 100만 가구가 태양광을 설치하는 것을 목표로 한다. 원전하나줄이기의 태양광버전인 셈이다.

에너지 전환, 마을 에너지로부터

서울시 동작구 성대시장 일대 성대골 주민들은 '후쿠시마' 사고에 큰 충격을 받았다. 성대골어린이도서관을 운영하던 주민들은 걱정만 하지 말고 '마을에서 할 수 있는 일'을 행동으로 옮기자고 다짐했다. 2011년 11월 주민들은 '마을에서 에너지 전환을 위해 무엇을 할 것인가?'라는 주제로 워크숍을 열고, '절전소' 운동을 시작했다. 절전소는 "소비를 줄이는 것이 바로 생산"이란 뜻으로, 이를 위해 가구당 소비전력을 20%씩 줄일 것을 약속했다. 인근 상가와 학교로 참여가 확대되었다. 성대시장에는 절전소 운동에 참여하는 착한가게가

160여 곳이나 된다. 절전소 운동으로 자신감이 생긴 주민들은 학교 에너지교육을 직접 하고 있다. 국사봉 중학교와 함께 에너지동아리를 만들고, 생태에너지 전환수업을 한다. 학교에너지 특강은 인근 20여 개 학교로 확산되었다.

성대골 주민들이 에너지문제를 깊이 인식하고 실천할 시기에 서울시는 '원전하나줄이기'라는 정책을 펼치고 에너지자립마을을 지원하기 시작했다. 에너지자립마을은 "에너지 문제에 대한 인식을 가진 주민공동체가 에너지자립도를 높여감으로써 환경, 경제, 사회적으로 지속가능성을 달성하는 마을"이다. 성대골은 서울시 에너지 자립마을 사업에 참여하면서 더 과감한 실험을 할 수 있게 되었다. 2012년 추운 겨울, 주민들은 성대골 마을학교에서 석유, 가스, 전기를 쓰지 않기로 하고 단열개선사업을 시작했다. 서울시 에너지자립마을 사업을 통해 공사비 2,200만 원을 지원받아 이중창과 내단열, 조명 공사를 했다. 힘들게 공사를 하면서 에너지자립에 건물단열사업이 중요하다는 것을 깨닫고 2013년 11월 12일 마을기업 '마을닷살림 협동조합'을 만들었다.

마을닷살림 사무실은 '에너지절약'을 파는 '에너지슈퍼마켓'이다. 슈퍼에서는 절전형 멀티탭, LED전구, 단열재, 태양광 충전기, 햇빛 음식물건조기, 미니태양광 등 전기를 절약하고 효율을 높이는 제품을 판매하며, 에너지 컨설팅도 해주고, 미니태양광 발전기 설치 신청도 돕고 있다. 성대골 주민들은 주민참여형 주거환경관리사업과 도시재생사업에 주택단열개선사업을 반영함으로써 마을닷살림의 사업을 개척하고 있다. 매년 성대골에서는 '에너지자립마을 축제'가 열린다. 성대시장 한가운데 만국기가 휘날리고, 각종 에너지 절약제품을 판매하며, 에너지퀴즈대회가 열린다. 국사봉중학교 학생들이 자원봉사를 하고, 미니태양광부터 단열기능을 가진 페인트까지 에너지 제품을 전시하고 판매한다. 주민들이 연구해서 뚝딱 만든 태양광 에너지카페 '해바라기'도 출동한다.

2015년부터 성대골 주민들은 태양광을 주제로 리빙랩(living lab) 실험을 해보기로 했다. 주민들은 '왜 사람들이 태양광을 설치하지 않을까', '무엇이 문제일까'를 질문하고 같이 답을 찾기로 했다. 리빙랩은 '살아움직이는 연구소'라는 뜻으로, 현장에서 사용자 입장으로 신기술의 문제점을 찾아내고 개선하는 방식이다. 주민들이 마을의 에너지연구원이 되어 활동하는 것이다.

현재 성대골에는 마을연구원이 49명이나 되고, 이들이 마을에너지 전환에 있어서 든든한 지원자가 되고 있다. 2년여 동안 수차례에 걸쳐 강의를 듣고, 스스로 실험하고, 문제점을 찾는 과정을 거쳤다. 그렇게 해서 탄생한 것이 미니태양광 DIY 시제품, 신협을 이용한 태양광 저리 융자 프로그램인 솔라론, 주민들의 눈높이에 맞춘 태양광 홍보물과 어린이들을 위한 태양광 인형극이다. 주민들이 주인공이 되면 에너지 전환을 위한 다양한 해법을 스스로 찾아낼 수 있다는 것을 보여주는 사례이다.

노원구, "우리 콩 된장 담그기와 제로 에너지 단지"

서울시 노원구 인구는 약 58만 명, 거주 면적당 인구수가 우리나라에서 가장 많은 곳이다. 지역에서 먹을거리도 에너지도 생산하기가 쉽지 않다. 그런 노원구가 주도해서 만든 것이 2012년 2월의 '탈핵에너지 전환 도시선언'이다. 김성환 구청장은 "원전은 결코 값싼 에너지가 아니다. 탈핵을 위해서는 중앙정부만이 아니라 지자체가 변화의 흐름을 만들어내야 한다"고 주장한다.

노원구는 공공청사와 주택에 태양광발전소를 확대하고, 태양광발전협동조합 설립을 지원하고 있다. 가지치기한 나무와 고사목을 수거해 연료용 목재펠릿을 자체 생산하고, 저소득 주민들에게 펠릿보일러를 보급해 난방비 부담을 줄였다. 공공기관 건물 창밖에 덩굴식물을 식재해 실내온도를 낮추고 교육기관 및 공원화장실 빗물이용시설 설치, 노후주택 난방비 절감을 위한 단열형 집수리 사업도 펼치고 있다.

2017년 12월, 노원구 월계동에 121개 가구가 주거할 '제로에너지 주택단지'가 완공되었다. 설계할 때부터 자연채광과 환기, 냉난방을 고려해 디자인하고, 단열성능을 높인데다 필요한 에너지는 모두 재생가능에너지로 생산한다. 모든 건물이 화석연료를 전혀 사용하지 않기 때문에 온실가스를 배출하지 않는, 기후변화 시대에 딱 맞는 건축물이다. 이 사업은 에너지효율 건축자재 생산과 연계되면서 에너지제로 건축물 확산의 전기를 마련할 것으로 기대된다.

노원구는 먹을거리와 에너지를 소비하는 도시에서는 '현명한' 소비가 대안이라는 것을 보여주고 있다. 올해부터 노원구는 '전통장 만들기 시범사업'을 벌인다. 학부모, 학교운영위원들이 '촌장'이라는 협동조합을 만들어 된장과 간장을 담그고, 숙성시켜 학교급식에 제공한다. 장 담그기에 사용될 콩과 재료는 국내산으로, 전통인증 등을 받았다. 유전자조작식품(GMO)이 아닌 국산 콩을 이용해서 담근 장이 학교급식과 만나 우리농산물 생산도 돕고, 급식도 안전하고 건

강하게 만든다는 것이다. 노원구는 1가구 1텃밭, EM(유용한 미생물) 보급 활동에도 열심이다. '전환'에 있어 에너지만 고집할 것이 아니라 먹을거리를 포함해 마을 생활 여러 영역에서 함께 진행되어야 한다는 것을 보여주고 있다.

완주군 적정기술과 사회적 경제의 결합

전라북도 완주군은 로컬푸드로 널리 알려져 있다. 로컬푸드 직매장과 농가식당 운영으로 누적 매출액이 1,492억 원에 달하고, 2,500여 농가가 연 1,200만 원에 가까운 안정적인 소득을 얻고 있다. 2013년부터 완주군은 로컬푸드에 이어 로컬에너지 사업을 시작했다. 농촌 에너지 전환을 위한 적정기술 보급, 목질계 바이오에너지, 농촌형 마이크로 태양광·태양열온수기 보급 사업을 본격 펼쳤다. 완주에서 매년 열리는 고효율화목난로 공모전 "나는 난로다"는 농촌 지역에 적합하고 효율적인 난로기술을 발전시키는 데 큰 역할을 했다.

완주군에 고효율화목난로로 상징되는 적정기술 활동가들이 모이면서 전환기술사회적협동조합이 만들어졌다. 로컬에너지 장인·핵심리더 양성 프로젝트, 로컬에너지 기술분야 생산협동조합 육성, 로컬에너지 전국대회 행사 개최 및 교육 프로그램 등을 운영하고 있다. 전환기술사회적협동조합은 최근 달팽이하우스를 개발했는데, 난방은 하이브리드(햇빛온수기, 가스보일러, 건식 로켓매스히터)이고, 미니태양광발전, 빗물저장고시스템을 갖췄다. 농촌에서 농막으로 사용하거나 간이거주 공간으로 사용하기에 딱 맞게 만든 집이다.

2016년 12월 '완주고산 바이오매스타운 조성사업'이 완공되었다. 고산자연휴양림 숙박시설과 산림바이오매스 전시홍보관, 온실을 1.8킬로미터 열배관으로 연결하고 우드칩보일러로 난방과 온수를 공급하는 중앙난방사업이다. 효율이 93%에 달하는 우드칩보일러는 오전 오후에 자동으로 점화되어 축열조에 온수를 저장하고 열배관을 통해 온수를 순환시켜 사용하는 시스템이다. 숲가꾸기 사업에서 나오는 나무를 우드칩으로 만들어 지역에서 생산한 원료를 난방에 사용하는 것으로 열공급 분야에서 대안사례가 될 것으로 보인다. 완주 고산휴양림에 이번에 설치한 우드칩 보일러는 25년 이상, 열배관은 30년 이상 사용이 가능할 것으로 보고 있다. 완주군 고산휴양림이 나무를 이용한 지역난방이 가능하다는 것을 실증하면서, 문경에서도 마을에서 직접 도입해보려는 움직임이 일어나고 있다.

4개 광역지자체 지역에너지 선언 '지역 상생, 에너지 자립'

지역에너지는 지자체가 중심이 되어 에너지수요관리와 생산을 통해 에너지자립률을 높이는 것으로, 에너지의 지역생산과 지역소비가 핵심이라고 할 수 있다. 2015년 11월 24일, 경기도, 서울특별시, 충청남도, 제주특별자치도 단체장이 '지역에너지 전환' 공동선언을 했다. 4개 광역지자체장이 한곳에 모여 에너지분권의 필요성을 강조하면서 협력하겠다는 것은 한국 에너지정책에 있어 주요 사건이라 할만하다. 공동선언문은 핵발전과 석탄화력에 대한 반대를 명확히 하고, 지자체의 에너지정책 집행 권한이 강화되어야 하며, 분산형 에너지가 확대되어야 한다는 주장을 담고 있다.

선언에 참여한 광역지자체의 공통점은 지자체장이 에너지 전환에 대한 의지가 있고, '에너지자립률'을 목표로 하는 지역에너지계획을 수립했다는 점이다. 경기도는 2015년 6월, 수요관리와 재생가능에너지 확대를 통해 전력자립률을 29.7%에서 2030년 70%까지 올리겠다고 발표했다. '경기도 에너지정책 추진단'을 구성해서 초안을 만들고, '경기도-시·군이 함께하는 1박 2일 상생협력 토론회'를 통해 남경필 지사와 도내 31개 시장·군수가 합의해서 정책을 마련했다. 2016년 경기도는 안산에 지역에너지센터를 열고, 시·군 단위 지역에너지계획 수립 예산을 지원하고 있다.

충청남도는 2050년까지 석탄발전소를 모두 없앤다는 에너지비전을 도민들과 함께 수립했다. 우리나라 전체 석탄발전소의 절반이 충청남도에 위치해 대기오염, 송전탑갈등 등 도민피해가 극심하다. 이에 충청남도는 에너지정의를 강조하며 화력발전소에 대한 지역자원시설세 부과 및 세율 인상, 사회적비용을 반영한 전력요금차등제 도입, '송배전시설 주변 피해보상 대상 및 범위 확장' 등의 제도개선을 요구하고 있다.

'지역에너지 선언'에 참여한 4개 광역지자체가 목표를 달성하면, 국가 정책에도 영향을 미칠 수 있다. 4개 광역지자체는 우리나라 전체 인구의 49.2%(2014년), 지역총생산의 52%(2013년)를 차지하고 있으며, 1차 에너지의 30.7%(2013년), 전력의 42%(2013년)를 소비하고 있다. 특히 경기도는 전력소비와 온실가스 배출량 1위를 차지하고 있어, 목표 달성 여부가 미치는 영향이 크다.

지역에너지 전환 지도는 에너지자립 목표와 실행기관에 대해 구체적으로 발표한 지자체를 지도위에 표시한 것이다. 지역의 에너지 절감과 재생가능에너지 목표를 바탕으로 국가 목표를 정하는 아래

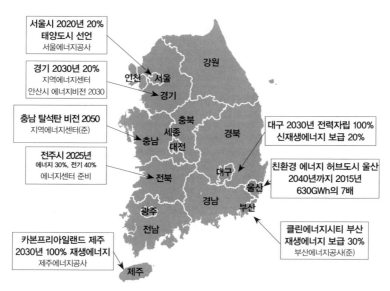

〈그림〉 지역에너지 전환 지도

로부터의 에너지계획 방식도 시도해볼 수 있을 것이다. 정부의 역할은 지자체가 목표를 수립하고, 실행에 옮길 수 있도록 제도를 개선하고 지원하는 역할로 축소될 수 있다.

지역 에너지 전환을 위한 3대 정책

광역지자체의 지역에너지정책 목표는 중앙정부의 정책을 변화시키지 않고서는 달성하기 어렵다. 따라서 지자체가 국가 에너지시스템을 얼마나 바꿔낼 수 있는가에 따라 지역에너지의 성공과 실패가 달려있다. 2015년 서울특별시·경기도·충청남도·제주특별자치도의 지역에너지 전환 선언에 이어, 2016년 충남 당진시, 서울시 노원구, 경기도 안산시가 주도해 '에너지정책 전환을 위한 지방정부협의회'도 만들었다. 이들 지자체가 한 목소리로 요구하는 것은 에너지전환과 에너지 분권이다. 원전과 석탄화력발전소를 증설해 지역주민들에게 갈등과 고통을 전가하는 방식이 아니라 수요 관리와 재생가능에너지로 전환하자는 것이다.

지금이야말로 에너지정책을 수요관리 중심으로 전환할 절호의 기회이다. 경제와 산업구조 변화로 전력수요증가율이 정체되고 있다. 2015년 1인당 전력 소비 증가율은 0.09%였다. 현재 서울과 경기 · 인천 등 수도권 소비량 대비 발전소 설비용량이 117%이다. 수도권 가스복합발전소를 가동하면, 지역에 원전이나 석탄화력발전소를 추가로 짓지 않아도 전력자립이 가능한 것이다.

우리나라에서 지역에너지 정책이 뿌리내릴 수 있도록 하려면 에너지 분권, 지자체 에너지정책 실행력 강화, 분산형 에너지로의 전환이 이뤄져야 한다.

첫 번째, 에너지분권은 지역 시민들의 삶에 직접영향을 미치는 발전설비 및 송전탑 건설 계획을 포함한 전력수급기본계획, 정부의 장기적인 국가에너지기본계획 수립 과정에 지자체가 참여해 권한을 행사할 수 있도록 하는 것이다. 지자체장이 지역에 있는 원전과 석탄화력발전소 건설, 정비 후 재가동 승인, 수명연장과 같은 중대 결정을 할 수 있어야 한다. 또한 정부가 지역에너지 전담부서와 광역지자체 에너지협의체를 구성 운영함으로써 상시적으로 지자체의 정책제안이 정부 정책에 반영될 수 있어야 한다.

둘째, 지자체장에게 강력한 수요관리 기능을 부여하고, 지자체가 에너지전담 조직을 운영할 수 있도록 인력확보 · 예산지원 방안을 마련해야 한다. 모든 지자체가 에너지전담 부서 신설, 에너지공사, 지역에너지센터, 에너지기금 등 정책을 실행에 옮길 수 있는 기구와 예산을 마련해야 한다. 이를 위해 에너지 부문 포괄예산제를 도입해 지자체의 특성을 반영한 에너지정책을 펼칠 수 있도록 하는 것도 방법이다.

셋째, 재생가능에너지를 확대하기 위해서는 종합적인 재생가능에너지법을 마련해 재생가능에너지 범위와 개념 재규정, 발전차액지원제도 도입, 공동체 기반 재생가능에너지 확대 정책, 재생가능에너지입지갈등 해결 방안 마련 등, 종합적인 대책을 수립해야 한다. 나아가 지역별로 지역에너지공사를 설립해 에너지사업과 일자리 활성화 역할을 하도록 해야 할 것이다.

2017년 3월 2일, 국회에서 중대한 결정이 내려졌다. 산업통상자원위원회가 경제성만을 기준으로 운영되는 전력시장에 환경과 국민안전에 미치는 영향을 의무적으로 검토하도록 하는 것을 골자로 대표발의한 '전기사업법 일부 개정 법률'을 의결한 것이다. 개정안은 정부에서 전력수급기본계획을 세우고 전력거래소가 전력시장을 운영할 때 경제성 이외에도 환경과 국민안전에 미치는 영향을 종합적으로 검토해야 한다는 내용을 담고 있다. 원전과 석탄발전을 중심으로 운영되던 전력시장에 재생가능에너지가 진입할 수 있는 계기를 마련한 것이다. 아래로부터 형성되는 지자체의 에너지 전환 움직임과 국회에서 통과된 전기사업법 개정안은 '에너지 전환'에 대한 기대감을 갖게 한다.

2017년 11월 29일-30일 전국 45개 지방정부로 구성된 3개의 지방정부협의회가 '함께 만드는 에너지 분권시대' 워크숍이 열렸다.

'에너지정책 전환을 위한 지방정부협의회', '전국 사회연대경제 지
방정부협의회', '자치분권 지방정부협의회' 등 3개의 지방정부협의
회가 모여서 에너지 전환시대에 시민들과 함께 무엇을 할 것인가를
논의한 것이다. 워크숍을 통해 시민과 지자체가 에너지분권을 통해
생산과 소비의 주체가 되어야 한다는 결론에 도달했다. 시민과 지자
체가 주도하는 사회적경제 방식의 에너지생산과 소비가 증가하면,
지역에 적합한 에너지 수요관리가 가능해지고, 경제 활성화와 일자
리 창출을 엮어낼 수 있기 때문이다.

에너지 전환이 지속되려면

성대골에너지자립마을 김소영 대표는 성대골 주민들이 에너지 전
환을 위해 벌이는 다양한 활동의 바탕에는 '교육'과 '공동체'가 살아
있기 때문이라고 말한다. 주민들이 꾸준히 에너지 활동을 하는 데 있
어 교육이 가장 중요했고, 공동체가 함께 움직였기에 포기하지 않고
지속될 수 있었다는 것이다. 그러나 도시에서든 농촌에서든 마을 공
동체는 점점 희미해져가고 있다. 그렇기에 협력과 네트워크가 필요
하다. 더불어 자생력을 키우기 위해서는 사회적경제와 연결되어야
한다.

2018년은 시민이 주인공이 되고, 지자체와 함께 하는 에너지 전환
의 기반을 마련할 좋은 기회이다. 개헌 논의에서 자치분권이 강조되
어야 하고, 6월 지방선거에서는 "시민에게 더 많은 권한을", "에너지
전환은 지역과 주민과 함께"를 이야기하는 자치단체장을 뽑을 수 있
어야 한다. 더불어 지자체에서도 마을에서도 에너지 전환 공동체를

만들어 "함께 전환"을 준비해야 한다. 아래로부터 풀뿌리 에너지 전환을 준비하자. 답은 지역과 마을과 우리들의 소중한 공동체에 달려 있다.

한 번의 실패,
그러나 국민들의 에너지정책 개입은
계속되어야 한다

이헌석

"전쟁은 너무나 중요한 것이어서 군인들에게만 맡겨 놓을 수 없다"

제1차 세계대전 당시 프랑스 총리 조르주 클레망소의 유명한 말이다. 신고리 5·6호기 공론화 논쟁이 시작될 2017년 6월 무렵, 이 말이 떠올랐다. 탈핵운동진영 활동가들은 문재인 정부의 공약 후퇴를 둘러싼 논쟁을 벌이고 있었으나, 보수 언론은 "비전문가들인 일반 국민이 전문적인 에너지정책을 결정하는 것이 맞는가?"라는 문제제기를 하고 있었다.

군인은 전쟁의 전문가로 길러진 사람이다. 이들보다 전쟁을 더 잘 치룰 수 있는 사람은 없다. 하지만 전쟁을 시작할 것인지, 언제 시작해서 끝낼 것인지 등은 군인들에게 맡겨놓을 문제가 아니다. 전쟁으로 인한 사회적 피해는 사회 전체가 떠안아야 할뿐더러, 전쟁 비용

역시 국가 예산으로 충당되는 것이기 때문이다. 하지만 인류 역사를 보면 군대의 문민통제가 제대로 이뤄지지 않은 경우가 많다. 힘과 전문성을 갖고 있는 군대가 정치에 영향력을 미쳤던 적은 많고 그 때마다 국민들은 정책 결정에서 배제되었다.

에너지정책 수립과정도 비슷한 점들이 많다. 전문적인 기술이 필요한 에너지 · 발전 분야에서 전문가들의 역할은 매우 중요하다. 이들이 없다면 24시간, 365일 안정적인 전력공급을 받는 것은 불가능할 것이다. 에너지나 발전분야의 정책 수립도 마찬가지이다. 학자나 관료 등 훈련된 이들의 도움이 없다면 복잡한 법률 검토과정이나 인허가 절차를 밟을 수 없다. 복잡한 가격정책이나 산업 육성과 밀접한 에너지 문제에 있어 이들 전문가의 검토 또한 필수적이다.

하지만 이런 과정에 앞서 가장 중요한 질문은 누가 에너지 정책의 주인인가라는 것이다. 대한민국의 주권은 국민에게 있고, 모든 권력은 국민에서 나온다는 헌법 조항을 굳이 거론하지 않더라도 국가 에너지정책의 주인은 국민이다. 정책 수립 과정에 전문가들의 도움을 받아야 하겠지만, 그들에게 권한을 위임한 적은 없다. 더구나 신고리 5 · 6호기 공론화의 쟁점이었던 핵발전소는 모두 공기업인 한국수력원자력의 소유이다. 공기업의 자산에 대한 처분권한도 결국 국민에게 있는 것이다.

이런 면에서 신고리 5 · 6호기 공론화는 단지 2기의 핵발전소를 건설하느냐, 마느냐는 단순한 결정과정이라기보다는 그간 우리 사회 정책 결정을 누가, 어떻게 해왔는지에 대한 민낯을 보여준 사례이다. 소수의 관료와 전문가들이 독점해 온 정책결정권을 일반 국민들에게 개방하는 순간 저항이 생기는 것은 당연할 것이다. 모든 국민이 전문가일수는 없다. 하지만 국민을 설득하지 못한 정책은 집행될 수 없다는 상식이 이제 하나씩 만들어져 가야 할 것이다.

민주주의와 탈핵 논쟁은 계속되어야 한다.

"결과에 승복하시겠습니까?"

2005년 11월, 중저준위 핵폐기장 부지선정을 위한 주민투표가 경주, 군산, 영덕, 포항 등 4개 지역에서 벌어졌다. 당시 나는 핵폐기장 건설에 반대하는 지역·시민사회 연대체인 '반핵국민행동'의 사무국장이었다. 공무원들이 주민투표에 개입하고, 금품과 향응이 오고가는 분위기에서 주민투표 운동이 진행되었고, 그 결과 89.5%의 찬성률로 경주가 핵폐기장 부지로 결정되었다. 경주의 찬성률도 압도적이었지만 타 지역의 찬성률도 그에 못지않았다. 이 결과가 발표되자 기자들은 나에게 승복 여부를 물었다. 마치 선거운동에서 패배한 후보에게 묻는 질문 같기도 하고, 이제 싸움에서 졌으니 반핵운동은 끝난 것 아니냐[36]는 뉘앙스도 많았다.

이런 질문에 대해 당시 나는 1972년 국민투표에서 투표자 91.5%가 찬성했던 유신헌법의 예를 들었다. 민주주의란 국민 모두에게 의사결정권을 주지만, 절대 다수 찬성이 항상 옳은 선택을 하지는 않는다. 어떤 선택이 더 올바른 것이었는지는 훗날 역사가 판단할 수밖에

---

36 실제 2005년부터 후쿠시마 핵발전소 사고가 있던 2011년까지 6년은 한국반핵운동의 암흑기였다.

없다. 이를 단순히 선거나 시합처럼 인식해 소수파에게 승복을 요구하는 것은 또 하나의 폭력이자 비민주적인 처사일 것이다. 경주 핵폐기장은 결국 연약한 지반문제로 홍역을 겪었다. 주민투표 당시에는 알려지지 않았던 지질문제가 폭로되고 건설공사는 수차례 연기되었다. 3년이면 완공된다던 핵폐기장은 결국 10년이 지난 2015년 7월에야 가동을 시작했다. 가동 이후에도 지하수 누출과 안전성 논란은 끊이지 않았다. 과연 경주 주민 89.5%의 선택이 올바른 선택이었는지는 여전히 의문으로 남는다.

안타깝게도 신고리 5·6호기 공론화가 끝나고 나는 2005년과 같은 질문을 기자들에게 받았다. 구성원 전체가 참여하는 국민투표나 주민투표가 아니라, 임의로 뽑은 500여 명의 시민참여단의 판단에 대해 승복여부를 묻는 것에 좀 어이가 없었다. 10여 년 전 그랬던 것처럼 언론은 이를 하나의 게임처럼 인식하고 있었다. 신고리 5·6호기 문제점을 지적한 탈핵운동가의 입장에서 보면, 시민참여단의 결정을 통해 그동안 지적했던 안전성·지역형평성 등 신고리 5·6호기를 둘러싼 문제가 전혀 해결되지 않았다. 단지 본인의 생각과 다른 정책이 결정된 것뿐이다. 해결된 것이 없기 때문에 신고리 5·6호기 건설과정에서 문제점들은 하나씩 드러날 것이다. 또한 이를 제기하는 것은 탈핵운동진영의 몫이기도 하다.

공론화 과정을 단순히 "시끄러운 갈등을 잠재우는 수단" 정도로 이해해서는 안 된다. 다양한 이해당사자들이 얽혀 있는 사안일수록 문제는 복잡하다. 하나의 시각으로 모든 문제를 설명하기 힘들고, 그간 정책 결정과정에 놓치거나 경시해 온 내용을 살펴봐야 한다. 공론화는 이런 다양한 목소리를 듣는 과정이며, 이 과정에서 국민들이 스스로 결정할 수 있도록 하는 장치이다. 이를 단지 "갈등해결의 도구" 정도로 국한시켜 본다면, 공론화의 결정은 오히려 더 나쁜 결과로 이어질 수도 있다. 이번 신고리 5·6호기 공론화 과정에서 드러난 것처럼 기득권을 가진 이들과 그렇지 못한 이들의 "기울어진 운동장"은 너무나 분명하기 때문이다. 한쪽의 일방적인 선전과 홍보, 물량 투입 속에 이뤄진 의사결정은 과거와 별반 다르지 않은 결정으로 이어질 것이다.

이런 면에서 신고리 5·6호기 문제는 이제 시작일 수 있다. 한차례 홍역을 겪으며 많은 국민들이 신고리 5·6호기를 둘러싼 쟁점을 지켜봐왔다. 정말 신고리 5·6호기가 안전성에는 문제가 없는지, 부산·울산 지역뿐만 아니라 우리나라 경제에 꼭 필요한 존재인지는 하나씩 드러날 것이다. 2017년 10월의 판단과 10년 뒤, 20년 뒤의 판단은 다를 수 있다. 그것을 하나씩 준비하고 국민들이 제대로 된 판단을 할 수 있도록 하는 것 역시 탈핵운동진영의 몫일 것이다.

공론화, 국민이 정책을 결정하는 과정

"저희도 공론화한다는데, 좀 도와주세요."

신고리 5·6호기 공론화가 끝나고 몇 달 뒤, 보건의료운동을 하는 분에게 전화를 받았다. 제주도 영리 병원 문제로 공론화를 진행한다며, 신고리 5·6호기 공론화의 교훈을 들려달라는 요청이었다.

신고리 5·6호기 공론화 이후 1년이 다 되어가는 지금, 우리 사회에선 다양한 공론화가 추진 중에 있다. 국가 단위로는 '2022학년도 대학입시 제도 개편 방안'에 대한 공론화가 진행 중에 있고, '고준위 방사성폐기물 관리기본계획 재검토'도 공론화 방식으로 진행될 예정이다. 지역으로는 제주 이외에도 대전 월평공원 개발 문제로 공론화가 추진되고 있고 다른 몇몇 지자체도 지역 개발문제로 공론화 방식을 채택할 것을 검토하고 있다. 바야흐로 공론화 열풍이다.

하지만 이들 공론화가 국민의 뜻을 제대로 담을 수 있을지는 미지수이다. 대부분의 프로그램이 신고리 5·6호기 공론화 때 사용했던 공론조사 모델을 그대로 사용하고 있고, 법적 지위나 체계도 들쑥날쑥하기 때문이다. 공론조사 방식은 수많은 공론화 방식 중 하나에 불과하다. 다양한 공론화 방식은 서로 다른 장단점을 갖고 있다. 신고리 5·6호기처럼 짓느냐, 마느냐 양자택일 문제가 있는가 하면, 대학입시제도처럼 매우 복잡한 선택지를 갖고 있는 것도 있다. 지역개발 문제는 더 복잡한 변수를 갖고 있기 때문에 갈등의 유형에 따라 다양한 방법론이 모색되어야 한다. 법적 지위 또한 중요하다. 단순 여론조사와 달리 공론화 방식은 적지 않은 시간과 비용이 투입되는 사업이다. 이런 일에 예산과 인력을 투입하기 위해서는 당연히 체계가 잡혀야 할 것이다. 공론화 방식으로 채택된 결과를 실제 정책에 반영하는 과정 역시 공론화 초기부터 분명히 하지 않을 경우, 공론화 결과를 법원의 판결처럼 이해해서 "승복"을 강요하는 일이 생기는가하면, 단순한 여론조사처럼 가볍게 무시해버려 공론화 무용론에 빠지는 양 극단이 생길 수 있다. 공론화 과정에 적지 않은 예산과 인력, 노력을 투입하는 것만큼 이를 제도화하기 위한 과정도 반드시 있어야 할 것이다.

이런 문제점을 극복하기 위해 단순히 공론화를 확대하기 보다는 그간 사용해온 공청회, 설명회 등 각종 의견 수렴 방법을 재평가하는 과정이 먼저 진행되어야 할 것이다. 결국 모든 방법이 국민의 의견이 정책결정에 반영되기 위한 절차이다. 현행 공청회나 설명회 제도는 1회성 행사로 국민의 의견을 제대로 반영하지 못하고 있다는 비판이 많았다. 특히 공청회 성사여부가 행정 절차의 하나로 인식되면서 공청회장은 요식행위로라도 공청회를 강행하려는 정부와 이를 막아 반대의 목소리를 내기 위한 지역주민들 간의 싸움 장소가 되곤 했다. 또한 언론은 이를 사업을 강행하는 정부와 과격한 지역주민들끼리의 단순한 충돌로만 보도해 정작 정책 수립과정에서 어떻게 의견을 수렴할 것인지에 대한 해법을 제시하지 못하고 있다.

이를 극복하기 위해 사업 기획 단계부터 이해당사자들의 의견을 수렴하고 공청회, 설명회 횟수를 늘리는 방안, 주요 현안에 대해 제3자 검증이나 별도 협의기구를 구성하는 등 다양한 방안이 제시되었으나 구체화되지 못하고 있다. 프랑스처럼 사회적 갈등을 전담하는 국가공공토론회위원회(CNDP) 같은 상설 기구를 설립하는 방안도 수차례 언급되었으나, 눈앞의 갈등을 해결하는 것에 급급해 정작 근본적인 제도 개혁 논의는 시작조차 하지 못하고 있다. 정부와 지자체는 다양한 공론화에 추진에 앞서 신고리 5·6호기 공론화 과정에서 지적된 법제도를 보완하기 위한 과정에 먼저 나서야 할 것이다.

민주주의란 소수가 일사불란한 결정을 내리는 것이 아니다. 다수가 시끌벅적한 가운데 토론하고 맞부딪히면서 결론을 도출하는 과정이다. 이 과정에서 국민의 뜻을 대변하는 국회나 정부의 역할은 매우 중요하다. 하지만 그간 우리 사회는 이런 경험을 많이 갖지 못했다. 소수의 전문가들이 정보와 결정권을 독점했고, 그들의 결정은 지역주민이나 사회적 약자의 입장을 제대로 대변하지 못했다. 대부분 기득권을 갖고 있는 이들이나 자본의 입장이 정책에 반영되어왔다.

신고리 5 · 6호기 공론화는 이런 과정을 극복하는 과정에서 시작된 일이다. 2011년 후쿠시마 핵발전소 사고 이후 우후죽순처럼 늘어난 탈핵운동진영은 그간 정부와 핵산업계가 주장해 온 논리를 하나씩 논박해왔다. 그들의 설명과 달리 핵발전은 안전하지도, 깨끗하지도, 경제적이지도 않다. 지진 안전지대라서 절대 일어나지 않을 것이라는 큰 지진이 경주와 포항에서 일어났다. 내진설계에 대한 개념조차 약하던 시절 우리나라 대표 활성단층 지대에 핵발전소를 잔뜩 건설해 놓기도 했다. 연일 계속되는 핵산업계 비리사건으로 그들만의 리그가 어떻게 이뤄지고 있었는지도 이제 국민들이 하나둘 알기 시작하고 있다. 이런 과정을 거쳐 신고리 5 · 6호기 건설반대운동은 부산 · 울산지역을 넘어 우리나라 전체로 확대되었다.

안타깝게도 이런 과정은 신고리 5 · 6호기 공론화 과정에서 제대로 짚어지지 못했다. 그것은 수십 년 동안 유지되어 오던 "기울어진 운동장" 때문일 수도 있고, 탈핵운동진영의 미약한 역량 때문일 수도 있다. 혹은 아직까지 우리 국민들이 핵발전소 문제에 대해 충분히 고민해볼 기회가 부족했기 때문일 수도 있다. 이유야 어찌했든 2017년 10월, 탈핵운동가들은 큰 실패를 맛봤다. 하지만 이것으로 끝나서는 안 된다. 에너지정책은 국민 모두에게 직접적인 영향을 미치는 매우 중요한 정책이고, 이것을 결정하는 권한은 국민에게 있기 때문이다. 이번에 실패했다고 해서 공론화 과정 전체를 폄하해서는 안 될 것이다. 설사 탈핵운동가들이 신고리 5 · 6호기 공론화를 원치 않았다할지라도 국민들이 에너지정책을 결정해야한다는 원칙에는 변함이 없기 때문이다. 한 번의 실패를 딛고 제대로 된 에너지민주주의를 만들기 위해 우리가 계속 전진해야 하는 이유는 바로 여기에 있을 것이다.

신고리 5 · 6호기 건설 및 공론화 관련 일지

이헌석

주) 신고리 5 · 6호기 건설 진행과 공론화 과정을 이해하는 데 필수적인 일정을 중심으로 정리한 일지입니다. 신고리 5 · 6호기 공론화과정에서 전국 각지에서 벌어진 다양한 캠페인과 활동에 대한 전체 일지는 신고리 5 · 6호기 백지화시민행동의 『시민행동 활동자료집(2017.12)』을 참고하시기 바랍니다.

신고리 5 · 6호기 공론화위원회 활동 이전

《2016년 이전》

○ 2012년 9월 21일 : 신고리 5 · 6호기 건설허가 신청(한수원→원안위)

○ 2013년 5월 : 원안위, 신고리 5 · 6호기 건설허가 심사 착수(2016년 4월까지 총 4차 1,240건의 자료 보완 및 질의 · 답변 등 검토)

○ 2015년 7월 : 예비해체계획서 제출

○ 2015년 5월 21일~2016년 5월 2일 : 원자력안전위원회 산하 원자력안전전문위원회의 사전 검토(총 10회 회의 진행)

《2016년》

○ 2016년 4월 : 신고리 5 · 6호기 건설허가 심사보고서 접수(원자력안전기술원→원안위)

○ 5월 9일 : 신고리 5 · 6호기 건설 저지를 위한 부산 · 울산 · 경남 공동대책위원회(준), 신고리 5 · 6호기 건설허가 저지 공동기자회견(울산시청 프레스룸)

○5월 9일 : 신고리 5 · 6호기 건설 저지를 위한 부산 · 울산 · 경남 공동대책위원회(준), 기자회견 이후 회의를 통해 '신고리 5 · 6호기 저지 부울경 탈핵연대(이하 부울경 탈핵연대)'를 만들기로 결의

○5월 12일 : 핵없는사회를위한공동행동(이하 탈핵공동행동), 신고리 5 · 6호기 건설허가 반대 기자회견(원안위앞)

○5월 16일 : 탈핵부산시민연대, 부산지역 시민사회 신고리 5 · 6호기 저지 선포 기자회견(부산시청 앞)

○5월 19일 : 더불어민주당 부산 · 울산 · 경남지역 20대 총선 당선인, 신고리 5 · 6호기 건설 저지 합동 기자회견(부산시의회 브리핑룸)

○5월 26일 : 원자력안전위원회, 제55회 회의, 신고리 5 · 6호기 건설허가(안) 첫 논의

○5월 26일 : 부울경탈핵연대 · 탈핵공동행동, 신고리 5 · 6호기 건설 반대 탈핵 만민공동행동(원안위 앞)

○6월 8일 : 부울경탈핵연대 · 탈핵공동행동, 신고리 5 · 6호기 건설허가 논의 중단 기자회견(원안위 앞)

○6월 9일 : 원자력안전위원회, 제56회 회의, 신고리 5 · 6호기 건설허가(안) 2차 논의

○6월 9일 : 탈핵울산시민행동, 신고리 5 · 6호기 건설 반대 108배

○6월 23일 : 원자력안전위원회, 제57회 회의, 신고리 5 · 6호기 건설허가(안) 3차 논의 / 건설허가 심의 의결

○6월 24일 : 탈핵공동행동, 신고리 5 · 6호기 건설허가 무효 기자회견(원안위 앞)

○6월 29일 : 그린피스 등, 신고리 5 · 6호기 건설허가 취소 소송 첫 재판

○7월 5일 : 울산광역시 동구 동쪽 52km 해역에서 규모 5.0 지진 발생(20시 33분 03초, 당시 역대 6번째 지진)

○7월 18일 : 탈핵공동행동, 2016년 상반기 평가와 하반기 과제 수립 워크샵 / 2017년 대선 기획 제안 및 논의. 이후 '탈핵대선기획단(준)'을 만듦.

○8월 6일 : 탈핵대선기획단(준), 7월 18일 탈핵공동행동 논의 내용을 바탕으로 '탈핵진영 2017년 대선대응 방향 토론을 제안합니다' 문서 배포. 이후 전국 순회 간담회 진행.

○9월 1일 : 탈핵공동행동, 탈핵운동전략 2차워크샵 / 2017년 대선 전략으로 100만 서명운동을 진행하기로 하고, 이를 추진하기 위한 전국운동본부를 만들기로 함.

○9월 12일 : 경북 경주시 남남서쪽 9km 지역에서 규모 5.1 지진 발생(19시 44분 32초)

○9월 12일 : 경북 경주시 남남서쪽 8km 지역에서 규모 5.8 지진 발생(20시 32분 54초, 관측사상 최대 지진)

○9월 19일 : 경북 경주시 남남서쪽 11km 지역에서 규모 4.5 지진 발생(20시 33분 58초)

○10월 11일 : 잘가라 핵발전소 100만 서명운동본부(이하 100만서명운동본부) 대표자회의 및 출범 기자회견

○10월 24일 : JTBC, 최순실 태블릿 PC 보도

○10월 29일 : 박근혜 대통령 퇴진 제1차 촛불집회

○11월 10일 : 탈핵공동행동, 박근혜 정권 퇴진! 탈핵에너지 전환 촉구 지역주민·시민사회 공동 시국선언(청와대 앞)

○12월 29일 : 잘가라 핵발전소 100만 서명운동 중간 집계. 78,523명

○12월 31일 : 박근혜 대통령 퇴진 집회 누적연인원 1,000만명 돌파

《2017년》

○1월 20일~21일 : 제2회 전국탈핵활동가 대회, '2017 탈핵원년을 선포하다'

○3월 10일 : 헌법재판소, 박근혜 대통령 탄핵소추안 인용. 대통령직 파면

○3월 11일 : 탈핵공동행동 등 탈핵단체, 후쿠시마 핵발전소 사고 6주기 행사(광화문)

○3월 27일 : 탈핵공동행동·탈핵에너지 전환 시민사회 로드맵 연구팀, 주요

대선 후보자 정책 질의 결과 발표

○4월 10일 : 탈핵천주교연대, 잘가라 핵발전소 100만인 서명과 천주교 탈핵 선언 기자회견(광화문)

○4월 14일 : 탈핵현안지역대책위, 더불어민주당 문재인후보 · 정의당 심상 정 후보와 안전하고 지속가능한 탈핵정책 협약식

○4월 26일 : 체르노빌 핵발전소 사고일 / 100만서명운동본부, 잘가라 핵 발전소 100만 서명운동 중간 결과 발표 기자회견(광화문) 4월 26일 현재 261,027명 서명

○4월 26일 : 100만서명운동본부, 국민의당 안철수 후보, 정의당 심상정 후 보에 서명전달식 및 협약식

○5월 4일 : 100만서명운동본부, 더불어민주당 문재인 후보와 정책협약식(국 회)

○5월 9일 : 제19대 대통령선거, 문재인 후보 당선

○6월 15일 : 100만서명운동본부, 잘가라 핵발전소 100만 서명 대통령 전달 기자회견(청와대 앞) / 최종 집계 338,147명 서명. (온라인 32,342명 / 오프 라인 305,805명)

○6월 19일 : 문재인 대통령, 고리1호기 영구정지 행사에서 신고리 5 · 6호기 문제를 사회적 합의를 통해 해결할 것을 발언 / "지금 건설 중인 신고리 5 · 6호기는 안전성과 함께 공정률과 투입 비용, 보상비용, 전력설비 예비 율 등을 종합 고려해 빠른 시일내 사회적 합의 도출하겠습니다."

○6월 27일 : 대통령 주재 국무회의, 신고리 5 · 6호기 건설 공사를 중단하고 공론화위원회 구성을 통하기로 결정.

○6월 30일 : 탈핵공동행동, 대표자 · 집행위 연석회의
  – 정부의 신고리 5 · 6호기 공론화에 대한 토론을 진행.
  – 현 탈핵국면에서 핵산업계, 보수언론, 정부에 대한 시민사회-탈핵진영 의 목소리를 내기로 함
  – 이에 7월 12일 기자회견을 진행하기로 하고, 추후 행동 방침은 차기 회

의에서 결정키로 함.

○ 7월 12일 : 탈핵공동행동, 탈핵실현 촉구 시민사회공동 기자회견(프레스센터)

○ 7월 12일 : 탈핵공동행동, 대표자 · 집행위 연석회의
  – 핵없는 사회를 위한 공동행동이 신고리 5 · 6호기 공론화위원회에 적극 대응하기로 결정.
  – 신고리 5 · 6호기 공론화위원회 대응을 위해 타단체들과 연대하여 새로운 연대체를 만들기로 함.

○ 7월 13일 : 한수원 이사회, 노동조합의 반대로 무산됨

○ 7월 13일 : 국무조정실 주최 신고리 5 · 6호기 공론화 관련 미팅. 탈핵공동행동, 원자력학회, 한수원 등 건설중단/재개 측 각각 3명씩 참여

○ 7월 14일 : 국무조정실, 신고리 5 · 6호기 공론화위원회 후보자 29명 명단을 건설중단/재개 단체에 전달. 제척작업 착수.

○ 7월 14일 : 한수원 이사회, 신고리 5 · 6호기 공사 일시중단 결정

○ 7월 17일 : 국무조정실, '신고리 5 · 6호기 공론화위원회 구성 및 운영에 관한 규정' 제정

○ 7월 17일 : 신고리 5 · 6호기 백지화 시민행동 초동모임

○ 7월 17일 : 한수원 노동조합 등, 서울 상경기자회견(광화문 정부종합청사) "원전 에너지정책은 충분한 공론화가 필요합니다."

신고리 5 · 6호기 공론화위원회 활동 시기

○ 7월 24일 : 신고리 5 · 6호기 공론화위원회 출범

○ 7월 27일 : 신고리 5 · 6호기 백지화 시민행동(이하 신고리 시민행동) 출범식

○ 7월 27일 : 신고리 5 · 6호기 공론화위원회, 시민참여단 선정 방식과 규모 확정(1차 조사 2만명. 공론조사 목표 참여자수 350여명 내외)

○7월 26일 : 신고리시민행동, "공론화위원회와 면담 요청" 공문발송(→공론화위)

○7월 28일 : 신고리시민행동, "공론화위, 공론화의 본질과 목표에 충실하라." 논평 발표

○8월 4일 :신고리시민행동, 논평 "신고리 5·6호기 공론화위원회, 이렇게는 곤란하다" 논평 발표

○8월 7일 : 신고리시민행동, "신고리 5·6호기 공론화위원회에 대한 요구사항" 발표

○8월 10일 : 공론화위원회와 신고리시민행동과 간담회 진행.

○8월 17일 : 제1차 이해관계자 소통협의회
　－공론화위, 8월 21일까지 자료집 목차(안)과 1차 설문 문항 제출요청

○8월 21일 : 신고리시민행동, 자료집 목차(안) / 1차 설문 문항 제출

○8월 23일 : 공론화위원회 제2차 소통협의회 (양측 합동)
　－자료집 목차에 대한 논의를 했으나, 합의 실패.
　－양측 각각 20페이지 7개 목차로 내용을 만들기로 결정.

○8월 24일 : 공론화위, 제2차 소통협의회 논의 이후 건설재개 측 문제제기가 있어 토론회 의제에 대한 공문을 발송하겠다고 밝힘.(전화 통화)

○8월 25일 : 공론화위 공문(→신고리시민행동), "숙의(토론)자료집 작성에 따른 의제(목차) 작성안내"

○8월 30일 : 토론자료집 초안 제출 시한. 신고리시민행동 제출완료.

○8월 31일 : 공론화위원회 제3차 소통협의회(신고리시민행동과 진행)
　－공론화위, 시민행동 측 토론자료집 초안에 대해 문제 등을 수정요망.
　－자료집의 내용이나 목차에 대해서는 언급이 없었음.
　－동영상 목차(의제)에 대해서도 언급 없었음.
　－공론화위, 9월 5일까지 상대편 자료집에 대한 검토의견 회신 요청

○9월 4일~7일 : 토론자료집 목차를 둘러싸고 논란 진행.

○9월 8일 : 공론화위원회 제4차 소통협의회(양측 합동)

– 이미 합의된 토론자료집 목차에 대해 다시 논의.

– 시민행동 측, 추가 제안을 제안. 양측 큰 틀에서 추가 제안에 동의하는 뜻을 밝힘. 큰 틀을 둔 채 세부적인 표현 등은 공론화위원회가 다시 정하기로 함.

– 동영상 목차에 대한 논의. 합의안 도출.

○9월 11일 : 공론화위원회, 신고리 시민행동 측 자료집 중 수정본을 반영할 수 없다며, 해당 내용을 뺄 것을 요구. 그럴 수 없다는 뜻 밝힘.(전화통화)

○9월 12일 : 시민행동 공문 발송(→공론화위원회), "토론자료집 등 공론화 진행과정에 대한 문제제기"

– 토론자료집에 대한 일방적인 삭제 요구, 목차의 임의적인 수정, 토론자료집 중 공통부분에 대한 문제제기. 건설재개 측 주장이 그대로 반영되어 있어 공정성 훼손.

– 이에 대한 개선이 없으면, 토론자료집 진행에 협조 할 수 없음. 편파적인 공론화 진행이 계속되면 향후 공론화 일정에 불참하는 것을 진지하게 검토 중.

○9월 12일 : 토론자료집 2차 수정본(최종) 및 오리엔테이션 참관자 명단 제출시한. 제출하지 않음.

○9월 13일 : 공론화위원회 위원장, 신고리시민행동 방문하여 면담(환경운동연합 사무실)

– 신고리시민행동, △ 공론화절차 혼란에 대한 사과, △ 토론자료집을 둘러싼 쟁점, △ 공론화를 둘러싼 외부 환경에 대한 요구.

– – 공론화위원회 위원장, 공론화위원회의 법적 한계가 너무나 분명. 건설중단 측뿐만 아니라 건설 재개 측에도 비슷한 문제제기가 있어 현실적인 어려움

– 공론화위, 건설중단/재개 양측 합의를 통해 자료집을 발간하자는 의견을 다시 전해 옴. (면담 이후 실무협의를 통해 수정된 자료집 목차와 전문가위원회 검토 방안 전달해옴)

O9월 13일 : 신고리시민행동 공문 발송(→공론화위원회), "공론화위원회 면담 이후 답변의 건"

- 시민행동은 신고리 공론화를 둘러싼 불평등한 환경적 요인과 공론화위 자료제출 실무와 관련한 문제를 제기
- 공론화위원장 면담과 자료제출 관련 실무논의를 했으나 이 문제 해결에 대한 적극적인 약속을 받지 못했고, 기존 방침을 변경할 이유를 찾지 못함.
- 이에 따라 공론화위와의 자료집 제출 관련 협의 중단. 별도의 판단이 필요한 일정 취소. 9월 15일(금) 오전 시민행동 임시대표자회의를 통해 이후 활동 결정예정.

O9월 13일 : 신고리시민행동, "신고리 5·6호기 공론화, 이렇게는 안 된다" 성명서 발표

O9월 13일 : 신고리시민행동, 9월 16일 시민대표참여단 오리엔테이션 자료 및 동영상 자료(2차분) 제출시한. 제출하지 않음.

O9월 14일 : 공론화위 공문(→시민행동), "공론화위원회 면담 이후 답변의 건에 대한 회신"

- 공론화자료집 내용삭제, 수정요구와 자료집중 공통부분 내용 수정 수용.
- 자료집 목차에 대해서는 수정제안(13일 실무협의와 동일한 목차)
- 공론화 외부 환경문제 등에 대해서는 향후 협의하자는 제안.

O9월 14일 : 신고리시민행동, 시민대표참여단 교육 동영상 녹음 일정. 참여하지 않음.

O9월 15일 : 신고리시민행동, 대표자 회의 및 기자회견

- 공론화위원회에 공정성, 중립성, 설명자료에 대한 자율성 보장 촉구
- 한수원과 정부출연연구기관의 '건설재개 측 활동 중단' 촉구 및 한수원의 물품 살포 등 공론화 혼탁행위에 대한 진상조사, 재발방지 촉구
- 9월 16일 오리엔테이션에는 참가키로 함.
- 관련 내용을 공론화위원회에 공문으로 발송(신고리시민행동→공론화위)

○9월 16일 : 시민참여단 오리엔테이션(천안 계성원)

○9월 22일 : 신고리시민행동, 대표자회의

- 한수원과 정부출연연구기관의 '건설재개 측 활동' 문제 여전히 남아 있음.
- 9월 25일 울산지역 토론회에 관해 계속 문제제기하기로

○9월 24일 : 원자력산업회의 등, 기자회견 "국민과 시민참여단의 알 권리를 보장하라"

- 공론화위원회가 한수원 등에 발송한 '건설재개 측 활동 중단' 공문에 대한 문제제기
- 문제가 해결되지 않을 경우, 향후 토론회 등에 불참할 의사를 밝힘.

○9월 28일 : 지역순회 공개토론회(경기 수원), 건설 재개 측 불참.

○10월 2일 : 공론화위원회, 정부출연연구기관 공론화 활동참여에 대한 최종 결정 공문 발송

- 정부출연연기기관이 제정한 취업규칙이나 정관 등을 볼 때, 외부 강의 · 회의는 허용되는 것을 전제로 하고 있음.
- 따라서 소속 연구원이 이런 내부 규정에 의한 요건을 갖출 경우 외부 강의 · 회의 등에 참석하는 것은 가능함.

○10월 13일~15일 : 시민참여단 종합토론회(천안 계성원)

- 건설재개 측, 10월 13일 오전까지 최종 4세션 발표자 명단과 발표자료 제출하지 않음.
- 종합토론회 기간 동안 최종 4세션 발표자 선정을 둘러싼 추가 논쟁. (발표자, 자료 사용여부, 발표자의 복장 문제 등)
- 10월 15일 오전, 최종 4세션 발표 확정.

○10월 20일 : 신고리 5 · 6호기 공론화위원회 권고안 발표

- 시민참여단 500명 중 471명 참여
  · 신고리 5 · 6호기 공사 여부 : 공사재개 59.5%, 공사중단 40.5%
  · 핵발전 정책의 방향 : 축소 53.2%, 유지 35.5%, 확대 9.7%

· 신고리 5·6호기 건설 재개시 보완조치 : 안전기준 강화 33.1%, 신재
생에너지 투자확대 27.6%, 사용후핵연료 해결방안 마련 25.3%

ㅇ10월 20일 : 신고리시민행동, 신고리 5·6호기 백지화 시민행동 대표자회
의 및 기자회견

ㅇ11월 30일 : 신고리시민행동, 해산대회

단체/필자 소개

에너지기후정책연구소는 2009년 창립한 에너지 · 기후 분야의 진보적 싱크탱크다. 우리 사회의 에너지 전환 방향을 선도하고 있으며, 특히 노동자, 농민, 서민 등 사회적 약자의 처지에서 기후변화와 에너지 위기에 대응하는 정책을 생산하고 있다. 펴낸 책으로는 『착한 에너지 기행』, 『탈핵』, 『초록발광』, 『나쁜 에너지 기행』, 『밥상의 전환』, 『에너지 전환과 에너지 시민을 위한 에너지 민주주의 강의』, 『시민 참여 에너지 시나리오』 등이 있고, 옮긴 책으로 『기후정의』, 『에너지 안보』, 『탄소 민주주의』가 있다.

에너지정의행동은 2000년에 청년환경센터로 활동을 시작했고 2010년에 지금의 이름을 갖게 되었다. 에너지정의행동은 창립초기부터 반핵운동에 관심을 갖고 핵발전소 건설 문제와 핵폐기장 건설 문제에 대하여 지속적인 활동을 전개하고 있다. 특히 핵이 가지고 있는 위험성을 알리는 것에 그치지 않고 핵에너지 정책에 대한 전반적인 문제제기와 함께 재생에너지 중심으로 에너지 정책이 전환될 수 있도록 다양한 활동을 펼치고 있다.

필자(가나다순)

김세영

녹색연합에서 에너지와 기후변화 활동을 담당했고, 신고리 5·6호기 백지화 시민행동에서 조직팀을 이끌었다.

김현우

한국노동사회연구소, 민주노동당, 진보신당에서 활동했고, 지금은 에너지기후정책연구소 부소장을 맡고 있다. 에너지 전환, 도시 정치, 대중교통, 거버넌스의 민주화 등에 관심을 갖고 글을 쓰고 있다.

서영표

서울대학교 국사학과를 졸업하고 같은 대학 사회학과 석사과정을 수료했다. 영국 에식스대학에서 석사학위와 박사학위를 받았다. 성공회대학교 민주주의연구소에서 3년간 일하며 아시아민주주의 비교연구에 참여했다. 현재 제주대학교 사회학과 교수로 재직 중이다. 사회이론, 환경사회학, 도시사회학, 사회운동, 영국 정치에 관한 논문들을 발표했다.

용석록

2017년 '신고리 5·6호기 백지화 울산시민운동본부' 사무국장, 지금은 탈핵울산시민공동행동 공동집행위원장으로 활동하고 있다. 2013년부터 2016년까지 지역 신문사 기자로 일하면서 밀양 송전

탑 투쟁, 핵발전소 문제 등을 취재했다. 지금은 탈핵신문 객원기자
로 활동 중이다.

이강준

참여연대,민주노동당,진보신당, 녹색당,서울시협치추진단 등에
서 활동했고, 현재는 경희대학교와 경희사이버대학교에서 시민
교육과 협치를 강의하고 있으며, 에너지기후정책연구소 이사이
다. 관심주제는 에너지정치, 시민교육, 시민사회활성화 등이다.

이영희

연세대학교 사회학과를 졸업하고 같은 대학원에서 박사학위를 받
은 뒤 과학기술정책연구원 선임연구원을 거쳐 현재 가톨릭대학교
사회학과 교수로 재직하고 있다. 한국과학기술학회와 비판사회학
회 회장을 역임하였다. 과학기술과 사회, 과학기술에 대한 민주적
통제, 전문성의 정치와 과학기술 시티즌십 등이 주요 연구 관심 주
제다.

이유진

2000년부터 2012년까지 녹색연합에서 미군기지 환경 감시, 국제
연대, 야생동물보호, 기후변화 · 에너지 관련 활동을 했다. 서울시
동작구 성대골 주민들을 만나 에너지 자립마을 만들기 활동을 함
께 했으며, 2012년 서울시 '원전 하나 줄이기' 정책 수립 과정부터
참여해 현재 '원전 하나 줄이기' 실행위원회 총괄위원으로 활동하
고 있다. 또한 녹색당 공동운영위원장으로 일했고, 에너지기후정

책연구소 연구기획위원이다.

이정필

정치외교학을 공부했고, 서울지역 대학원총학생회 협의회, 민주노동당 지방자치위원회와 녹색정치사업단, 에너지정치센터에서 활동했다. 현재는 에너지기후정책연구소 부소장이다. 관심분야는 정치생태학, 탈핵 에너지 전환, 정의로운 전환 등이다.

이헌석

에너지정의행동 대표이며 탈핵신문 편집위원을 맡고 있다. 핵발전이 갖고 있는 다양한 문제점을 한국사회에 알리고, 지속가능하며 정의로운 에너지 세상을 만드는 일에 관심을 갖고 있다. 신고리 5·6호기 공론화 과정 당시엔 탈핵진영의 연대체 '핵없는 사회를 위한 공동행동'의 공동기획단장과 '신고리 5·6호기 백지화 시민행동'의 대응팀장을 맡아 탈핵진영 내부의 의견을 모으는 일과 건설재계측·공론화위원회와의 소통 채널을 담당했다.

정수희

에너지정의행동 부산지역 상임활동가이다. 1998년부터 신고리 1·2호기 건설반대운동을 통해 탈핵운동에 결합했으며, 2004년부터는 에너지정의행동의 전신인 청년환경센터의 상임활동가로 결합해 고리1호기 폐쇄운동을 시작했다. 2011년 후쿠시마 핵사고가 발생한 이후에는 부산지역 시민사회단체들과 함께 탈핵부산시민연대를 결성해 활동하고 있다.

한재각

녹색당 공동정책위원장으로 일했고, 현재 에너지기후정책연구소 소장을 맡고 있다. 국민대학교에서 과학기술·환경 사회학으로 박사학위를 받았으며, 동국대, 국민대 등에서 강사 일도 하고 있다. 유네스코 한국위원회, 시민과학센터에서 근무했으며, 독일 베를린대학교 환경정책연구소에서 방문연구원으로 활동했다. 연구 및 활동 분야는 에너지 전환과 시민 참여, 재생에너지 갈등, 에너지 시나리오 등이다.

홍덕화

서울대 사회학과에서 한국 원자력 산업의 형성과 변형을 주제로 박사학위를 받았고, 현재는 충북대학교 사회학과 교수다. 에너지 전환에서 에너지 시티즌십의 역할에 관심을 갖고 연구 활동을 하고 있다.

탈핵신문

후쿠시마 핵발전소 사고 이후 전국적으로 벌어지는 핵발전소 반대운동의 목소리를 담고 탈핵운동 활성화에 기여하고자 2012년 만들어진 신문이다. 전국 각지의 탈핵운동 단체, 종교계, 시민사회단체, 생협, 진보 정당 등을 중심으로 배포되고 있으며, 2019년 '(가칭) 탈핵신문미디어협동조합'으로 재창간을 준비 중에 있다.

에너지 민주주의,
냉정과 열정 사이

신고리5·6호기 공론화를 돌아보며

초판 1쇄 인쇄 2019년 2월 22일
초판 1쇄 발행 2019년 3월 1일

지은이　김세영 김현우 서영표 용석록 이강준 이유진 이영희 이정필 이헌석 정수희 한재각 홍덕화
펴낸이　장성순
책임편집 박서온
디자인　이창욱
인쇄　　신한사
펴낸곳　해피스토리

주소 서울특별시 마포구 동교로 23길 62
전화 02-730-8337　**팩스** 02-730-8332　**이메일** happistory12@naver.com
출판등록 2006년 12월 6일 제300-2006-174호
홈페이지 http://www.happistory.com

당신의 이야기가 곧 역사입니다.

ISBN　978-89-93225-89-1
※ 값은 뒤표지에 있습니다.
※ 잘못된 책은 바꾸어 드립니다.